"一带一路"
朋友圈

中国特色丝路伙伴关系研究

王畅 / 著

上海社会科学院出版社
SHANGHAI ACADEMY OF SOCIAL SCIENCES PRESS

国家社科基金青年项目(20CGJ004)成果

国家社科基金重大项目(22&ZD010)阶段性成果

中共上海市委党校(上海行政学院)学术著作出版基金资助

序　言

　　自21世纪以来,我们站在中国与世界关系历史性变迁的路口,在折冲樽俎、落棋弈子的风云激荡中,世界百年未有之大变局的"不确定性"成为五光十色时代大剧的关键词。世界秩序调整、国家实力消长、历史文化积淀,无不投射于外交。坚持多边主义,还是放任单边主义？坚持全球化进程,还是与之背道而驰？维护国际基本秩序,还是对它肆意颠覆？面对人类社会正在经历的深刻复杂变化,世界在思考未来何去何从,也在关注走向民族复兴的中国,将为世界带来什么。作为世界上最大且开放步伐最快、幅度最大的发展中国家,我们正以中国特色大国外交推动共建"一带一路",同世界各国一道打造人类命运共同体。

　　中国特色大国外交倡导"两个构建"和"四个要"。"两个构建",即推动构建新型国际关系,推动构建人类命运共同体。"四个要",即要深化全方位外交布局,拓展全球伙伴关系网,不断扩大我国的"朋友圈";要推动共建"一带一路",深化同各国的广泛合作,促进共同发展;要积极参与全球治理和多边事务,维护中国人民利益和全人类共同利益;要讲好中国共产党的故事,讲好中国的故事,讲好中国人民的故事,促进中外理解和友谊。[①] 在"大国是关键、周边是首要、发展中国家是基础、多边是重要舞台"的

---

① 《习近平谈治国理政》第三卷,外文出版社2020年版,第352页。

外交布局中,"广大发展中国家是中国在国际事务中的天然同盟军"[①],长期被视为中国外交的"基石"。"无论过去、现在和将来,加强与广大发展中国家的团结合作,始终是中国外交坚定不移的战略选择。这是由中国的国家定位、制度属性和价值取向所决定的,不会因中国自身的发展发生任何改变,也不会因国际风云的变幻出现丝毫动摇。"[②]

习近平主席强调,"历史、现实、未来是相通的",中国特色大国外交凝聚着深沉的历史思维和战略思维。有趣的是,作为连接中国与广大发展中国家的纽带,丝绸之路,纵横古今都扮演着最为重要的角色,它既是历史地理纽带,也是地缘政治纽带,更是经济商贸的桥梁和情感沟通的桥梁。自德国学者李希霍芬1877年发掘我国凿通西域的古道并将其命名为"丝绸之路"以来,它就备受世界各地学者与国际社会瞩目,成为学术研究和大国博弈的热点对象。丝绸之路,时空跨度大,时间上可追溯至8 000年前,空间上从狭义的陆上通道,拓展到广义的草原丝路、海上丝路、茶马古道等,横跨亚、欧、非三大洲,东西全长8 000多千米,形成自中国出发辐射全球的一个有机整体。丝绸之路不仅仅是贯通中外的文化线路,更是多元文明共存的场域、人类文明交往的舞台、中华文明兴衰的根基,也是国际社会认知中国的独特视角。研究丝绸之路及区域兴衰变化总规律的"丝路学",自20世纪初问世以来,涵盖了文化、历史、宗教、民族、考古等人文科学,以及地理、气象、地质、生物等自然科学,形成了一门汇聚众多学科、综合研究多元文化的百年显学,聚焦"中国与世界古今丝路关系"核心议题。

从丝路学视角切入,考量中国特色大国外交,中国与广大发展中国家尤其是亚非拉国家的合作互动,缔结了深厚的"丝路伙伴关系"情谊,既激活了历史上丝绸之路的友好往来记忆,又在现实"一带一路"国际合作中取得了丰硕的成果。本书立足于中国上千年丝路外交实践的历史经验,用"中国学派"的丝路学和国际政治"关系"理论阐释中国与丝路伙伴的互动关系,以期为中国以"世界和平的建设者、全球发展的贡献者、国际秩序的维护者"角色构建人类命运共同体提供有力佐证。

---

① 《习近平谈治国理政》第三卷,外文出版社2020年版,第358页。
② 新华社:《王毅在第73届联合国大会一般性辩论上的讲话(全文)》,中国政府网,http://www.gov.cn/guowuyuan/2018-09/29/content_5326793.htm,2018年9月29日。

序 言

与西方传统国际关系理论中相关"同盟关系"概念群不同,本书从丝路伙伴关系、丝路天然伙伴关系、丝路合作伙伴关系及全球伙伴关系等概念群入手,对中国特色大国外交打造"一带一路"国际合作平台和开辟丰富的全球伙伴关系网络的实践进行创造性演绎。其中,亚非拉发展中国家丝路伙伴是中国外交格局的重要根基,故本书重点研究以中非、中阿、中拉三对关系为代表的丝路伙伴关系这一政治文化命题。

第一,通过中国特色丝路伙伴关系的历史溯源,揭示了丝路交往塑造了以结伴机制、交友政策、诉求命运与共的丝路意识为特征的丝路伙伴关系变迁。

第二,中国特色丝路伙伴关系的实践在于共建"一带一路"国际合作、打造全球伙伴关系网络,进而构建人类命运共同体。

第三,以习近平外交思想为价值引领,阐释了"中国与世界关系"议题嬗变并丰富了中国特色的文明交往、国际关系、全球治理等理论。

第四,中国特色丝路伙伴关系的合作机制日渐成熟。以中非、中阿、中拉伙伴关系为例,梳理丝路命运共同体的建构路径,阐述三大论坛等创新性平台为丝路伙伴合作开辟了新空间。

第五,归纳新时代中国特色丝路伙伴关系古今同构性及其特征并进行了绩效评估,推演出丝路伙伴关系有人文、安全、经济三大支柱领域,体现着包容型的人文观、合作型的安全观和互惠型的经济观。

综上所述,本书将研究视角回归中华文明对外交流的主要场域——丝绸之路,指明中国特色大国外交的丝路合作伙伴关系是新时代中国特色丝路伙伴关系,认为通过丝路伙伴间秉持"丝路精神"的密切互动,将推动在丝路经济共同体、丝路人文共同体、丝路安全共同体中形成新的"共题"——实现从丝路命运共同体到人类命运共同体的跃迁。

此为序。

王 畅

2023年10月

目　录

导论 ··· 1
　　一、相关概念辨析 ·· 1
　　二、核心理论支撑 ·· 11
　　三、基本阐释框架 ·· 15

第一章　中国特色丝路伙伴关系的历史叙事 ························· 19
　第一节　古代中国外交的丝路天然伙伴关系 ························· 19
　　一、古丝路外交与丝路天然伙伴 ······································ 19
　　二、丝路伙伴共同塑造丝路文明 ······································ 24
　第二节　新中国外交的亚非拉丝路伙伴关系 ························· 31
　　一、新中国外交走向结伴不结盟 ······································ 31
　　二、新中国与亚非拉的伙伴关系 ······································ 40
　小　结 ··· 44

第二章　中国特色丝路伙伴关系的实践互动 ························· 45
　第一节　共建"一带一路"国际合作 ······································ 45
　　一、"一带一路"建设的时间节点 ······································ 45
　　二、"一带一路"建设的主要内涵 ······································ 47
　　三、"一带一路"高质量发展 ·· 56

1

第二节　打造全球伙伴关系网络 ································· 59
　　一、中国伙伴关系的整体布局 ································· 59
　　二、中国"一带一路"朋友圈 ································· 76
　小　结 ··· 82

第三章　中国特色丝路伙伴关系的价值理念 ······················ 83
第一节　根植于中国传统政治文化 ································· 83
　　一、丝路伙伴关系凝结传统文化 ····························· 83
　　二、比较分析下的中国政治文化 ····························· 86
第二节　阐释丝路学研究核心议题 ································· 91
　　一、丝路学研究及其核心议题 ································· 91
　　二、新时代"中国与世界关系" ······························· 95
第三节　修正传统国际关系理论体系 ···························· 100
　　一、中国特色的文明交往观 ··································· 100
　　二、中国特色的国际关系理念 ································ 103
　　三、中国特色的全球治理观 ··································· 107
　小　结 ·· 109

第四章　中国特色丝路伙伴关系的论坛机制 ····················· 111
第一节　中非合作论坛与中非命运共同体 ···················· 111
　　一、中非合作论坛的具体机制 ································ 112
　　二、"一带一路"赋予中非合作论坛新内涵 ············ 114
第二节　中阿合作论坛与中阿命运共同体 ···················· 116
　　一、中阿合作论坛的具体机制 ································ 116
　　二、"一带一路"赋予中阿合作论坛新内涵 ············ 130
第三节　中国—拉共体论坛与中拉命运共同体 ············ 139
　　一、中国—拉共体论坛的具体机制 ························ 140
　　二、"一带一路"赋予中拉论坛新内涵 ··················· 146
　小　结 ·· 148

第五章　中国特色丝路伙伴关系的综合评估 ………………………… 150
第一节　新时代中国丝路伙伴关系的特性归纳 ………………… 150
一、中国特色丝路伙伴关系的古今同构性 …………… 150
二、中国特色丝路伙伴关系的特征 …………………… 155
第二节　中国特色丝路伙伴关系的绩效评估 …………………… 159
一、对中国特色大国外交国家形象评估 ……………… 160
二、对"一带一路"国际合作的绩效评估 …………… 166
第三节　中国特色丝路伙伴关系的因应之策 …………………… 171
一、直面"百年未有之大变局"新挑战 ……………… 171
二、扩大中国全球"朋友圈"路径选择 ……………… 179
小　结 ……………………………………………………………… 184

结语 ………………………………………………………………………… 185

附录 ………………………………………………………………………… 187

参考文献 …………………………………………………………………… 243

后记 ………………………………………………………………………… 250

导 论

一、相关概念辨析

本书将以丝路学的视角来分析中国外交的丝路伙伴关系这一议题。丝路伙伴关系，作为一个全新的学术概念，既需要用传统国际关系理论予以诠释，也需要阐明其以"丝路"作为定语的"中国特色"之所在。

伙伴关系的探讨，要追溯到原始社会初期，人类得以生存繁衍的重要方式——群居生活。弱小的力量如何对抗严酷的自然环境和飞禽走兽的威胁？人类因此联合起来，获取衣食所需和人身安全，由此产生了村落、部落。群居生活及随之而起的群体间的战争，让人类意识到同盟的重要性和必要性，即联合谁和打击谁，这种联合与兼并进一步促成了国家的出现，"由于需要许多东西，我们邀集许多人住在一起，作为伙伴和助手，这个公共自治区，我们叫它作城邦"[①]。遗憾的是，国家的建立并非作为一种"至高而广涵"的共同体成就"善业"，人类发展历史的长河中，战争与和平的交替进行，让国家在战争的洗礼中不得不重视远交近攻、缔结联盟、敌友之辨、合纵之道、连横之术，成为人类交流史上不同忽视的篇章。

有鉴于在漫长的历史中，国家间结盟结伴的关系难以尽言，本书将选取西方国际关系理论中的盟友关系、伙伴关系、战略伙伴关系加以辨析，并提出丝路伙伴关系这一立论依据，再对由这一新的学术概念中衍化出来的丝路天然伙伴关系、丝路战略合作伙伴关系和中国政府提出的全球伙伴关系予以梳理，进而确立全文的核心概念，即"丝路伙伴关系"这一具有鲜明中国特色大国外交特征的丝路学语境下的新概念。

[①] 柏拉图：《理想国》，郭斌和等译，商务印书馆1996年版，第5页。

在这一组星丛式的"概念群"中,可继续细分为西方传统国际关系理论体系中的相关"伙伴关系"概念与基于中国外交历史与实践的中国特色大国外交创新理论体系中的相关"伙伴关系"概念。

(一) 西方国际关系三大经典理论中的一组概念体系

学界对这一组概念体系多种界定,争论也颇多。唐世平曾归纳:"从根本上说,联盟是一种国家在国际政治中进行集体行动的集合体(Collectives)。要形成任何集体行动,必须有两个以上的个体而形成的集合体。集合体的集体行动可以用经常性(Regularity)和集合体内部个体间协调的紧密程度(Closeness)这两个维度来度量。"[①]集体行动的集合体,从高到低,大致可以有三个层次:联盟或同盟(Alliance)、伙伴关系(Partnership)、联合体(Coalition)。笔者将重点对联盟关系、伙伴关系、战略伙伴关系予以辨析。

1. 联盟关系

权威工具书《国际军事与防务百科全书》将联盟定义为:"两个或两个以上国家通过集合他们的国力以增进安全而建立的一种长期的政治与军事关系。"自肇始于三十年战争的欧洲近代国际关系史起,联盟(或称同盟、结盟)就成为西方国际关系理论中衡量国与国之间关联度的重要表现形式和国家实体之间操纵利用的重要手段。在当代国际关系理论研究中,格林·斯奈德(Glenn Snyder)认为,联盟是在特定情况下为了使用(或不使用)武力对抗外部国家而形成的正式的国家的联合(Associations),不同于基于共同利益而形成的心照不宣的结盟(Tacit Alignment),联盟基于正式的盟约,且军事合作在盟约内是明示的。不少学者对联盟作了严格定义,认为"正式盟约""安全合作"和"外部指向特定国家"是联盟不可或缺的特征。但是,斯蒂芬·沃尔特(Stephen Walt)的定义则更宽泛,他质疑将盟约作为联盟必要条件的合理性,认为:"义务的变化主要通过行为或口头声明来显示,而不是重新签订文件。苏联和埃及之间直到1971年都没有签订正式条约,但之前显然是紧密的盟友关系。1971年两国签订的友好合作条约实际上是两国关系日益紧张的标志,而不是相互义务加强的象征。""对正式与非正式联盟精细区分有可能导致曲解而不是揭示,不同案例其正式或非正式安排的真实含义并不相同。"因此,沃尔特将联盟定义为"两个或更多主权国家之间正式的

[①] 唐世平:《联盟政治和中国的安全战略》,《领导者》2010年总第36期。

或非正式的安全合作安排"①。罗伯特·奥斯古德(Robert Osgood)也认为,同盟的全部实质和意义很少在正式的军事合作协定或条约中表露,就像婚姻的实质很少在结婚证书中体现一样。因此,有时在缺乏正式协议的情况下,又缺少衡量结盟的标准,这是准确定义联盟概念的难题。对基于非正式契约、法律约束性弱联盟关系,孙德刚试图用"准联盟"(Quasi-alliance)来界定这一没有正式协议的盟友关系。虽然联盟的定义很多,但有两个特点是学者公认的:第一,针对外部特定的国家;第二,强调的是军事领域的合作和承诺。②综合上述联盟的定义,主流联盟研究者一般认为,联盟的主体是"两个或两个以上国家的集合",联盟合作的性质是"安全协议",且联盟往往具有明确的外部指向性。

有学者将联盟概念泛化,认为伙伴关系是联盟的一种,也有学者将它视为是敌人向盟友过渡的中间阶段。按照斯蒂芬·沃尔特的观点,联盟的起源是因为"威胁平衡"。兰德·施韦勒主张将修正主义国家引入联盟研究,认为联盟的形成也可能是因为国家都追求扩张,他针对"威胁平衡"提出了"利益平衡"。事实上,伙伴关系的独特性在于两者间自我与他者之间的关系,但是联盟关系的出现却必须依赖于作为自我和他者共同对立面的第三者的出现。对立面的产生或是因为第三者构成了共同的威胁,或是因为第三者成为共同的扩张目标。③可见,联盟关系是明确针对第三方的,所以联盟内部的双边关系不一定是伙伴关系,而有可能是敌对关系或竞争关系,但是因为外部敌人而组建成为联盟。故可以判定,同盟关系是欧洲战争至冷战时期的产物,针对第三方,关注政治、军事合作,具有封闭性和排他性,本质上体现了零和思维、冷战思维。

2. 伙伴关系

政治学术语中的伙伴关系译自英文 partnership。《韦氏国际新词典》将其界定为:"两个或更多的有能力的人为了实现彼此的共同利益而将其各自部分或

---

① Stephen M. Walt, *The Origins of Alliance*, Ithaca and London: Cornell University Press, 1990.
② Glenn H. Snyder, *Alliance Politics*, New York: Cornell University Press, pp. 180–192.
③ Randall Schweller, "Bandwagoning for Profit: Bringing the Revisionist State Back In", in Michael E. Brown et al., eds., *The Perils of Anarchy: Contemporary Realism and International Security*, Massachusetts: The MIT Press, 1995, p. 260.

全部的资金、劳力、影响力和技术按照协议集中起来。"[1]《辞海》解释为："现在泛指共同参加某种组织或从事某种活动的人。"有学者将其在国际关系领域内定义为："两国或更多的国家为了实现双边彼此的共同利益,基于平等的双边关系及相关考量,将各自部分或全部的资源、权力等按照协议集中起来。"这一界定首先强调其作为双边关系的属性,不能自动传递至第三方;其次强调伙伴意味着在双边关系[2]中两国地位是平等的;最后强调伙伴关系具有情感因素。两国之间的情感因素来源于历史渊源、意识形态上的接近以及对国际格局共同的看法等。[3]作为国家间外交关系的表现形式,伙伴关系首先被视作一种有层次的国家外交政策管理工具,[4]用以避免冲突和敌对关系;也被视为一种新型的国际合作形式,不同行为主体根据共同利益展开非竞争性合作,[5]以实现各自不同发展目标;还被视为是处理国际与区域关系的一种治理模式,不同形式、领域的伙伴关系基于共同利益或共同价值,用以应对国际、区域以及国家发展问题。[6]

伙伴关系与同盟关系既有相同又有差异。传统的西方国际关系理论,尤其是现实主义理论,基于权力追求、"自利"原则和系统结构认为,同盟是两个或者两个以上国家在军事、外交等重要或高级政治领域进行高度的合作,各盟国要牺牲一定的自主权,一旦达成协议,就要进行统一的行动和部署。从共同利益的角度看,伙伴关系并不意味着伙伴双方没有分歧或矛盾,而主要是强调双方在主观意愿上寻求发掘本国和其他国家间潜在的共同利益,弥合与其他国家的利益矛盾,进而将本国和其他国家的冲突性关系转化为友好的伙伴关系,而同盟关系则可能要牺牲弱势参与者的利益以维护整体关系。从共同行动的角度看,拥有伙伴关系的国家在处理共同面对的问题时采取沟通协商、协调一致的原则,必要时也会签订相关制度化协定,其强制性弱于盟约。伙伴关系区别于同盟关系的排

---

[1] Philip Babcock Gove, ed., *Webster's Third New International Dictionary of the English Language Unabridged*, Springfield: G. & C., Merriam Co., 1966, p.1648.
[2] Joseph Pilotta, "Confucius and Contemporary Guanxi", *International Journal of Area Studies*, Vol. 8, p.130.
[3] Sean Kay, "Partnerships and Power in American Grand Strategy,", Håkan Edström et al., eds., *NATO: The Power of Partnerships*, New York: Palgrave Macmillan. 2011, p.18.
[4] Katja Weber, Michael E Smith, Michael Baun, *Governing Europe's Neighbourhood: Partners or Periphery?* Manchester, United Kingdom: Manchester University Press, 2007.
[5] Sangtu Ko, Strategic Partnership in a Unipolar System: The Sino-Russian Relationship. *Issues & Studies*, Sep. 2006, Vol.3, pp.203-225.
[6] H. D. P. Envall, Ian Hall, *Asian Strategic Partnerships: New Practices and Regional Security Governance*, https://onlinelibrary.wiley.com/doi/abs/10.1111/aspp.12241, 2016.

他性,其双边行为并不针对第三方。从共同目标的角度看,同盟关系在目标上更重视安全合作,而伙伴关系则是安全和发展并重。共同目标是对共同利益的落实和拓展,其实现有赖主观意愿和客观环境的联动作用。如果伙伴关系的构建和维系使任何一方的发展目标受到严重损害,都会违背追求利益双赢的根本出发点。① 相较于结盟"找敌人"的旧国际关系思维,结伴是"交朋友"的新型国际关系思维。苏长和指出:"21 世纪的大国关系竞赛重点是比'交朋友'的结伴速度而不是'找敌人'的结盟速度。结盟政治把国际政治文化搞坏了,是一种向下竞争的互害思维。结伴政治是营造国际政治的信任文化,大家和平发展,合作共赢,是一种向上竞争的互利思维。"②

3. 战略伙伴关系

这个概念可以视作伙伴关系的"升级版"。根据伙伴关系中双方在合作的领域、深度和意义的差别,可以区分为如合作伙伴关系、全面合作伙伴关系和战略伙伴关系等不同类型。战略伙伴关系意味着两个国家的合作达到了一定的深度,并且双方认为两国之间的关系比较重要,有着战略性的意义。③ 在国际关系实践中,20 世纪 90 年代中期后,战略伙伴关系迅速兴起,成为处理国家间关系的一种新的形式和战略手段。肖恩·凯指出"战略伙伴关系"一词最先出现在 1990 年美苏关于冷战后欧洲安全事务的双边协商中,并且认为中国首先在国际关系领域中运用"战略伙伴关系"这一概念。④ 传统以美国为主导的国际关系学界对其主体界定是在两个国家行为体间,后拓展至国际组织等多种国际行为体。汤姆斯·威尔金斯指出,战略伙伴关系是一个国家同另一个国家建立起来的结构性协调,它比独立行动更能有效的利用经济机遇或应对安全挑战。⑤

威尔金斯认为,战略伙伴关系具有四个特征:一是基于一般性的(安全)目标(如拥护国际体系多极化)而非某个具体目标(如威慑或打击敌对国家);二是只有安全合作的议题(如反恐、打击分裂主义、反对宗教原教旨主义等),没有具

---

① 王畅:《丝路伙伴关系研究:理论与实践》,《新丝路学刊》总第 9 期,第 146 页。
② 刘叶婷、崔越、肖骁:《中国外交为什么"结伴不结盟"?》,人民网,http://politics.people.com.cn/n1/2019/1116/c429373-31458749.html,2019 年 11 月 16 日。
③ Ieva Gajauskaite, Strategic Partnerships in Foreign Policy: Comparative Analysis of Polish-Ukrainian and Lithuanian-Ukrainian Strategic Partnerships, *Lithuanian Annual Strategic Review*, Vol. 11, 2013, p. 201.
④ Sean Kay, What is a Strategic Partnership? *Problems of Post-Communism*. Vol. 47, 2000.
⑤ Thomas S. Wilkins, Russian-Chinese Strategic Partnership: A New Form of Security Cooperation? *Contemporary Security Policy*, Vol. 29, No. 2, 2008. p. 363.

体指向的敌对国;三是非正式性以及较低的承诺成本;四是除了传统的安全关切之外,经济交易在战略伙伴关系中占据重要地位。① 帕拉梅瓦朗认为,战略伙伴关系具备不同于较强约束力的松散性、通过联合声明确定合作领域建立合作机构的制度性、共同应对共同挑战或者抢占战略机遇而非对抗第三国的目的性、多个领域层面协作的多维性四个特征。② 托马斯·雷纳德与詹姆斯·罗杰斯指出,战略伙伴关系的伙伴国在多个政策领域相互协商与协调的综合性、伙伴之间能够共同受益的互惠性、伙伴之间对共同的目标有着共同的理解的实用性、战略伙伴关系面向长远考虑不计偶发纠纷的长期性、面向地区或全球性五个特性。

柯林恩·奇德雷区分了战略伙伴关系同军事同盟、"联合阵线"(coalitions)、"安全共同体"以及其他具有安全导向性伙伴关系之间的差别:战略伙伴关系特有的设计是为了在已充分达成共识的地区或双边事务的多元安排中保证国家的灵活性。③ 战略伙伴关系与传统的同盟亦有着明显的差别:传统的同盟建立在共享的利益与共同的价值之上,其目的是为了对抗外部力量。传统军事同盟建立的基础是组成同盟的国家认为国家间的冲突不可避免,是为应对无处不在的被侵略的风险而建。但实际上,军事同盟的成立可能会导致国家安全环境的恶化。然而,战略伙伴关系则不一样。托马斯·雷纳德与詹姆斯·罗杰斯指出,战略伙伴关系并不以共同价值或外部威胁为基础,只需要伙伴之间具备共同的目标即可。

(二)具有中国特色的丝路学视角的一组概念体系

这一组伙伴关系概念体系根植于中国上千年的对外交流历史和新中国成立以来的外交实践,包括丝路伙伴关系、丝路天然伙伴关系、丝路战略合作伙伴关系及全球伙伴关系。

习近平总书记基于丝路外交经验所提出的新理念是"对中国古代经验的再思考",中国学者的学术话语体系构建也成为去西方化理论探索新动向。在厘清这些之前,首先辨析一下丝绸之路、"一带一路"、丝路精神这一组概念。

---

① Thomas S. Wilkins, Alignment, not Alliance-the Shifting Paradigm of International Security Cooperation: Toward a Conceptual Taxonomy of Alignment, *Review of International Studies*, Vol. 38, No. 1, 2012, p. 68.
② Prashanth Parameswaran, Explaining US Strategic Partnerships in the Asia-Pacific Region: Origins, Developments and Prospects, *Contemporary Southeast Asia: A Journal of International and Strategic Affairs*, Vol. 36, No. 2, 2014, pp. 264 – 265.
③ Colleen Chidley, Towards a Framework of Alignment in International Relations, *Politikon*, Vol. 41, No. 1, 2014, p. 146.

1. 丝绸之路

其狭义是指"途经中亚通往南亚、西亚及欧洲、北非的中国古代陆路贸易通道,因极具特色的中国蚕丝及其丝织品大量经由此道西运"而得名;广义包括陆上丝绸之路与海上丝绸之路,且因"每条道路都有多条分支,路径交错相通,构成了古代中国与西方沟通的交通系统"。亦即,"丝绸之路"是指"从中国古代开始陆续形成,连接和贯通欧亚大陆,包括北非、东非等全球性商业贸易与文明交往线路的总称",① 其内涵极为丰富,包括中国是丝绸之路的源发地、中华文明的盛衰与丝路的兴废关系密切、中华民族曾因引领并贡献于丝路全球化而闻名世界、丝绸之路是"中国与世界古代关系"的见证者、丝绸之路是中国贡献给世界最成功的公共产品、丝路学是关于"中国与世界关系"的百年显学等核心要素。

不同学者从地理、文明、民族、国际关系、公共产品、学科创建等不同维度解读"丝绸之路"后发现,这些通道是整个世界的中枢神经系统,将各民族各地区联系在一起,人们在从事贸易沟通、思想沟通中互相学习、互相借鉴;在哲学、科学、语言和宗教等交流中得到启发,得到拓展。随着"一带一路"建设的深入推进,世界的目光再次聚焦这一亚欧大通道,丝路复兴已成为全球化时代不容忽视的重要现实,更是值得研究的学术现象。丝绸之路自1877年德国学者李希霍芬提出百余年后,其以新的国际关系研究中的学术对象的主体身份得以确立,其如丝绸一般温和柔软、悠远绵长、和平包容的公共产品特性得以凸显。

2. "一带一路"

从狭义上讲,它是中国政府提出的全方位改革开放的格局和周边外交的战略框架;从广义上讲,它是中国特色大国外交推动人类命运共同体理念的重要实践平台。由陆上的"丝绸之路经济带"② 和海上的"21世纪海上丝绸之路"③ 构

---

① 马丽蓉、桂宝丽:《中国西部周边地区"丝路天然伙伴关系"研究报告》,社会科学文献出版社2020年版,第5页。
② "丝绸之路经济带"是2013年9月由中国国家主席习近平在哈萨克斯坦纳扎尔巴耶夫大学发表《弘扬人民友谊 共创美好未来》演讲时提出。包括北线、中线、南线:北线主要为中国经中亚、俄罗斯至欧洲(波罗的海);中线主要为中国经中亚、西亚至波斯湾、地中海;南线为中国至东南亚、南亚、印度洋。"一带"主要依托国际大通道,以沿线中心城市为支撑,以重点经贸产业园区为合作平台,包括新亚欧大陆桥、中蒙俄、中国—中亚—西亚、中国—中南半岛等国际经济合作走廊。国内的支点省份包括西北五省区(陕西、甘肃、青海、宁夏、新疆)和西南四省市(重庆、四川、云南、广西)。
③ "21世纪海上丝绸之路"是2013年10月中国国家主席习近平在印度尼西亚国会发表《携手建设中国—东盟命运共同体》的演讲中提出。包括两条线:中国沿海港口过南海到印度洋,延伸至欧洲;中国沿海港口过南海到南太平洋。"一路"主要以重点港口为节点,共同建设通畅安全高效的运输大通道,包括中巴、孟中印缅两个经济走廊。国内的支点省份圈定上海、福建、广东、浙江、海南等。

成,共建"一带一路"国际合作坚持共商共建共享原则,践行开放、绿色、廉洁的理念,致力于实现高标准、惠民生、可持续的目标。其抓手是"五通",即"政策沟通""设施联通""贸易畅通""资金融通""民心相通"。其中,加强政策沟通是重要保障,基础设施互联互通是优先领域,投资贸易合作是重点内容,深化金融合作是要支撑,人文交流民心相通是"一带一路"建设的社会根基。其主体框架是"六廊①六路②多国③多港④"。笔者认为,其学术话语体系的核心是弘扬"丝路精神"来共建"一带一路",以构建"人类命运共同体"。

3. 丝路精神

源自古代在丝绸之路的地理空间与中外文明交流场域里,"中国与世界"互动关系中和平、包容、互惠的价值观,是沿线各民族的集体记忆和历史财富。习近平总书记在2014年6月首次界定"丝路精神"概念为和平合作、开放包容、互学互鉴、互利共赢。这一精神对共建"一带一路"具有价值引领作用,明确"一带一路""向所有朋友开放"的态度及其"五通"举措,从丝路历史"汲取智慧"以"发展全球伙伴关系",通过"五路"建设助力"一带一路"、消除"四大赤字"。"丝路精神"是丝绸之路和"一带一路"共通的统摄性价值观,在这一精神的指导下,"一带一路"学术话语研究完成了系统性、结构性的整合过程,也因此被有机纳入丝路学话语体系。⑤

(三)在对上述概念作出诠释的基础上,区别于西方传统国际关系理论体系的丝路学话语体系下中国特色大国外交语境的"伙伴关系"得以逻辑自洽地构建

1. 丝路伙伴关系

与传统国际关系理论中对伙伴关系的界定不同,这一概念的对象不仅仅是主权国家,而是更加宽泛的包括主权国家、国际政府(或非政府)组织、跨国公司及其他组织机构的行为主体。它突出特定的地理场域——丝绸之路(如前文所界定,由中国出发,向四周辐射,如丝绸般延长至整个世界),限定在这一中国源起的网状辐射世界的物流与人流的迁徙空间。丝绸之路上"中国与世界关系"的

---

① 六大国际经济合作走廊分别是新欧亚大陆桥、中蒙俄经济走廊、中国—中亚—西亚经济走廊、中国—中南半岛经济走廊、中巴经济走廊、孟中印缅经济走廊。
② 公路、铁路、航运、航空、管道、空间综合信息网络,是基础设施互联互通的主要内容。
③ 一批先期合作国家,争取示范效应,体现合作成果。
④ 共建一批重要港口和节点城市,繁荣海上合作。
⑤ 马丽蓉:《基于丝路学视角的"一带一路"学术话语研究》,《新疆师范大学学报(哲学社会科学版)》2021年第4期,第109—119页。

主体是中国与丝路沿线国,因此本书中这一概念特指它们在历史与现实中的互动关系。从领域来划分,中国和丝路伙伴形成了互惠型的丝路经济伙伴关系、包容型的丝路人文伙伴关系、合作型的丝路安全伙伴关系;从时间维度来划分,中国和丝路伙伴形成了古代的丝路天然伙伴关系和当代的丝路战略伙伴关系。广义上讲,这个政治文化概念较为务虚,再细分类别还包括区域全面经济伙伴关系、互联互通伙伴关系、改革发展伙伴关系、"北极伙伴关系"、基础设施合作伙伴关系、维和伙伴关系等,但平等合作的"伙伴精神"作为"丝路精神"的重要组成部分,将是这些丝路伙伴关系的精神统领。

2. 丝路天然伙伴关系

在"丝绸之路"历史维度上,中国和沿线国家基于地缘结成"丝路天然伙伴",亦即"'一带一路'的天然合作伙伴"。最早由习近平主席于2014年6月5日论及中阿关系时提出:"中国同阿拉伯国家因为丝绸之路相知相交,我们是共建'一带一路'的天然合作伙伴。"[①]2018年7月10日,习近平主席再论中阿关系时又进一步强调:"作为历史上丝路文明的重要参与者和缔造者之一,阿拉伯国家身处'一带一路'交汇地带,是共建'一带一路'的天然合作伙伴。"[②]基于此,笔者界定"丝路天然伙伴"概念,主要包含以下三个核心要素:一是自然空间的地理通达、往来便捷、人文有序的"地通";二是社会空间陆海全面贯通的"路联";三是精神空间的以互惠包容合作的丝路精神为价值基础的"人相交"。[③]

丝路天然伙伴即是中外丝路天然伙伴的交往关系,是"丝路文明"重要建构者、"丝路精神"的缔造者和构建"丝路命运共同体"的中坚力量,并且是"依路生存、辟路发展、结伴远行"的丝路全球化的践行者。在上千年的丝路交往实践中,丝路天然伙伴形成了"借路传道、依路共处"的基本行为逻辑,通过经贸往来与人文交流推进了丝路文明的发展进程,如:丝路空间的拓展性迁徙塑造了丝路文明丰富的地理特质,丝路交往先驱者的前仆后继谱写了丝路文明包容的交往体系,以及官民并举的制度支撑开创了丝路文明开放的对话范式,等

[①] 《习近平谈"一带一路"》,中央文献出版社2018年版,第35页。
[②] 同上书,第222页。
[③] 马丽蓉、桂宝丽:《中国西部周边地区"丝路天然伙伴关系"研究报告》,社会科学文献出版社2020年版,第10页。

等。同时，丝路文明也通过物质、制度、精神、心理等维度全方位塑造了丝路天然伙伴。

3. 丝路战略合作伙伴关系

这一概念的构建基于共建"一带一路"国际合作这一中国特色大国外交[①]的实践演进，旨在回答"丝路多元行为主体间的相处态势及其相处之道"这一重大现实问题。广义上讲，这是在新时代（2012年党的十八大之后）中国与有重大战略利益关切且秉持"丝路精神"内涵进行合作的行为主体之间的互动关系，具体是指中国和"一带一路"沿线国以"结伴而不结盟"的原则，不冲突、不对抗、不针对第三方，谋求经济互惠、文明共享与丝路安全等共同利益的伙伴关系。狭义上讲，其对象特指与中国建立合作伙伴（包括各类战略合作伙伴）关系的"一带一路"共建主体，除了传统的主权国家，还包括区域性和全球性国际组织。中国已经与东盟[②]、阿盟[③]、非盟[④]、拉共体[⑤]和欧盟[⑥]世界五大地区组织全部建立了伙伴关系，分别是"中国—东盟面向和平与繁荣的战略伙伴关系""中阿全面合作、共同发展、面向未来的战略伙伴关系""中非全面战略合作伙伴关系""中拉新时代平等、互利、创新、开放、惠民的全面合作伙伴关系""互利共赢的中欧全面战略伙伴关系（打造和平、增长、改革、文明四大伙伴关系）"。基于中国与阿盟、非盟、拉共体都成立了国际合作论坛机制的共性，本书将重点分析与以上三个地区组织中的亚非拉国家间的丝路战略合作伙伴关系之于中国特色大国外交的作用。丝路学话语体系中的丝路战略合作伙伴的构建，彰显了习近平外交思想指导下的中国特色大国外交实践是对冷战时期结盟、敌视、对抗的国家间关系的突破和创新，是构建新型国际关系的有效路径，为打造人类命运共同体贡献了中国智慧、中国方案和中国力量。

---

① 中国古代有"歃血为盟"，以强烈的仪式感记录了中国古人对于结盟的重视。但当代中国外交明确"结伴不结盟"的原则。在"一带一路"提出后，丝绸之路更加成为构建丝路战略合作伙伴关系的重要场域。

② 中国与东盟在2003年建立面向和平与繁荣的战略伙伴关系。2013年后，双方将打造更高水平的中国—东盟战略伙伴关系，构建更为紧密的中国—东盟命运共同体。

③ 中国与阿盟在2010年将新型伙伴关系提升为"全面合作、共同发展的战略合作关系"，2018年再次升级为全面合作、共同发展、面向未来的中阿战略伙伴关系。

④ 2015年，中国与非盟将中非新型战略伙伴关系提升为全面战略合作伙伴关系。

⑤ 2014年中国与拉共体共同宣布建立平等互利、共同发展的中拉全面合作伙伴关系。2018年12月，习近平主席第4次访拉期间，赋予中拉全面合作伙伴关系丰富时代内涵。

⑥ 《关于深化互利共赢中欧全面战略伙伴关系的联合声明》，中国政府网，http://www.gov.cn/xinwen/2014-03/31/content_2650712.htm，2014年3月31日。

4. 全球伙伴关系

区别于前两个丝路学话语体系的概念,这是一个在我国外交政策执行过程中应运而生的概念。这一外交词汇可以理解为:我国顺应历史潮流,提出并建设对话而不对抗、结伴而不结盟的伙伴关系,并积极拓展全球伙伴关系网络,是推动构建新型国际关系的重要举措。中国的伙伴关系类型丰富,发展和升级,既可以是合作领域的拓展,如开始涵盖政治、经济、文化和安全等全面合作的内容;也可以是合作层次的升级,如在政体和核心利益的战略高度都具有合作。中国与相关国家的伙伴关系中,建立和升级的过程一般都包含"战略"或"全面"两个前缀,体现的正是国家间合作的深度和广度日益拓展。[①] 正如王毅外长所言,这些国家彼此之间各有不同,伙伴关系的名称和形式也不尽一致,但其实质内涵都是平等相待、互利共赢,都超越了社会制度和发展阶段的差异。但这不意味着不存在亲疏远近,也不意味着存在必然关系黏性和身份认同。在伙伴关系的诸多前缀中,"全面""战略""友好""合作"这四词出现频率最高,因此最为关键。且其顺序是"全面"在前,"合作"在后,"战略"和"友好"在中;"战略"和"友好"通常不会同时出现,因此可以把"战略"理解为"友好"的升格,即全面战略合作伙伴关系＞战略伙伴关系＞全面合作伙伴关系。2014年11月,习近平总书记在中央外事工作会议上提出"要在坚持不结盟原则的前提下广交朋友,形成遍布全球的伙伴关系网络",其作为中国特色大国外交的有力抓手,中国的"朋友圈"正不断扩展。

二、核心理论支撑

以美国为主导的西方国际关系理论的三大传统流派中,无论是基于权力的现实主义、基于制度的自由主义还是基于文化的建构主义,都缺乏对中国特色大国外交悠久历史和生动实践的阐述及解释力,因为这些理论始终无法摆脱西方自身的历史发展和文化局限。社会科学理论的诞生基于文化的凝结和积淀的背景知识,西方历史文化为国际关系理论提供了丰富的资源,在近代西方开启的理性主义思潮中,"理性"作为西方主流社会理论硬核的形而上的理念要素,成了西方包括国际关系在内的政治学、经济学、社会学等主流社会理论的理论

[①] 门洪华、刘笑阳:《中国伙伴关系战略评估与展望》,《世界经济与政治》2015年第2期,第78页。

内核。①

基于社会科学理论的地方性存在且合理的认识,笔者认为应该且可以建构出具有"中国特色、中国风格、中国气派"的阐释理论。关于国际关系理论的"中国学派",学界尚存在争议。反对者,如提出"道义现实主义"的阎学通认为,从科学角度定义"理论"是对客观世界的体系性的解释,科学无国界,科学理论亦无国界,成不了"中国学派";唐世平则认为,无法超越西方理论水平、与西方进行理论对话,不能称之为"中国学派"。支持者,如秦亚青提出的关系理论,上海学派任晓、苏长和等提出共生理论等,中国诸多国际关系理论研究者致力于逐渐跳出以冷战思维、零和博弈、强权政治等为基础的西方传统国际关系理论窠臼,提出立足、阐释并指导中国外交实践的有别于西方的创新理论,并加强中国外交与中国学派之间的良性互动。② 笔者的立场明显属于后者,并将采用国际关系理论的"中国学派"的"关系理论"作为论述中国特色大国外交中丝路伙伴关系的理论支撑。

与西方文化传统孕育的"理性"内核不同,中国特色的关系理论更强调社会存在的各国行为主体之间的"关系"③。"关系理论"以中国哲学文化,特别是以儒家文化为基底,从本体论、认识论和方法论层面对西方主导的国际关系体系理论进行了颠覆和重构。"关系理论"将"关系"作为理论的核心概念,通过"关系本体""关系理性"和"关系选择"构建了具有独立意识的完整体系。

关系理论的创新突破在于根植于中国哲学文化。它的生命基础根植于中华文化上千年农耕、内陆文明的传承,强调群体和群体成员之间的关系,讲求人与内在、人与人、人与自然的和谐。关系性源于宇宙万物的联系及主体间关系的复杂性;而过程是流动的关系,行为体之间的关系可以被视为过程的核心,关系互动可以视为过程动力的来源。过程具有自在性,国际行为体间的关系互动产生了国际社会的过程动力,帮助行为体形成自己的身份、产生权力、孕育国际规范。

---

① 秦亚青:《国际政治的关系理论》,《世界经济与政治》2015年第2期,第6页。
② 鲁鹏:《构建国际关系理论的中国学派》,《人民日报》2018年2月26日。
③ 2012年,上海人民出版社出版秦亚青的《关系与过程:中国国际关系理论的文化建构》,"关系理论"初步成型。2018年,经过修订重写的 A Relational Theory of World Politics 在英国剑桥大学出版社出版,并得到彼得·J. 卡赞斯坦(Peter J. Katzenstein)、阿米塔·阿查亚(Amitav Acharya)和巴里·布赞(Barry Buzan)等国际领军学者的认可。2021年,秦亚青的《世界政治的关系理论》由上海人民出版社出版。

过程的核心是关系,维持关系就是维持过程,发展关系就是推进过程,增强关系就是增强过程的动力。① 哈贝马斯认为,在社会系统中主体存在目的行为、规范调节行为、自我表达行为和交往行为四种社会行为,其中最后一种是存在于生活世界、旨在建立行为体之间的共识,且关联着有序运转的社会系统(包括客观世界、生活世界和主观世界三部分),②作用在于表达观念,并在交往中促进行为体间建立沟通、形成共识。这就与马克斯·韦伯工具理性下的目的行为不同。哈贝马斯认为,交往行为是在交往理性的指引之下,在促成共识达成后,会采取一定的目的行为推动,共识的落实、强化或验证,并且从认识上让行为体之间发现彼此的差异性,再有目的地干预相关行为分别达到自我捍卫、激化矛盾或弥合分歧的效果。具体的行为走向取决于交往共同体内部,行为体之间共识一致性和协调机制的成熟水平。这使得至少两个行为主体间产生了关系,这不同于主体施动客体的目的行为,而衡量关键在于合理性和有效性。③

关系性意味着任何社会人做出决定和采取行动的基本依据是关系,是依其此时此地所处的关系网络中的位置以及这一位置与关系网络中其他行为体的相对关系来判断情势和进行决策的,并且认为,决定一个体系特征的是这个体系中行为单元之间的关系类型而不是行为单元的自身特征。但这并不是忽视理性的重要性,而是敏锐地指出,在复杂的社会关系网络中,只有先明确"关系定位",准确认知自己的位置和相对身份之后,才会作出理性的行为选择。因此,该理论强调国家间的互动实践以及社会过程的独立本体地位,也强调社会过程在建构国际规范与国家身份的过程中起到了重要作用。④

在方法论上,西方的理性主义闪现着哲学方法论层面黑格尔辩证法的光辉。

---

① 秦亚青:《国际政治的关系理论》,《世界经济与政治》2015年第2期,第7页。
② [德]尤尔根·哈贝马斯:《交往行为理论》,上海人民出版社2018年版。
③ 马程:《交往行为理论视域下的中国伙伴关系研究》,吉林大学博士学位论文,2020年。
④ 学界对此颇有争鸣。王缉思曾据个人经验指出中美两国有一个差异最能说明问题。"中国人喜欢讲求同存异,两国之间的共同利益远远大于分歧。我们用诸如相互尊重、合作共赢一类的原则来界定共同基础。而相比之下,美国人倾向于聚焦棘手的议题,例如在台湾和南海问题上的紧张关系。如此看来,中国人是想在解决具体问题前先确立原则,而美国人急于先解决问题再着手提升两国关系。因此,中国人很容易会抱怨美国为改善中美关系设置障碍,而美国人则批评中国不认真对待美国的实际关切。"台湾大学教授石之瑜认为:"讲关系,就是求同,有了同,就有关系,英文要定义关系,就用imagined resemblance,有关系就表示彼此接受为同一个群,统一了,unity。西方的关系概念不全相同,只要是履行同一种信条、规则的人,就是有关系的,团结了,solidarity。他认为,美国人碰到问题,就找共同服膺的规则入手,规则讲清楚了,就是自己人了。而中国则要先确定,这个问题不是针对彼此而发生的,因此透过仪式确认原来讲好的关系没变化,确定了以后,怎么解决就有弹性了。"

对立和冲突的正题与反题将会以一方消灭或者同化另一方为前提组成合题。马克思主义哲学进而将其推衍到"扬弃"的另一境界。但是关系理论则更推崇中国优秀传统文化的中庸辩证之道。中庸之道的两个偶对体间的关系并不是对立冲突的,而是可以基于双方合作和交融的进化前提,在合作和竞争中生成新的合体生命,在扬弃中形成新的"共题"(co-theses),既对原有双方的重要特征有所保留,又不能完全重新还原。这一新的共题形成了互补交合的新的生命形态,直臻和谐之境。这一和谐状态中,差异是客观存在的,并且可以共生、共存、共荣。恰恰相反,同质状态中永远没有和谐的空间,一切试图实现同质化的努力,也必然是没有结果的。关系理论的求同存异之非冲突的属性,为过程视角提供了发展空间。在过程中,联系在一起的主体,通过包容地化解对立与冲突、形成共题,向和谐进化。

在关系理论的解释下,不同的关系类型导致了历史上出现统治形式、治理模式和秩序原则等特征皆不相同的"国际体系",如威斯特伐利亚体系、华夷朝贡体系及德川幕府体系等。在"由内及外建立的同心圆结构——天下主义的朝贡体系"中,体现了等级制、互利性与和谐性的特点,其中"中国是这种国际体系的中核,但依凭的却非军事强权,而是凭借自身高度发达的文明,吸引周边四邻自愿纳入这一体系中",实际上是"一个四周受皇帝的德治教化,进而形成一个阶梯。中华出自中央,其影响逐渐向地方、异民族、异地域扩展,形成一个同心圆的关系"。[①]但"批评意见认为,朝贡体系是一种强调等级差异的国际秩序,与当代倡导国家不分大小主权一律平等的国际准则格格不入……实质上是一种苛求古人的反历史唯物主义观点……朝贡体系稳定且和谐的客观事实是毋庸置疑的……我们提出人类命运共同体意识原本就是建立在对其批判、扬弃的基础上"[②]。这一体系的实质是"贡而不朝""厚往薄来"的贡赐贸易、象征性的臣属礼仪以结交安全与经济伙伴来优化周边国际环境,由此构建了古代中国通过陆、海两条丝绸之路与异国的"丝路天然伙伴关系"。

故而,丝路学这门关于"中国与世界关系"的百年显学将被引入本书的分析视角,来分析中国特色大国外交的丝路伙伴关系之溯源、构建与拓展。事实上,

---

① [日]浜下武志:《东亚国际体系》,[日]山本吉宣主编:《国际政治理论》,王志安译,上海三联书店1993年版,第49—50页。
② 蔡亮:《共生性国际体系与中国外交的道、术、势》,《国际观察》2014年1期,第57页。

丝路学研究以文明交往理论、国际关系理论与全球治理理论为学理基石,古今中外学者以探索丝路多元文明的交往规律、丝路伙伴关系的相处之道以及丝路难题的破解之策为动力,在丝路上"结伴而行"。这恰印证了其三大理论与双核特质的显学品格。它具有门类多样的学科体系、"借路传道"的学术体系和西强中弱的话语体系,以丝路沿线及其辐射线上的经济、安全及人文等领域内不同行为主体间的交往与合作为研究范畴,旨在揭示"国强、路畅、交往密、文明盛"的历史规律与"借路传道、依路共处"的行为逻辑,以及互惠、包容、合作的丝路精神对文明交往、国际关系及全球治理所具有的深刻现实意义。[1] 因此,从某种意义上讲,丝路学既是文明交往学,也是国际关系学[2],更是全球治理学。此外,上百年来中外丝路学者身体力行于著书立说、建言献策,彰显出丝路学兼具学术性与实践性的双核特质。两个核心作为丝路学的双翼,不可偏废,尤其不可忽视实证研究。

百年未有之大变局之下,随着全球经济与政治重心相继移至亚欧大陆,国际体系、国际格局都经历新一轮转型,中国提出"一带一路"倡议将为丝路学拓展新的学术空间,赋予丝路学更多战略意涵。不仅如此,在全球化的现实背景下,以海上、陆上两条丝路为主的沿线地区,丝路核心区难题成堆,包括大国代理战争、民族部落冲突、教派矛盾纷争、宗教极端组织激增及"三股势力"的威胁等,使得丝路学研究不得不作出应有的学理性回应,"丝路外交"已成为丝路学研究的新议题,以"丝路合作"为宗旨的丝路治理模式正在以中国为代表的国家的倡导与推进下逐步赢得世界的认可与响应。[3] 在丝路伙伴关系的互动中,中国与亚非拉国家(包括周边国家、发展中国家等)的战略合作方式为中国特色大国外交探索出一条值得复制、推广的合作新路。

三、基本阐释框架

(一) 研究对象

与政治学视角下中国外交的研究往往旨在探究对某国别、区域的外交行为

---

[1] 马丽蓉、王文:《构建一带一路学:中国丝路学振兴的切实之举》,《新丝路学刊》2019年第1期,第116页。
[2] 特指国际行为主体之间相处之道的狭义国际关系,而非笼统指代指这一学科。
[3] 马丽蓉:《丝路学研究:基于中国人文外交的理论阐释》,时事出版社2014年版,第9页。

的动因与前瞻,或者针对某具体的全球性问题及其应对机制不同,本书另辟蹊径把演变进程中的"关系"作为研究关注对象,提出的"丝路伙伴关系"并非作为具体的历史地理概念、高级政治概念来考量,而是更多地作为建构意义的政治文化概念予以阐释。故本书侧重对中国特色的丝路伙伴关系的特征及合作模式进行阐释,从而发现其对中国特色大国外交的独特价值。

中国与广大发展中国家命运与共,作为最大的发展中国家,我们以"找朋友"而不是"找敌人"为内在逻辑,旨在与发展中国家建立非排他性合作网络,[①]力所能及地为发展中国家减贫、减债、减灾及提高自主发展能力作出贡献,并且在后疫情时代践行为全球提供公共产品的承诺。由于目前中国的丝路伙伴多是发展中国家,且非洲、拉丁美洲和中东地区是中国与发展中国家外交的主要地区,在党的十八大后更为重视,故因其代表性而可作为分析对象。"建设更加紧密的中非、中阿、中拉命运共同体,厚植同广大发展中国家团结友谊。"[②]可见,中非、中阿、中拉三对关系是中国特色大国外交构建丝路伙伴关系的"基本盘",也是新时代中国与发展中世界构建命运共同体的三根"擎天柱"。因此,本书将重点研究以中非、中阿、中拉三对关系为代表的丝路伙伴关系,特此予以说明。

(二) 框架思路

基于丝路学与关系理论构成的丝路伙伴关系视角,笔者认为,中国特色大国外交的创新之处在于建构全新的"一带一路"话语体系和开辟丰富的大国外交具体实践,通过丝路伙伴关系的互动,弘扬"丝路精神"来共建"一带一路"以构建"人类命运共同体"。本书的分析视角回归中华文明对外交流的主要场域和"中国与世界关系"的载体——丝绸之路,以伙伴关系的倡导与缔结作为切入点,揭示丝路天然伙伴关系—丝路合作伙伴关系—丝路命运共同体—人类命运共同体的中国特色大国外交的逻辑线索。笔者认为,新时代中国特色的丝路伙伴关系表现在中国特色大国外交打造了一种全新的丝路战略合作伙伴关系,并且通过这一过程的互动,将互惠的经济观、包容的人文观、合作的安全观融会贯通成为丝路伙伴间的丝路经济伙伴关系、丝路人文伙伴关系、丝路安全伙伴关系,进而从丝路经济共同体、丝路人文共同体、丝路安全共同体中形成新的"共题"——丝路命运共同体到人类命运共同体的跃迁。

---

① 孙德刚:《合而治之:论新时代中国的整体外交》,《世界经济与政治》2020年第4期,第61页。
② 王毅:《迎难而上 为国担当 奋力开启中国特色大国外交新征程》,《求是》2021年第2期。

据此,本书的基本阐释框架如图0-1所示:

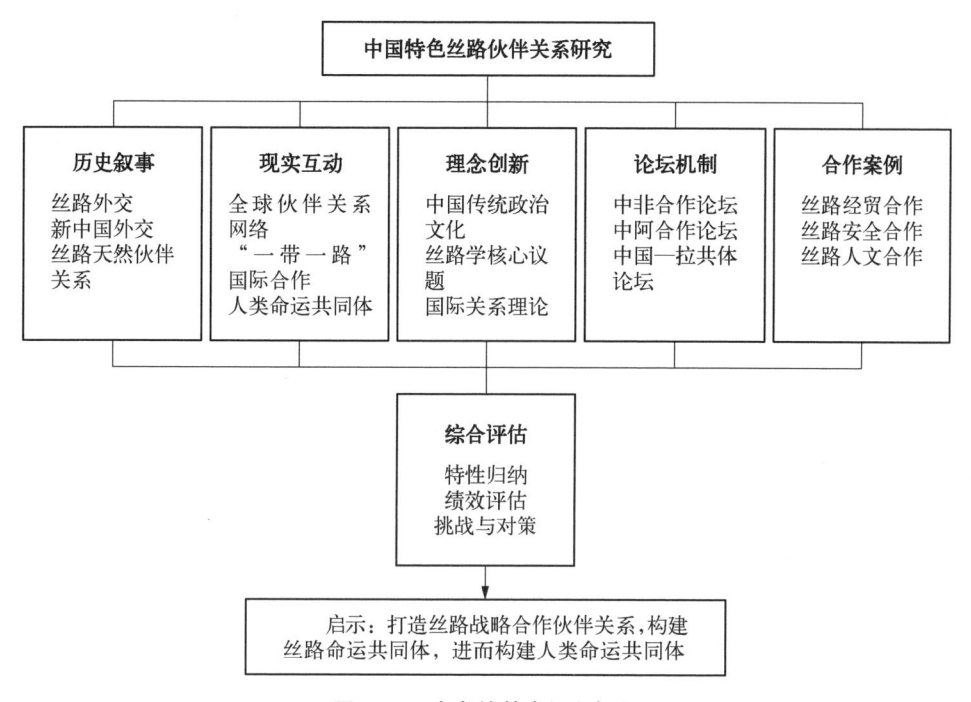

```
                    中国特色丝路伙伴关系研究
    ┌───────────┬───────────┬───────────┬───────────┬───────────┐
  历史叙事     现实互动     理念创新     论坛机制     合作案例
  丝路外交   全球伙伴关系  中国传统政治  中非合作论坛  丝路经贸合作
  新中国外交     网络         文化     中阿合作论坛  丝路安全合作
  丝路天然伙伴  "一带一路"  丝路学核心议题 中国—拉共体  丝路人文合作
    关系       国际合作    国际关系理论     论坛
            人类命运共同体

                         综合评估
                         特性归纳
                         绩效评估
                         挑战与对策

        启示:打造丝路战略合作伙伴关系,构建
        丝路命运共同体,进而构建人类命运共同体
```

图 0-1　本书的基本阐释框架

(三) 研究价值

学术价值方面:研究中国特色丝路伙伴关系的理论与实践,客观评估其"三个超越"的全新文明观的理论建构意义,将有助于丰富文明交往理论;客观评估其"共商共建共享"的全球治理观的理论建构意义,将有助于丰富全球治理理论;客观评估"互利共赢新型国际关系"理念的理论建构意义,将有助于修正传统国际关系理论。

现实意义方面:为中国特色大国外交对全球化发展、全球治理及国际体系转型等贡献的"中国方案"与"中国智慧"提供生动脚注。从丝路天然伙伴关系的历史经验与丝路战略合作伙伴的现实合作中推导出扩大"一带一路"朋友圈的切实之举,为构建丝路命运共同体进而人类命运共同体探索可行路径。

(四) 研究方法

统筹兼顾法:既注意基础理论研究,也重视实证分析与对策研究,在统筹兼顾中将本课题研究引向深入。

文本分析法：通过对历史事实与外交政策的文本梳理，对中国丝路外交与"一带一路"建设的典型案例予以政策绩效评估与经验总结提升。

历史追溯法：对2000多年来丝绸之路上的中国外交历史渊源进行回顾梳理，探究中国外交的古今同构性与丝路伙伴关系的历史传承性。

整体分析法：对新时代中国特色丝路伙伴关系在中非、中阿、中拉三个区域的合作机制进行分析，并就中国特色的发展中国家整体外交运作模式作义理阐释。

第一章

中国特色丝路伙伴关系的历史叙事

第一节 古代中国外交的丝路天然伙伴关系

一、古丝路外交与丝路天然伙伴

上千年来中国在陆海丝绸之路上对外和平交往史乃是中国特色大国外交的滥觞。中国特色大国外交吸收浸润了中国古代对外交往"和合"精神的滋养。古代丝绸之路是中外文明交往的重要场域,它横跨欧亚、绵延千年,最早可上溯到两河流域苏美尔地区的人类生存发展带来的商贸活动。也正如弗兰科潘所言,2 000年来,丝绸之路始终主宰着人类文明的进程。不同种族、不同信仰、不同文化背景的帝王、军队、商人、学者、僧侣、奴隶来往于这条道路,创造并传递着财富、智慧、宗教、艺术、战争、疾病和灾难。在丝绸之路这出历史舞台剧上的"主角"们,是如中国这样的大一统国家和它的诸多丝路伙伴。

汤因比认为,大一统国家多具有"传导作用"与"和平心理",中华文明之所以成为世界上唯一没有断层的古老文明,体现为自汉唐宋元明清至今不同时代相继涌现的大一统国家。[①] 就中外文明丝路交往史而言,始于汉、兴于唐宋、盛于元明、衰于清、复兴于当代,在以朝贡为主的结伴制度的"传导作用"与汉唐、元明的交友政策的"和平效应"上,并由此形成结伴机制与交友政策结合而成的"丝路外交"[②],具有和平性、互惠性与包容性等特质。

[①] 马丽蓉:《丝路学研究:基于人文外交的中国话语阐释》,《新疆师范大学学报(哲学社会科学版)》2016年第2期,第13页。
[②] 马丽蓉:《中国"丝路外交":形成、特征及其影响》,《公共外交季刊》2014年冬季号第7期,第16页。

中国古代丝路外交的起点可以上溯至张骞"凿空"西域,揭开了中国古代外交的新时代。他首次"开外国道"后"使者相望于道"。"这一划时代重大事件开启了中国古代外交的崭新阶段,使中国古代外交突破了本土和东亚的范围而走向世界。"汉武帝的外施仁义、推行德治的外交政策明显提升了汉朝大一统国家的软实力,并将汉武帝德治观所构建的大一统国家形象、张骞等所代表的中华民族形象,以及"罢黜百家,独尊儒术"的文化政策所弘扬的儒家文明形象等在丝路上远播世界。此外,张骞"凿空"之举还标志着正式的国际性朝贡制度的诞生,尤其是张骞第二次出使西域后,西汉政府对朝贡进行优厚回赐,使得经济利益占主导的朝贡活动异常频繁,朝贡者往来不绝,且出现了贡赐贸易,拉动了中国与东南亚、欧洲的海外贸易。张骞出使西域主要采用经济"厚赂""致远人"等外交政策来寻伴破匈奴,从经济、人文、安全三方面着力建构起真正意义上的结伴外交机制。

中国古代丝路外交的鼎盛可以追溯至郑和"七下西洋"的壮举。在他的使团28年外交实践中,忠实地执行了明政府用"宣德化、柔远人"的和平方式和长治久安的方针处理国际争端的基本外交政策,[①]开启了中国不同于西方崛起的和平方式、讲究平等关系、不干涉他国内政的"和平外交"先河。郑和及其使团代表大明王朝与亚非30余国缔结外交关系,开展了贡赐贸易与宗教外交,较好地处理了人与自然、人与人、人与神等关系,并缔结了一种与沿途各国"同舟共济"型的伙伴关系,包括以不等值的贡赐贸易为主的贸易伙伴关系、以"宣德化、柔远人"为宗旨的政治伙伴关系、以包容多元宗教为内核的人文伙伴关系等,旨在缔结谋求经济互惠、文明共享与丝路安全等共同利益的新型伙伴关系。

综上,标志着由"表现为朝贡制度的结伴机制+旨在和平友好的交友政策+诉求命运与共的丝路意识"所组成的中国丝路外交的诞生与发展。

古丝绸之路的伙伴关系开拓取决于主导力量、基础设施、网络节点、商贸动力等因素,它们是丝绸之路长期延续和有效运行的动力,无论是历史上的丝绸之路,还是当今社会的"一带一路",皆发挥着重要作用。

首先,丝路沿线各国,尤其是大国的积极主动开拓与经营是丝绸之路开通维持与丝路伙伴关系缔结的主导力量。在古代,无论是中外各大国政治经济发展

---

① 马丽蓉:《中国"丝路外交":形成、特征及其影响》,《公共外交季刊》2014年冬季号第7期,第16—17页。

的需要,还是文化传播和交流发展的需要,都是丝绸之路发展最大的推动力。无论历史如何变迁,政权如何更迭,那些形形色色建立在丝绸之路沿线的国家,虽大小不一、政体各有特色、民族成分复杂多样,但为了各自的强盛和发展,都在城镇建设、交通畅通、内外商业贸易开拓等方面继往开来、不断进取、尽力扩张,都自觉不自觉地对丝绸之路进行了强有力的经营、维持和沟通,为已经开辟的丝绸之路不断增添新的内容。[①]

古代中国是丝绸之路各大国中,最为稳定的国度。在丝绸之路运行的2 000年中,古代中国虽产生过许多朝代,有过分裂割据,但总的来说,古代中国的历史政治传承基本未变、中国社会文化传统基本未变、中国多民族政治文化密切联系的格局基本未变,特别是在两汉、隋唐、元明及清初上千年历史中,这些朝代对丝绸之路的经营、维持和发展都作出了不可磨灭的贡献。即使在东晋十六国南北朝、宋、辽、金的分裂时期,丝绸之路依旧是古代中国与外国沟通的重要渠道。古代中国对丝绸之路的形成、发展始终是强大的经营者和维护者之一。[②] 唐朝时西域与中原往来密切,传有翔实的对泥婆罗、党项、东女、高昌、吐谷浑、焉耆、龟兹、跋禄迦、疏勒、于阗、天竺、摩揭陀、罽宾、康国、宁远、大勃律、吐火罗、识匿、个失密、骨咄、苏毗、师子、波斯、拂菻、大食等[③]西域国度的记载,见证着丝绸之路的兴衰。

其次,丝路沿线各国对交通道路的修缮,为丝绸之路大动脉的贯穿创造了现实基础,是丝路伙伴关系发展的最重要条件。古代交通受地理条件的影响很大。整个丝绸之路各段的地理条件并不一样。从总体上而言,欧洲地理条件较好、气温适中、地势平坦、平原较多,海拔200米以下的平原占全洲总面积的60%,全洲海拔平均300米,河流多短而水量充足,适宜航行。亚洲地理状况十分复杂,全洲面积3/4为山地、高原,平均海拔950米。特别是西亚、中亚沿丝绸之路地带,高山、高原、沙漠、戈壁相间,气候偏干旱,人类交往互通更加依赖于交通道路的修建。因此,交通道路是丝绸之路的血脉和生命,交通道路不通,则丝绸之路就无从谈起。古代丝绸之路不可能是一条或几条具有统一标准和质量的大道,

---

[①] 杨建新:《从古代丝绸之路的产生到当代丝绸之路经济带的构建——亚欧大陆共同发展繁荣和复兴之路》,《烟台大学学报(哲学社会科学版)》2016年第5期,第70—71页。
[②] 同上。
[③] 欧阳修、宋祁等:《新唐书》列传第一百四十六·西域,中华书局1975年版。

"一带一路"朋友圈：中国特色丝路伙伴关系研究

而是一个因时代、因国家、因地理条件不同而随时变通的东西相连、南北相通、交叉互联的交通网络。这也正是古代走过丝绸之路的人，所记载的线路各不相同的原因。[①] 西亚的波斯帝国、欧洲的罗马帝国、中亚的大夏、贵霜王朝和古代中国，在丝绸之路交通网络的修建中，均发挥了重要作用。

自公元前2世纪张骞通西域始，西亚、中亚、南亚与中国沟通的交通路线逐渐清晰并形成了相对稳定的三条通道：一是从地中海沿岸的安条克（塞琉西王国的都城，今土耳其安塔基亚）到泰西封（安息的行都，今伊拉克巴格达附近），埃克巴塔纳（安息都城，今伊朗哈马丹）、里海南番兜城（今伊朗达姆甘）到马腊坎达（粟特都城，今乌兹别克斯坦撒马尔罕）及大宛（今费尔干纳盆地）的一条通道；二是从地中海东岸西顿、推罗等，东经大马士革（建于公元前15世纪，今叙利亚大马士革）、巴比伦、克尔曼（今伊朗克尔曼）、巴尔赫（巴克特利亚王国即大夏的首都，今阿富汗马扎里沙里夫附近）到布路沙布罗（今巴基斯坦白沙瓦）的一条通道；三是从拜占庭沿里海北过阿得拉河（今伏尔加河）、乌拉尔河、亦可河（今厄姆巴河），经咸海北到坦罗斯（今哈萨克斯坦江布尔）东行。这三条大通道互相之间在各点上又都是互通的，为后世丝绸之路最终形成，奠定了交通道路的基础。

再次，遍布于欧亚大陆交通要道上的各个城镇，是丝绸之路网络上的结点，是丝路伙伴关系运行的支柱。比如，两河流域的古巴比伦城（遗址在今伊拉克巴格达之南88千米），这个中心城镇连通伊朗高原、地中海东岸、小亚细亚以及非洲，是当时两河流域以及整个西亚商业贸易、行政文化和交通中心，也因其繁荣富庶而一度成为当时异国侵略和掠夺的对象；再如，波斯帝国在全国范围建设的大量城镇，发展繁荣国内外贸易，获取大量财富，贸易通道的路线也急剧增多，其都城苏萨（埃兰时期的古城，今伊朗胡齐斯坦卡尔黑河畔）和波斯波利斯（遗址在今伊朗设拉子附近）成为西亚地区商业贸易和行政中心，是当时波斯帝国通向地中海沿岸、小亚细亚、中亚、南亚及非洲的中心枢纽。

在我国与中亚和西亚最接近的新疆（西域）地区，城镇也早有发展。在张骞第一次通西域时，匈奴仍占据着包括今甘肃河西走廊在内的广大地区，阻碍着中原与西域的联通。公元前121年在汉军打击下，占据河西走廊的匈奴首领归附

---

① 欧阳修、宋祁等：《新唐书》列传第一百四十六·西域，中华书局1975年版。

汉朝,汉朝在河西走廊上的姑臧城、䚡得城、禄福城、敦煌城逐步设立武威郡、张掖郡、酒泉郡、敦煌郡,设官驻守,打通了千里河西,使之成为通向西域的城镇走廊。《史记》①《汉书》中对此皆有所记载。《汉书》较详细地记述了"西域三十六国",即当时依托新疆南疆塔里木盆地四周绿洲地形,形成的一些大小不等的城邦,即围绕一个城市中心,周围有若干乡村。西域各城市,相互都有道路相连,关系密切,正如《汉书》记载西域通"外国道",有"南道"和"北道"。② 因此,这些丝路上的城镇作为商品、资金、人员流转的集散地,是商品产地、交易市场、消费基地,故而是丝绸之路上重要的支点。

最后,丝绸之路上充足丰沛的资源、灵活的经营方式、互补的商品结构等是丝路伙伴关系延续古今的内在动力。在丝绸之路的传说中,不乏以善贾经商、开拓冒险、足迹遍及欧亚内陆而著称于世的国际商人。他们在古丝绸之路的国际贸易中扮演重要角色,在长期的经商过程中积累了丰富的经验,在商队沿丝绸之路沿线经商的同时,还起着文化传播的中介作用,对东西方文化交流作出了巨大的贡献。对于古代行走在陆上丝绸之路上的商队来说,由于路途遥远、天险重生,面临恶劣的自然环境与时常有盗贼恶匪出没的陌生人文环境,他们一般会结伴而行,由商队首领率领,以成群结队的形式奔波于丝绸之路上。由于在欧亚内陆进行长途贩运的难度太大,陆上丝绸之路商队所经营的商品,往往以奢侈品为主,具有体积小,便于携带而价格昂贵、利润高等特点。当时最具价值的商品就是中国的丝绸,故从中国购买丝绸这种商品,是外国商人来华贸易的首要目标。且从丝路沿线古镇如楼兰、敦煌等地的考古文书发现,钱、绢、粮食这三种商品亦是当时的主要货币形式,且记载有明确的相互兑换的比率。除了丝绸等丝织品外,矿物、香药、金属器、琉璃、珠宝③、牲口、奴隶等也是丝绸之路贸易常见的商品。④

海上交通的密切往来也是丝路伙伴关系发展的重要条件。自先民造船技术日渐成熟并发现季风规律后,古代中外交往的海上通道影响力也日益增强。它

---

① 司马迁:《史记》,中华书局2019年版。
② 班固:《汉书》,中华书局2007年版。
③ 地质学家章鸿钊(1877—1951)在《石雅》一书中考证认为,中国古代所说的"琉璃""金碧""金星石""瑾瑜"皆为青金石,青金石在中国的出现最初是与佛教艺术的传入密不可分的。在佛教体系中,青金石属于"七宝"之一,其色相是对佛之威严的象征。在佛经中大量存在的"绀琉璃""琉璃"等宗教意象,即常常指向青金石。
④ 李瑞哲:《古代丝绸之路商队的主要交易品特点》,《丝绸之路研究集刊》2019年第三辑,第140页。

主要有东海起航线和南海起航线,形成于秦汉时期,发展于三国隋朝时期,繁荣于唐宋时期,转变于明清时期,是已知的最为古老的海上航线,形成了海上丝绸之路。

随着安史之乱后陆上丝绸之路衰微,中国造船、航海技术的发展,中国通往东南亚、马六甲海峡、印度洋、红海,及至非洲大陆的航路的纷纷开通与延伸,无论是贸易规模还是贸易价值,海上丝绸之路都逐渐取代了陆上丝绸之路,成为中国对外交往的主要通道。《新唐书·地理志》记载当时通过"广州通海夷道"往外输出的商品主要有丝绸、瓷器、茶叶和铜铁器四大宗,往回输入的主要是香料、花草等一些供宫廷赏玩的奇珍异宝。[①]

明朝时期永乐三年(1405)至宣德八年(1433)的28年里郑和七下西洋,中国人以史无前例的规模走向海洋,为中国与"丝路天然伙伴"之间"以经促文"的相处模式谱写了浓墨重彩的一笔。据马欢等回忆,郑和曾三次到访的佐法尔,当地居民欣闻郑和船队的到来便齐聚码头,敲着传统阿拉伯大鼓欢迎。[②] 阿拉伯学者也记载:"10月22日,从光荣的麦加传来消息说:有几艘从中国前往印度海岸的祖努克,其中两艘在亚丁靠岸,由于也门社会状况混乱,未来得及将船上瓷器、丝绸和麝香等货物全部售出。统管这两艘赞基耶尼船的总船长遂分别致函麦加埃米尔(地方长官)和吉达市长,请求允许他们前往吉达。于是两人写信向苏丹禀报,并指示要好好款待他们。"[③]

可见,中国丝路外交和发展丝路伙伴关系的物质架构是由个体融入集体、由区域融入世界、由点成线再连成片相继完成。在历史变迁中,一方面人们历经集市→驿站→都城→国家→区域→丝路地带等,不断拓展陆丝空间场域的迁徙;另一方面人们历经互市→码头→港口→都城→国家→海域→丝路地带等,不断拓展海丝空间场域的迁徙。

二、丝路伙伴共同塑造丝路文明

丝绸之路是人类诸文明展示其魅力的共同舞台,也是诸文明获取资源和文

[①] 欧阳修、宋祁等:《新唐书》志第三十·地理,中华书局1975年版。
[②] 马丽蓉:《"郑和符号"对丝路伊斯兰信仰板块现实影响评估》,《世界宗教研究》2015年第5期,第163页。
[③] [阿拉伯]伊本·泰格齐·拜尔迪:《埃及和开罗国王中的耀眼星辰》,黎巴嫩学术书籍出版社1992年版。

化的共有路径。漫长的人类历史中,在争夺丝绸之路的硝烟散去之后,是沿途文明接力传递、利益共享的常态。季羡林曾指出:"在过去几千年的历史中,世界各民族共同创造了许多文化体系。依我的看法,共有四大文化体系:中国文化体系、印度文化体系、阿拉伯穆斯林文化体系、西方文化体系。四者又可合为两个更大的文化体系:前三者合称东方文化体系,后一者可称西方文化体系。"彭树智也曾指出"丝绸之路是联系东西方文明的大动脉",这条川流不息的"大动脉",跨越尼罗河流域、底格里斯河和幼发拉底河流域、印度河和恒河流域、黄河和长江流域,跨越埃及文明、巴比伦文明、印度文明、中华文明的发祥地,跨越佛教、基督教、伊斯兰教信众的汇集地,跨越不同国度和肤色人民的聚集地,促进了亚欧大陆各国互联互通,推动了东西方文明交流互鉴和地区大发展、大繁荣,共同塑造了丝路文明。

丝路文明的特征是"地通、路联、人相交"。其中,有三次中外文化交往高潮助推了丝路文明的形成与发展:"第一次发生在丝绸之路初辟时的汉代,以中原与狭义西域(今新疆)之间"的交往为主;"第二次是晋朝至唐朝时期,以中国与印度、中西亚、东罗马帝国之间"的交往为主;"第三次是明代以来,以西方传教士东来,天主教传播和近代科学技术的传入为主要内容,这一过程更多地是通过海上丝绸之路来承担的"交往。可见,"丝绸之路东起中国长安,西到地中海沿岸,将亚、非、欧三大洲亦即整个世界紧密联系起来。它最初将中国、印度、巴比伦、埃及、希腊等世界上最古老的文明彼此连接和沟通;接着又有波斯帝国、马其顿帝国、罗马帝国、阿拉伯帝国、奥斯曼土耳其帝国、帖木儿帝国等强大政权先后兴起于丝绸之路要道及其辐射区。它们共同经营和拓展了丝绸之路,也共同受惠于丝绸之路,通过丝绸之路输入和输出各自的物质文明和精神文明成就,共同为人类文明和社会进步做出了贡献",所以"以丝绸贸易为主要媒介的丝绸之路所反映的不仅仅是东西方的经济交流,更重要的是东西方文明之间的联系与交流,这种关系才是丝绸之路的文化价值所在,也是一个在世界范围内文明传播的重大命题"。①

但是丝绸之路上不仅"通过商贸往来、文化传播交流、文明交汇渗透等相互交往,也通过人口流动、部族迁徙、民族融合等实现社会演化进程,还展现了国家

---

① 马丽蓉等:《中国西部周边地区"丝路天然伙伴关系"研究报告》,社会科学文献出版社2020年版,第5页。

兴亡、政权更迭、战争征伐、征服吞并、抢劫侵占等极端方式",如亚历山大东征、汉武帝进攻匈奴、匈人入侵罗马、怛罗斯之战、安史之乱、蒙古人西征等,此外,民族矛盾、教派冲突、部落内讧还会造成"道路梗绝,往来不通",实则更加凸显了丝路文明交往的重要意义。

文明交往实为人与人的交往,中外文明行为体在海陆丝绸之路通过"舟舶继路、商使交属"开展丝路文明交往。在此背景下,由商人、传教士、学者为主体的丝路文明交往先驱相继涌现,由粟特商团、波斯商团、大食商人与犹太商人等所开辟的丝路商贸之旅,由法显、玄奘、丘处机等所开辟的宗教之旅,以及由杜环、伊本·白图泰、马可·波罗等所开辟的学术之旅,不仅在实现丝路"地通"的实践中发挥了打通自然空间的作用,而且在实现丝路"路联"的实践中发挥了融通社会空间的作用。

在丝路文明交往中,丝路天然伙伴关系的内涵不断丰富,派生出丝路天然经贸伙伴关系、丝路天然人文伙伴关系等,形成由三类行为主体(商旅、教旅、学旅)主导了两个领域互动(经贸往来、人文交流)并融通了双重关系空间(自然空间、社会空间)的丝路天然伙伴交往模式,凸显出多面向联系、多维度交往、互联互通、汉胡共存的丝路天然伙伴关系的鲜明特征。不同层面的文明交往行为主体缔结成互惠型的丝路经济伙伴、包容型的丝路人文伙伴、合作型的丝路安全伙伴,积淀了以和平合作、开放包容、互学互鉴、互利共赢为核心的互惠包容合作的丝路精神,成为丝路天然伙伴实现精神空间"人相交"的价值基础,"天人合一"的中华文明智慧的光芒闪烁其间。

中国与丝路伙伴的文明交往,不仅丰富了自身的文化体系发展,也塑造了整体性的丝路文明,具有和平包容的精神特质,是农耕文明时代多元主体互动往来的友好典范。中国与亚非拉国家(发展中国家的代表)的历史交往,谱写了丝路伙伴共同塑造丝路文明的精彩篇章。

早在公元前2世纪,中国的汉朝已经和亚非国家开始相互了解,间接地交换各自的特产珍品。据说公元前1世纪时埃及女王克里奥帕特拉(Cleopatra)所穿的御衣是用中国的丝织成的。中国与波斯、阿拉伯商贾沿着丝路古道进行贸易交往,曾抵达阿拉伯地区的伊拉克、叙利亚等地。同时,中国人还跨过南海万顷波涛,进入汹涌澎湃的印度洋,开辟了我国同亚非国家之间的海上航道。中国最早记载有关阿拉伯的史书有《汉书》《魏略》《史记》和《通典》等,阿拉伯最早记载有关中国的古文献是埃及人托雷美(Torremei)于公元前150年撰写的《地理书》。① 西汉张骞凿通西域,东汉班超遣甘英使大秦、抵条支,是古代中国丝路外交的正式开端。阿拉伯历史学家和地理学家马斯乌迪在其著作《黄金草原与宝石矿》中说:5世纪前半期(相当于我国南北朝、宋代),幼发拉底河畔的希拉城下,就时常有中国商船远航至此,同云集此地的各国商人进行贸易。6世纪时,中国的商船经常访问波斯湾,可以直航阿曼、西拉甫、巴林、奥波拉、巴士拉等地,而上述各港的船只也可以直航中国。②

唐代,中国与丝路伙伴的交通往来进入鼎盛时期。唐朝不仅与阿拉伯帝国(旧称"大食")开始正式直接交往,而且已有中国人踏上撒哈拉沙漠以南的非洲土地,或通过印度洋同非洲东海岸国家有了直接的交往。唐高宗显庆六年(661),在广州创设市舶使,总管海路邦交外贸,职责主要是:向前来贸易的船舶征收关税,代表宫廷采购一定数量的舶来品,管理商人向皇帝进贡的物品,对市舶贸易进行监督和管理,后又成立专门机构市舶司。阿拉伯和其他外国商人云集的广州、泉州和扬州日渐成为重要的国际贸易港口,唐代来华的阿拉伯航海家苏莱曼在851年所著《苏莱曼东游记》中曾记述当时广州的盛景。阿拉伯商人来华从事贸易经营的主要商品包括:象牙、犀角、乳香、龙涎、宝石、珊瑚、明珠、琉璃、丁香、没药、苏合香等,从中国采购的商品则以蚕丝、丝织品、瓷器、茶叶、铜铁器皿等为大宗。唐朝输往非洲的物品主要是丝绸和陶瓷,非洲输往唐朝的主要物品是香料、象牙等宝货。唐代与非洲北部和非洲东海岸进行了较多的物资交流,唐代的青白瓷器和钱币在埃及、肯尼亚、桑给巴尔等地多有发现。

随着专门机构的建立,海上贸易的发展,丝路伙伴互动从贸易往来逐渐深化到人文交流:许多在华的阿拉伯商人已经相当富有,甚至可以在唐廷获得官位,还有一些人考取了科第,如唐宣宗大中二年(848)考取进士的李彦升就是阿拉伯人。与此同时,在中国的一些大城市中,陆续形成了若干"蕃坊",唐廷对蕃坊之治理,也对今天的涉外基层治理有所启示。除了记载颇丰的中阿交往,非洲黑人的形象也开始出现在唐朝的文化艺术之中,甚至敦煌壁画也描绘了非洲黑人的形象。杜环在《经行记》中,提到了摩邻国和大秦。在杜环笔下,摩邻国的居民肤色黝黑、食波斯枣。从秋萨罗西南前往摩邻,一路需要渡大碛(沙漠区)、经过山

---
① 王铁铮:《历史上的中阿文明交往》,《西北大学学报(哲学社会科学版)》2004年第3期,第115页。
② 同上。

胡(贝贾人)居住区、通过信奉大食法(伊斯兰教)、大秦法(基督教)、寻寻法(原始拜物教)的不同民族聚居区。根据杜环的记载,并结合北非地理概况,基本可以认定摩邻国位于北非的马格里布地区。① 段成式的《酉阳杂俎》成书于9世纪中期,较多地反映了唐与东非交流的成果。其中也写到对一些非洲小国的传奇性记载,如前集卷四详细记述了拨拔力国,它是居住在亚丁湾南岸巴巴拉(Berbera)民族最早的汉译名称,书中记载了当时亚丁湾南岸的政治、经济、物产和风俗概况,以及与波斯、大食等国的关系。随着唐代中非海上直通航线的开通和陆上丝绸之路的繁荣,非洲黑人陆续抵达中国。最早来到中国的非洲黑人是贞观二年(628)来华的殊奈使者,他通过海上丝路到达中国。贞观十三年,甘棠黑人使者与疏勒、朱俱波共贡方物,他们是通过中非陆上丝路与疏勒等国使者共同来华的。②

宋代,仅史书记载的宋王朝存在的300多年间,中国和阿拉伯之间的正式交往就约有40余次,此外我国与东非海岸的桑给巴尔(史称"层檀国")建立了中非历史上最早的外交关系。不仅桑给巴尔两次派使者来我国报聘,向宋朝赠送礼物;而且当时桑给巴尔的使臣层伽尼还接受了宋朝授予他的"保顺郎将"的封号,宋朝皇帝(神宗)还专门下令派船舶专程接送使臣层伽尼到宋朝京城。③ 随着宋朝科技进步、经济发展催生中国航海业发达,海上丝绸之路的人员和物产交流得到进一步发展,中国的产品不仅大量出现在非洲的北部和东部沿海,还深入津巴布韦等非洲内陆地带。广州、泉州、杭州都是当时主要的国际贸易港口,在诸番国富商中,尤以阿曼苏哈尔商人在广州的势力最大。阿拉伯大旅行家伊本·白图泰访问我国时,称泉州为"世界最大港之一,或径称为世界唯一之最大港亦无不可也"。④ 宋代还出版了《诸蕃志》《岭外代答》等记载亚非国家风土人情和地志物产的书籍。南宋泉州提举市舶使赵汝适于1225年写成的《诸蕃志》,记载了东自日本、西至东非索马里、北非摩洛哥及地中海东岸诸国的风土物产及自中国沿海至海外各国的航线里程和所达航期。南宋周去非所撰《岭外代答》对当时沿海舟郡的市舶、贸易及交通情况亦有所记录,是研究古代两广地带社会历史地理

---

① 景兆玺:《试论唐代的中非交通》,《西北第二民族学院学报(哲学社会科学版)》2000年第2期,第28页。
② 同上书,第30页。
③ 陈公元:《中非历史上最早的外交关系》,《西亚非洲》1980年第2期,第68页。
④ 同上。

和中外交通的重要史料,对研究伊斯兰教东传与中国伊斯兰教史亦有一定参考价值。

中国元朝与丝路伙伴的直接交往互动盛极一时。西方著名旅行家马可·波罗(Marco Polo)、阿拉伯旅行家伊本·白图泰(Ibn Battutah)的旅行游记产生了深远历史影响。元代大航海家汪大渊在《岛夷志略》详细记录了14世纪中国同阿拉伯穆斯林世界在政治、经济、贸易、宗教和文化诸领域的交往,他也曾访问过摩洛哥与埃及的一些港口。[①] 另外,我国元朝地理学家朱思本在地图上把非洲大陆标绘成一个向南伸展的三角形,被已故英国科学家李约瑟在《中国科学技术史》中称赞为一项"杰出成就",而欧洲人到15世纪初对非洲大陆的走向仍模糊不清。

明代是古代丝路外交历史上最重要的时期,以中国和丝路伙伴互派官方代表出访为标志。明太祖朱元璋要求其子孙世世代代不可对周边各国兴兵动武;朱棣继承皇位后继续推行和平外交,下诏郑和下西洋展开和平之旅。1409年,朱棣给郑和的敕书清楚表明睦邻友好的外交政策:"今遣郑和赍敕普谕朕意,尔等祗顺天道,恪守朕言,祗理安分,勿得违越,不可欺寡,不可凌弱,庶几共享太平之福。若有撼诚来朝,咸锡皆赏。故兹敕谕,悉使闻之。"[②]

1405—1433年,明代航海家郑和7次率领由数十艘大船组成的船队,携带大量金银缎匹和瓷器宝钞,以和平方式推广中华文化与促进中国和亚非各国的文化交流。郑和每到一国就赠送中华书籍、官服、历书,推介中华礼仪、习俗、农历及生活方式,协助发展当地的文化。[③] 郑和也是现有史料中所能看到的中国最早的圣城麦加的朝拜者。郑和船队最远代表中国访问了现今索马里和肯尼亚一带的东非港口。索马里北部一个名为"郑和屯"的村落就是为纪念郑和访问而命名的。好几个非洲国家也曾先后派使者到中国访问。东非麻林国(位于现肯尼亚境内)国王哇来访问中国抵达福州时去世,被安葬在福建闽县,中国皇帝赠他"康靖"谥号。麻林国在1415年还直接遣使送来了一头长颈鹿,被中国人命名为"麒麟",它长期以来被作为祥瑞的象征成为中国诗人和画家吟咏作画的题材。

[①] 陈公元:《中非历史上最早的外交关系》,《西亚非洲》1980年第2期,第69页。
[②] "郑和家谱",敕海外诸番条,引自梁立基:《郑和下西洋与中国—东南亚关系》,载《郑和下西洋与华侨华人文集》,中国华侨出版社2005年版,第436页。
[③] 陈达生:《郑和精神与中国软实力》,《东方收藏》2011年第12期,第5页。

通过贸易活动，中国先进的工艺技术、生产工具与方法，如制陶瓷、冶金、纺织、造修船、建筑、农耕、捕鱼技术以及医药被输出到东南亚各国，同时郑和将外国物产与文化带回中国，使中华文化更加丰富，所带回来的许多外国药材都被李时珍编入《本草纲目》内。明朝从非洲输入了象牙、犀角、琥珀等珍贵产品和鸵鸟、斑马、长颈鹿等珍禽异兽，中国的特产锦缎、丝绸、瓷器和漆器等珍品也不断流向非洲。

郑和船队是当时世界上最强大的海军舰队，然而，在他七下西洋的壮举中，没有占据所到国家半寸领土，全程皆扮演安邦者的角色，维持所到区域的和平，保障海上贸易通道的航运安全。郑和所行之旨，不仅在于宣扬国威，更在于推行儒家人文主义导向的和平外交，并致力于建立一个稳定和谐的国际秩序。朱元璋登基后实行和平外交，主张对外不施用武力，推行和平友好的外交政策。他更下诏书告诫其子孙，四方各蛮夷土邦都地处偏僻地区，得到其土地并没有什么利益可图，不管是它们不自量力来扰乱边境，还是中国无故举兵讨伐，都会造成巨大破坏。"吾恐后世子孙，倚中国富强，贪一时战功，无故兴兵，杀伤人命，切记不可。"[1]自秦朝以来，中国历代政权遵奉一套以中国为中心本位，即中国是"万邦之主"的世界观或天朝体系。费边认为，中国对边远的外夷圈诸国则采取放任的"不干预政策"，主要给以物质利益如贸易、天朝丰厚的赏赐及朝贡外交。[2] 明朝作为超级海洋大国，派出强大舰队却毫无侵占所到诸小邦领土的野心。郑和每到一地，必先拜会土酋或国王，赠送各种珍贵礼物或王冠、王印、王袍以承认其王权，尊重当地国王权威，对亚非各国的外交关系基本上是采取不干预政策，以求创造和谐的世界体系。

明朝时期，中国与拉美的丝路交流也随着地理大发现而展开。16 世纪初，西班牙和葡萄牙的船队分别从不同的方向驶向东亚。由于当时西、葡两国正在美洲开拓殖民地，中国与美洲开始发生接触。葡萄牙绕过非洲南端好望角，东渡印度洋，占领印度果阿、马六甲、澳门，开辟了澳门—果阿—里斯本—巴西（或先到巴西再返回里斯本）航线，这条经由葡萄牙的间接通道成为中拉往来的第一条

---

[1] 《明会典·卷105》，引自李金明：《论郑和下西洋与睦邻友好政策》，载《郑和下西洋与华侨华人文集》，中国华侨出版社 2005 年版，第 420 页。
[2] Fairbank, John King, *The Chinese World Order-Traditional China's Foreign Relations*, Cambridge, Massachusetts: Harvard University Press, 1968, p. 13.

通道。西班牙将殖民地扩张至美洲西海岸后,开辟了跨越太平洋的美洲与中国之间的直接贸易通道,建立了塞维尔(西班牙)—阿卡普尔科(墨西哥)—马尼拉(菲律宾)—闽粤口岸航线,这条"大商帆贸易"航线便是第二条通道,也是中国与美洲之间的主航线。通过这条航道,中国的货物,主要是丝绸,通过马尼拉不断运往墨西哥,并销往拉丁美洲和欧洲。[①]

清朝时期,丝路伙伴交流遭遇了前所未有的阻碍。15世纪西方殖民者开始侵入亚非拉国家,把亚非拉各国推入历史上最黑暗的殖民统治时期。中国在19世纪沦为一个半殖民地国家后,丝路各国不但被殖民主义和帝国主义剥夺了互相交往的权利,而且一同遭受西方垄断资本集团的奴役和剥削。19世纪80年代后,西方列强把成千上万的中国人强迫运到非洲、拉美修铁路、开矿山、事农耕,华工流动成为主要交流内容,当地诸多工农产业都渗透着大批华工的血汗。

尽管中国与丝路伙伴在农耕文明时代创造了丰富的物质与精神财富,但当人类发展转向工业文明之际,广大的亚非拉国家在现代化转型中陷入了转轨的挣扎期,不同程度遭受着西方列强的剥削与压迫。中国与亚非拉国家同为丝路伙伴,面临着同样的历史命运。虽然亚非拉国家在进入现代化进程中步履维艰,但是相同的不幸遭遇把亚非拉人民紧紧地联结在一起。

第二节 新中国外交的亚非拉丝路伙伴关系

一、新中国外交走向结伴不结盟

(一)结盟是特殊历史条件下的产物

新中国成立初期确立的外交原则、方针和政策及其指导下的外交实践是中国特色大国外交的宝贵基础,积累了后者的优良传统、形成了后者的宝贵品质。

新生政权诞生之前,中国共产党实事求是地分析了新中国成立所面临的国际形势和外部环境,认为在"建交"问题上,如果西方发达资本主义国家提出足以束缚我们手脚的条件,我们当然不能答应,但我们也做了在具备条件时与它们"建交"的准备。我们可以采取积极的办法争取这些国家的外交承认,以便取得

---

① 周一良主编:《中外文化交流史》,河南人民出版社1987年版,第834—843页。

合法的国际地位去开展国际活动；也可以等一等，不急于争取这些国家的外交承认，以便肃清内部，避免麻烦。后来由于美国等西方发达资本主义国家采取了"扶蒋反共"并公开敌视即将成立的新中国的不友好态度，全国执政的中国共产党人不得不果断地采取了"另起炉灶""打扫干净屋子再请客""一边倒"等[①]从整体上和实质上体现独立自主精神的、具有过渡性质的外交战略和外交政策。

在全球冷战这一特殊的历史背景下，苏联是第一个承认新中国并建立外交关系的国家。随后，不到3个月，新中国又相继与保加利亚、罗马尼亚、匈牙利、朝鲜、捷克斯洛伐克、波兰、蒙古、德意志民主共和国、阿尔巴尼亚和越南等十余个社会主义国家建交。对于那些宣布承认新中国的一些亚洲民族主义国家和西欧、北欧的资本主义国家，一般是按照《共同纲领》规定的原则，先外交谈判（与台湾断交、承认中华人民共和国政府是代表中国的唯一合法政府、支持恢复新中国在联合国的合法席位）后建立外交关系。至1951年5月，新中国同亚洲的4个民族主义国家缅甸、印度、巴基斯坦、印度尼西亚和欧洲的5个资本主义国家瑞典、丹麦、瑞士、列支敦士登、芬兰建立了外交关系。这是新中国的"第一次建交高潮"。

这一时期的中国并没有摆脱冷战思维下的结盟思想，甚至，坚定的军事政治盟友及意识形态老大哥苏联的"保障"，是社会主义新生政权必不可少的依靠力量。因此，1950年2月14日，《中苏友好同盟互助条约》的签订可视作重大的外交成果。以苏联为首的社会主义阵营需要借助中国牵制和打击美国在亚洲的势力，中国共产党在夺取和巩固政权的斗争中亦需要苏联的支持和援助，遏制美国干涉中国内战和颠覆新中国的企图。可以说，中苏结盟是基于双方共同、相互的需求。1955年2月，毛泽东在《中苏友好同盟互助条约》5周年纪念时，再次充分肯定了它的重要意义："五年来，中苏两国间政治、经济、文化的全面合作有了广阔的发展，苏联政府和苏联人民给了我们正在从事社会主义建设的中国人民以全面的、系统的和无微不至的援助……这种友好的合作和真诚的援助，极大地推进了我国建设事业的发展，并向全世界显示了这种新型国际关系的伟大生命力"；"中苏两国友好同盟的巩固和发展，对保证我们两国的安全和维护远东和世界的和平产生了不可估量的影响。中苏两国的和平政策，推动并促成了朝鲜半

[①] 周恩来更加全面地把新中国的和平外交政策总结为"另起炉灶""一边倒""打扫干净屋子再请客""礼尚往来""互通有无""团结世界人民"六条方针。《周恩来外交文选》，中央文献出版社1990年版。

岛的停战和印度支那和平的恢复,使国际紧张局势有了一定的缓和,鼓舞了一切爱好和平的国家和人民。"①

但是随着形势发展变化,从1956年苏共二十大开始,中苏两国"同志加兄弟"式的友好合作关系中逐步开始出现一些不和谐之音,最初主要反映在意识形态方面。比如,在对待斯大林态度的问题上、在认识和判断国际形势和战争与和平的问题上,中国共产党与苏联共产党之间出现了比较大的思想分歧。1956年4月5日和12月29日,中国共产党发表了《关于无产阶级专政的历史经验》和《再论无产阶级专政的历史经验》两篇文章,从原则上阐明了与苏联共产党不同意见的立场和观点。为了维护社会主义阵营的稳定和团结、维护"老大哥"苏联的威信,中国共产党并没有将双方的分歧公开化。但是接下来的1958年中苏两国之间相继爆发的"长波电台风波"和"联合舰队风波",将双方积怨已久的在国家利益方面的矛盾公开暴露出来。1958年7月22日,毛泽东在同苏联驻华大使尤金谈话时明确指出:"什么兄弟党,只不过是口头上说说,实际上是父子党,是猫鼠党。"②1959年,又因为苏联单方面撕毁《中苏国防新技术协定》和在中印边境冲突中发表偏袒印度的声明,中苏两党、两国在意识形态和国家利益方面的矛盾和冲突,使双方的关系进一步恶化。赫鲁晓夫第三次也是最后一次对中国的访问,并没有能够改善同中国的关系,反而进一步加剧了双方的思想分歧。中苏两党、两国关系已经不可逆地走向全面破裂的边缘,自20世纪60年代起,昔日的盟友进入冲突对抗的局面,直到1989年戈尔巴乔夫访华中苏关系才恢复正常化。

这一反面案例表明,中国外交的历史上曾经深受同盟关系的伤害和牵制,同盟的选择亦是在新生政权建立之初不得已而为之的"最佳方案",随着国际形势发展变革和中国自身国家利益的变化,"结盟"逐渐退出了中国外交的历史舞台。

(二)新中国外交首倡"五项原则"

"五项原则"是新中国政府在处理与亚洲陆地邻国之间的历史遗留问题的过

---

① 《毛泽东等祝贺中苏友好同盟条约签订五周年的电报》(1955年2月12日),载《建国以来毛泽东文稿》(第五册),中央文献出版社1991年版,第35—37页。
② 《同苏联驻华大使尤金的谈话》(1958年7月22日),《毛泽东外文文选》,中共中央文献出版社、世界知识出版社1994年版,第325页。

程中首先提出并积极倡导的。1949年新中国成立时,全部陆地边界线长约2.2万千米,是当代世界陆地边界线最长、陆地邻国最多①、陆地边界问题最复杂的民族国家、主权国家之一。中国周边的陆地邻国大多数是刚刚赢得独立的民族主义国家,由于意识形态的巨大差异以及受西方资本主义、殖民主义国家的长期影响,它们对选择了共产党执政和社会主义道路的新中国普遍存在疑惧,其中有些国家与新中国之间还存在有严重阻碍和影响双边关系正常发展的长期悬而未决的历史遗留问题。所以从新中国一成立,中国政府即把积极发展睦邻外交作为争取和平、稳定、安全的外部环境和国际形势的基本内容和工作重心。正是在通过外交谈判处理与周边国家关系的过程中,中国酝酿提出了这一外交原则。

中印除了边界问题之外,还有着非常棘手的现实问题有待妥善解决,如何处理印度独立以后从原宗主国英国那里继承下来的在中国西藏地方的殖民主义特权问题? 1952年6月14日,周恩来在接见印度驻华大使潘尼迦时指出:"中国与印度在中国西藏地方的现存情况,是英国过去侵略中国过程中遗留下来的痕迹。对于这一切,新的印度政府是没有责任的。英国政府与旧中国政府基于不平等条约而产生的特权,现在已不复存在了。因而,新中国政府与新的印度政府在中国西藏地方的关系,要通过协商重新建立起来,这是应该首先声明的一个原则。"②1953年12月31日,周恩来在接见中印两国政府外交谈判代表团时,第一次正式而完整地提出了"五项原则"的指导思想和基本内容:"我们相信,中印两国的关系会一天一天地好起来。某些成熟的、悬而未决的问题一定会顺利地解决的。新中国成立后就确立了处理中印两国关系的原则,那就是互相尊重领土主权、互不侵犯、互不干涉内政、平等互惠和和平共处的原则。两个大国之间,特别是像中印这样两个接壤的大国之间,一定会有某些问题。只要根据这些原则,任何业已成熟的悬而未决的问题都可以拿出来谈。"③1954年4月29日,中印两国签署《关于中国西藏地方和印度之间的通商和交通协定》,在其序言中双方共同倡导了"五项原则"。这是妥善解决周边邻国历史遗留问题的第一个成功范

---

① 相接壤的陆地邻国有12个,即朝鲜、苏联、蒙古、阿富汗、巴基斯坦、印度、尼泊尔、锡金、不丹、缅甸、老挝、越南。
② 《周恩来年谱(1949—1976)》(上),中央文献出版社1997年版,第242页;《恩来外长与印度大使潘尼迦就西藏问题的谈话记录》(1952年6月14日),中华人民共和国外交部档案馆馆藏档案,档案号:105-00025-02。
③ 《和平共处五项原则》(1953年12月31日),载《周恩来选集》(下卷),人民出版社1984年版,第118页。

例,产生了广泛而深远的国际影响。

在中缅两国外交谈判处理逃窜并盘踞在中缅边界缅甸一方的中国国民党残余军队的问题时,这一指导思想和基本内容也被援引。

1954年,中国受邀参加日内瓦会议,讨论和平解决朝鲜问题和恢复印度支那和平问题,由于美国的不合作态度,会议在没有就政治解决朝鲜问题达成任何协议的情况下就结束了这部分内容的讨论。恢复印度支那和平的问题也比较复杂,印度支那三国与法国殖民主义势力存在旧有矛盾,越南、老挝、柬埔寨也分歧难消、各持己见。中国积极开展双边和多边外交活动,与苏联、越南等国代表团多次磋商、协调,做出卓有成效的努力。1954年6月,周恩来利用在瑞士参加日内瓦会议的休会时间,先后应邀访问了印度和缅甸,并同两国总理分别发表了联合声明。至7月21日终于在日内瓦会议达成协议,结束了长达8年(1946年12月开始)的印度支那战争,亚洲及世界的紧张局势得以进一步缓和,我国南部边疆安全得到巩固。这次多边会议是中国首次以第二次世界大战战后世界五大国之一的身份和地位参与协商解决国际争端,使得中国拓展了国际社会的活动空间和影响力。1954年8月11日,周恩来在中央人民政府委员会第三十三次会议上作外交工作报告时,第一次把"五项原则"概括为"和平共处五项原则"——"根据和平共处五项原则,巩固和发展我国与各国的和平合作关系,并努力建立亚洲的集体和平。"[①]1954年10月和12月,毛泽东分别会见访华的印度总理尼赫鲁、缅甸总理吴努时,再次代表中国政府与两国政府共同倡导"五项原则"。

1955年4月18—24日,由缅甸、锡兰(今斯里兰卡)、印度、印度尼西亚和巴基斯坦5国总理联合发起的第一次亚非会议在印度尼西亚的万隆举行,共有亚非29个国家的政府首脑参加了这次著名的"万隆会议",没有西方殖民主义国家参加。在这次会议上,周恩来提出了著名的"求同存异"方针,"我们现在准备在坚守五项原则的基础上与亚非各国,乃至世界各国,首先是我们的邻邦,建立正常关系"。[②] 中国政府代表团这种真诚的和解态度,得到了与会国家的普遍支持,在五项原则基础上制定了"十项原则"体现在《亚非会议最后公报》上。这次会议体现和追求的和平、独立、合作、团结、协商、求同,就是后来被誉为"万隆精

[①] 《周恩来年谱(1949—1976)》(上),中央文献出版社1997年版,第406页。
[②] 《在亚非会议全体会议上的发言》(1955年4月19日),载《周恩来选集》(下卷),人民出版社1984年版,第151页。

神"的主要内容。这两次会议上周恩来积极开展双边和多边外交,是"五项原则"成功实践的光辉典范,中国和平共处五项原则的提出,也为推动建立公平合理的新型国际关系作出了历史性贡献。因为它突出了三个特点:一是超越意识形态和社会制度;二是具有法律性和道义性;三是具有多种形式,可以突破建交或未建交的束缚。由此,它构成了中国对外政策的基石,是新中国外交史上最有生命力的政策。真心交朋友、诚心化分歧,是中国外交的底色。

(三) 新中国外交选择"不结盟"

20世纪50年代末至60年代末,世界局势发生了剧烈的动荡,各种国际力量经历了一个大分化、大动荡与大改组的历史过程,苏联走上与美国争夺世界霸权的道路。两个"超级大国"主导下的两大阵营既对抗又妥协,既争夺又勾连。中国国内正处于在社会主义道路的艰苦探索遭遇重大挫折同时又曲折发展的特殊时期。[①] 因此将国内的"阶级斗争为纲""不断革命""继续革命"延续在外交领域就成为支持和援助"世界革命"的"国际斗争""革命外交",以"天下大乱"达到"天下大治",反映在大国关系上就是"两个拳头打人"。这一时期中苏关系恶化乃至破裂、中美全面对抗。但是在这样错综复杂的局面中,随着"依靠第一中间地带,争取第二中间地带",新中国积极发展同亚非拉广大发展中国家的关系。把亚非拉国家作为中国外交的基石和外交工作的重点,帮助我们实现了外交困境的突围,迎来了第二次建交高潮,广大亚非拉发展中国家成为与中国建交的"主力军"。

同期,处于夹缝中的广大发展中国家加强团结、抱团取暖,为了维护自身独立、增强国际话语权,避免沦为美苏争霸的"棋子"和"炮灰",相继宣布不愿卷入大国争霸之中,在国际事务中奉行独立自主的外交政策,不与他国尤其是东西方两大阵营结成政治、军事同盟。1961年9月,南斯拉夫贝尔格莱德举行了第一次不结盟国家和政府首脑会议,由此宣告"不结盟运动"这一最大的发展中国家的国际组织成立。中国作为世界上最大的发展中国家,与不结盟运动成员国具有相似的历史遭遇、共同的身份、共同的目标和共同的利益,尽管基于内外多种因素的考虑没有加入,但中国一直对该组织给予关注和支持。

[①] 中国共产党人对国内形势尤其是阶级斗争形势越来越"左"的认识和判断,与对国际形势,尤其是以美国为首的资本主义阵营对新中国进行和平演变、武装颠覆以及苏联"现代修正主义"对中国进行"修正主义"的渗透和颠覆的"反帝""防修"之严峻形势是直接联系的。

20世纪60年代末至70年代末,世界局势再次发生了剧烈的动荡,各种国际力量继续经历着大分化与大改组的历史过程,愈演愈烈的两极格局中的"美苏争霸"间的力量对比开始发生了一些微妙的变化,出现"苏攻美守"的新态势。这一时期是新中国的和平外交抓住难得的历史机遇进行大调整、实现大突破的重要过渡期。彼时当苏联的霸权主义日益成为新中国最主要威胁时,毛泽东发展了"两个中间地带"[①]的思想,进一步提出了"三个世界"[②]划分的理论。这种新的"敌、我、友"的战略划分和外交理念,很大程度上突破和超越新中国外交以社会制度和意识形态画线的传统观念,强调中国属于第三世界,要联合第二世界的国家和利用两个"超级大国"的矛盾,使中国的外交战略和外交政策建立在更加稳定的现实主义基础上。

1971年10月,在亚非拉广大发展中国家的支持下,第二十六届联合国大会以压倒性多数通过"2758号决议",恢复了中华人民共和国在联合国的一切合法权利,随后迎来了新中国成立以后的第三次建交高潮。这从一个侧面反映了新中国在国际社会、国际关系体系中地位、形象和影响力的全面提升,标志着西方资本主义世界敌视中国、孤立中国政策的彻底失败;这也意味着新中国的多边外交迈上一个新的台阶,中国逐步参与以联合国为中心的多边外交各个领域的活动。这些成就与亚非拉广大发展中国家的友谊和支持是分不开的,因此我国依然坚定地同亚非拉广大发展中国家站在一起,支持第三世界国家反对帝国主义、殖民主义、种族主义和霸权主义的斗争。[③]

随着中国的改革开放不断取得显著成效,中国逐渐意识到,昔日中国对外结盟的最大动力是应对威胁,当威胁得以缓解或均衡后,加之自力更生创造"两弹一星"的成就和世界最大规模的常备军等,终止结盟成为必然。1982年9月,邓小平在党的十二大掷地有声地讲道,"独立自主,自力更生,无论过去、现在和将来,都是我们的立足点""任何外国不要指望中国做他们的附庸,不要指望中国会吞下损害我国利益的苦果"[④],向世界庄严宣告了中国不结盟的决心。

[①] 《毛泽东外交文选》,中央文献出版社、世界知识出版社1994年版,第508页。
[②] 同上书,第514页。
[③] 《毛泽东外交文选》,中央文献出版社、世界知识出版社1994年版,第403页。
[④] 《邓小平在中国共产党第十二次全国代表大会上的开幕词》,《人民日报》1982年9月2日,转引自中国共产党历次全国代表大会数据库, http://cpc.people.com.cn/GB/64162/64168/64565/65448/4429495.html,2019年12月15日。

20世纪80年代,在全球经济危机的冲击下,广大发展中国家与发达国家的差距日益扩大,不结盟运动及时将工作重心转向争取建立国际经济新秩序。1983年3月,在印度新德里召开的第七次不结盟运动国家和政府首脑会议通过了《经济宣言》《经济合作行动纲领》等,强调不结盟国家要为建立国际经济新秩序而继续努力,并提出了加速"南南合作"的措施。[1] 同期,在与发展中国家外交中,中国不仅呼吁加强南北对话,也身体力行,努力推动发展中国家之间的"南南合作",例如我们调整了同非洲国家开展经济技术合作的政策,提出了"平等互利、讲求实效、形式多样、共同发展"对非经济合作的四项新原则,把中非经济关系由单一的中国提供官方援助转向互利合作、共同发展。

(四)中国外交的伙伴关系模式

苏东剧变后,以"超级大国"为首的西方发达资本主义国家开始以"人权外交"和"民主外交"对以中国为代表的社会主义国家和亚非拉广大发展中国家制造新的威胁,先是以中国发生"北京风波"为借口,鼓吹"中国崩溃论",对中国进行新的一轮"制裁";接着又对中国经济的高增长和规模迅速扩大、综合国力和国际影响力的大幅度提升进行恶意渲染,鼓吹"中国威胁论",对中国实行新的"封堵"和"遏制"战略。面对变幻莫测、错综复杂的国际形势和外部环境,一方面,在邓小平提出的"冷静观察、稳住阵脚、沉着应付、韬光养晦、善于守拙、决不当头、有所作为"的"二十八字战略方针"的指导下,逐步打破和扭转了以美国为首的西方发达资本主义国家在20世纪90年代对新中国实行的"制裁""封堵"和"遏制"的严重态势。我国全面恢复、改善和发展了同"东西南北"各种性质、各种类型国家的外交关系;另一方面,在全面继承并创造性地发展以邓小平同志为核心的党的第二代领导集体独立自主的和平外交思想的基础上,提出了一系列关于营造对建设有中国特色社会主义有利的国际形势和外部环境的新理念、新战略并付诸新中国新时期新阶段的外交实践,如:借孔子"和而不同"的概念,提出多样性是世界存在的本质特征;要推进国际关系民主化,凝聚各国人民的力量解决面临的突出问题;积极构建国际新秩序,各国政治上应相互尊重、共同协商,经济上相互促进、共同发展,文化上应互相借鉴、共同繁荣,安全上相互信任、共同维护,等等。

---

[1] 高志平、程晶、魏楚楚:《中国对不结盟运动的态度及其变化(1961—1991)——以〈人民日报〉为中心的考察》,《决策与信息》2018年第9期,第15页。

第一章 中国特色丝路伙伴关系的历史叙事

这一时期,我们实现了国与国之间关系"不结盟模式"到"伙伴关系模式"的嬗变。为了彻底摒弃过去"结盟政策"包括搞战略关系所带来的不可避免的消极影响,我们必须打破教条主义的束缚,既不单纯"反美"或"亲美",即"以美画线";也不单纯"反苏"或"亲苏",即"以苏画线";同时不能再简单地以社会制度和意识形态论关系亲疏,而必须真正地以新中国的国家利益至上,发展自己成为独立于美苏两个"超级大国"之间的"第三种力量"。我们奉行中立不结盟的外交战略,通过"真正的不结盟"努力发展同一切对中国友好的国家之间的外交关系。

1992年,党的十四大确认了中国以独立自主的和平外交、不结盟、不称霸为核心的外交战略,开始推进全方位外交、大国外交、首脑外交、多边外交。[①] 1993年,中国与巴西建立首对战略合作伙伴关系。从1994年开始,中国逐步与一些国家建立了不同程度、不同范围、不同性质、不同类型的"伙伴关系"。比如,中美尝试建立"建设性战略伙伴关系",中俄建立"建设性伙伴关系"到"战略协作伙伴关系",中日建立"致力于和平与发展的友好合作伙伴关系",相继同法国、英国、加拿大、印度、墨西哥、巴西等国建立广泛的"伙伴关系"等。自此,中国的全球伙伴关系网络渐次铺展。

1997年,党的十五大报告首次将同周边国家的关系提升到战略高度,确立的优先次序是睦邻友好、同第三世界的关系、同发达国家的关系。1992—2002年,中国先后同巴西、俄罗斯、巴基斯坦等12个国家或地区组织建立并升级了不同层级的伙伴关系共计14对。

进入21世纪后,除了一如既往地重视亚非拉伙伴关系,我国坚持"大国是关键、周边是首要、发展中国家是基础、多边是重要舞台"外交总体布局,全方位外交取得了重大突破和进展。中美关系、中俄关系、中日关系、中欧关系都取得新变化、新发展。2002年,党的十六大明确"坚持与邻为善、以邻为伴,加强区域合作,把同周边国家的交流和合作推向新水平"[②];2003年,温家宝总理在阐述周边外交政策时提出"睦邻、安邻、富邻"新主张。中国高度重视联合国作为国际多边

[①] 《江泽民在中国共产党第十四次全国代表大会上的报告》,中国共产党历次全国代表大会数据库,1992年10月12日,http://cpc.people.com.cn/GB/64162/64168/64567/65446/4526308.html,2019年12月17日。
[②] 《在中国共产党第十六次全国代表大会上的报告》,中国共产党历次全国代表大会数据库,2002年11月8日,http://cpc.people.com.cn/GB/64162/64168/64569/65444/4429125.html,2020年1月1日。

机制的核心在国际事务中的重要作用,坚持以互信、互利、平等、协作为核心的新安全观,积极参与联合国在反恐、军控、裁军和防核扩散等问题上的合作以及联合国专门机构的活动,积极推动在联合国框架下通过协商、对话、谈判等手段和平解决地区热点问题,建设性参与了朝核问题、伊朗核问题、巴以冲突、黎以冲突、东帝汶、伊拉克、阿富汗、苏丹达尔富尔等国际热点问题的解决进程,并积极参与联合国的维和行动。[①] 在这样的外交布局下,迎来了伙伴关系建立的数量上的急剧增长。

党的十七大之后,我国积极建立多层级的伙伴关系,并更加侧重伙伴关系的升级。这一阶段,我国伙伴关系的范围、深度和建设途径都得以深化和创新,其内容也从经济贸易拓展到经济、政治、安全和文化等领域。据统计,2003—2012年,我国共计同蒙古国、东盟等44个国家与地区建立了伙伴关系,并且同欧盟、韩国等升级了伙伴关系。

二、新中国与亚非拉的伙伴关系

以第一次万隆亚非会议为起点,中国打开了通往亚非国家的大门。[②] 在这次会议上,周恩来"求同存异"的本领发挥得淋漓尽致,一些亚非国家的代表开始消除对中国的疑虑、偏见、误解,对新中国对外交政策开始理解和信任。正如黎巴嫩驻美大使查尔斯·马立克对周恩来所说:"虽然我们在有些很重要的问题上有分歧,我们却同你建立了一种亲密的关系……围绕你们(中国共产党人)的神秘性部分的消散了……整个会议对你纯粹是收益。"[③]自此,中国与亚非国家的关系实现了飞跃,同大部分亚非国家建立了外交关系,并在同拉丁美洲国家和主要资本主义国家建交方面实现了突破。之前,中国同大部分亚非拉国家迟迟不能建交,主要由于意识形态因素的束缚和美国阵营的牵制。

周恩来认为,即使双方一时不能建交,仍可按照和平共处五项原则,以各种形式发展关系,逐步为建交创造条件,同时耐心等待也不等于不做工作。在美国与其盟国之间,常常在对华政策或其他重要问题上存在着不同程度的矛盾,周恩

---

① 齐鹏飞、李葆珍:《新中国外交简史》,人民出版社2014年版,第205页。
② 新中国建立初期至万隆会议召开前,中国主要解决了与社会主义国家建交的问题。只同少数欧洲国家和亚洲国家建立了外交关系。
③ 外交部外交史研究室编:《周恩来外交活动大事记》,世界知识出版社1993年版,第108页。

来总能敏锐地发现这些矛盾,抓住机会,推动中国同某个国家关系的发展,无论这个机会是使双方关系前进一小步,还是能取得突破性进展,他都不会放弃。

新中国外交伊始(20世纪50年代)便将支持亚非拉国家民族独立和解放作为中国外交政策的重要组成部分。毛泽东在1956年党的八大上指出:"亚洲、非洲和拉丁美洲各国的民族独立解放运动,以及世界上一切国家的和平运动与正义斗争,我们都必须给予积极的支持。"[1]在发展中国同亚非拉国家关系时,"平等相待,互相支持"是一贯主题。在思考和处理与这类国家有关的问题时,周恩来深受两个因素的影响:首先,中国身处亚洲,同亚非拉绝大多数国家一样,作为历史上的丝路伙伴,有着共同的历史命运和被侵略、受欺压的历史遭遇,在获得独立之后又面临着一些共同的历史任务和发展诉求,因此周恩来对亚非拉国家和人民抱有发自内心的同情,对中国与这些国家间的共同利益有着深切的了解。其次,周恩来十分清楚,发展同亚非拉国家的关系对中国外交具有极为重要的战略意义,因为20世纪50年代,亚非拉国家是突破美国遏制和孤立政策的关键;60年代,亚非拉国家是反对美苏两国霸权主义斗争中要建立国际统一战线、共同反对帝国主义和殖民主义所要争取的主要对象,并在国际上给予中国支持。

为发展中国同亚非拉国家的关系,周恩来不仅制定了有关的一系列重要政策,还三次出访亚非国家。他提出的一系列原则不仅体现了他的现实精神,也体现了他所怀抱的理想。这些原则为中国同亚非拉国家的外交关系发展奠定了长远的基础,对中国外交具有长久的指导意义:

一是"承认一切国家不分大小一律平等"[2],这是继和平共处五项原则之后,周恩来提出的国际关系的又一个重要原则。

二是优先发展睦邻关系,慎重稳妥地解决历史遗留问题。在周恩来的主持下,中国先后同印度尼西亚签订了关于避免双重国籍的条约,同缅甸、尼泊尔、蒙古、巴基斯坦和阿富汗等国签署了边界条约。这些问题的解决不仅改善了中国与这些邻国的关系,对稳定中国的周边环境具有重大战略意义,也推动了中国同其他亚非国家关系的发展。

---

[1] 《新华半月刊》1956年20号,第1页。转引自刘中民:《中国对发展中国家外交战略六十年》,《国际观察》2009年第2期,第38页。
[2] 《周恩来外交文选》,中央文献出版社1990年版,第132页。

三是坚决支持亚非拉各国人民争取和维护民族独立的斗争,同时尊重各国人民和政府对本国制度和内外政策的选择,恪守"革命不能输出"的原则,坚持外交工作绝不能介入他国内政问题。周恩来同时坚持这两个方面,是他在亚非拉许多国家的政治领袖和人民群众中享有崇高威信的重要原因。① 有关精神在他提出的中国处理同阿拉伯国家和非洲国家关系的五项原则中得到了充分体现。②

四是同亚非拉国家建立新型经济关系。周恩来一贯主张亚非国家间的合作不应该附有任何特殊条件,要以平等互利为基础。在1963年底至1964年初③出访非洲10国时提出的"对外援助八项原则"。④ 截至1976年,中国已向55个发展中国家提供了总额达37.585亿美元的经济援助。⑤

新中国对亚非拉外交的努力,为与世界各国普遍建立正常的外交关系奠定了坚实的基础。正如古代丝路伙伴关系的"凿空"意义一样,周恩来主导的新中国外交通过官民并举的方式,与亚非拉国家结下深厚的情谊,是促成我们被"抬进联合国"的重要因素。

改革开放之后,"伙伴关系"的建立为我们迎来了新中国历史上边界谈判的"第二个高潮"。以中苏边界谈判开幕,以中俄边界谈判闭幕,中间解决了与哈萨克斯坦、吉尔吉斯斯坦、塔吉克斯坦、越南、老挝等陆上邻国边界问题,一直笼而统之的"九百六十万平方公里"陆地疆域、陆地国土之谓,终于将不再是一个无法

---

① 章百家:《周恩来与中国步入国际政治舞台》,《中共党史研究》1998年第1期,第42页。
② 《周恩来外交文选》,中央文献出版社1990年版,第387页。
③ 1964年,周恩来在第三届全国人民代表大会第一次会议上所做的《政府工作报告》表示:"这一期间我们还节衣缩食,拿出了相当大的一部分资金和物资支援社会主义兄弟国家和民族主义国家。预计到一九六四年年底,我国的对外援助共计支出人民币六十六亿七千万元,其中一九六一年到一九六四年支出的为三十五亿五千万元,占百分之五十三。"
④ 在出访加纳时提出并到马里后正式公布了中国对外经济技术援助的八项原则:第一,中国政府一贯根据平等互利的原则对外提供援助,从来不把这种援助看作是单方面的赐予,而认为援助是相互的;第二,中国政府在对外提供援助的时候,严格尊重受援国的主权,绝不附带任何条件,绝不要求任何特权;第三,中国政府以无息或者低息贷款的方式提供经济援助,在需要的时候延长还款期限,以尽量减少受援国的负担;第四,中国政府对外提供援助的目的,不是造成受援国对中国的依赖,而是帮助受援国逐步走上自力更生、经济上独立发展的道路;第五,中国政府帮助受援国建设的项目,力求投资少,收效快,使受援国政府能够增加收入,积累资金;第六,中国政府提供自己所能生产的、质量最好的设备和物资,并且根据国际市场的价格议价。如果中国政府所提供的设备和物资不合乎商定的规格和质量,中国政府保证退换;第七,中国政府对外提供任何一种技术援助的时候,保证做到使受援国的人员充分掌握这种技术;第八,中国政府派到受援国帮助进行建设的专家,同受援国自己的专家享受同样的物质待遇,不容许有任何特殊要求和享受。
⑤ 潘敬国:《解码周恩来外交:当年中国为什么"穷大方"》,《国际先驱导报》2016年1月8日。

证实的"虚数"和"约数",几千年中华文明史"有边无界"的"尴尬"境遇终于翻过它最后沉甸甸的一页。新中国与周边邻国之间历史遗留下来的双边陆地谈判问题的基本解决,很大程度上消除新中国与周边邻国发展友好合作关系的障碍和隐患,为中国赢得一个相对稳定与和平的周边环境奠定了坚实的基础。

2003年博鳌亚洲论坛中国向世界宣誓:"亚洲国家包括中国,难道还会重复这种完全错误的、害人终害己的道路吗!? 我们的抉择只能是:奋力崛起,而且是和平的崛起。也就是下定决心,争取和平的国际环境发展自己,又以自身的发展来维护世界和平。"[1]从2004年4月开始,中国开始将"中国和平崛起新道路"修改、调整为更为平和、客观、低调的语词"中国和平发展道路",从国务院新闻办公室2005年12月发表《中国的和平发展道路》白皮书和2011年9月发表的《中国的和平发展》白皮书的阐述中就可看到中国走和平发展之路的必然性和坚定决心。2005年9月15日,国家主席胡锦涛在纽约联合国首脑会议向全世界公开提出建设一个持久和平、共同繁荣的"和谐世界"构想,这一理念为开辟中国特色大国外交起到了承前启后的作用。2007年,党的十七大明确我国始终不渝走和平发展道路、永远不称霸、永远不搞扩张和始终不渝奉行互利共赢的开放战略的立场,坚持在和平共处五项原则的基础上同所有国家发展友好合作。2011年9月6日国务院新闻办公布的《中国的和平发展》白皮书是中国政府第一次倡导相互依存、利益交融、"你中有我、我中有你"的命运共同体的新视角和同舟共济、合作共赢的新理念,号召"三个超越""三个寻求"[2]和"四个要"[3],中国不谋求地区霸权和势力范围,不排挤任何国家,中国的繁荣发展和长治久安对周边邻国是机遇而不是威胁;中国将始终秉承自强不息、开拓进取、开放包容、同舟共济的"亚洲精神",永做亚洲其他国家的好邻居、好朋友、好伙伴。[4] 这是在阐述中国奉行睦邻友好的地区合作观时,中国政府首次提出"好伙伴"的说法。

中国与亚非拉国家的伙伴关系外交作为冷战后我国和平发展的外交实践,

---

[1] 郑必坚:《中国和平崛起新道路和亚洲的未来——在2003年博鳌亚洲论坛的讲演》,《理论参考》2004年第5期。
[2] 即超越国际关系中陈旧的"零和博弈",超越危险的冷战、热战思维,超越曾把人类一次次拖入对抗和战乱的老路;寻求多元文明交流互鉴的新局面,寻求人类共同利益和共同价值的新内涵,寻求各国合作应对多样化挑战和实现包容性发展的新道路。
[3] 即要和平,不要战争;要发展,不要停滞;要对话,不要对抗;要理解,不要隔阂,乃大势所趋、人心所向。
[4] 《国务院新闻办发表〈中国的和平发展〉白皮书(全文)》,中国政府网,http://www.gov.cn/jrzg/2011-09/06/content_1941204.htm,2011年9月6日。

为党的十八大后中国特色大国外交的实践和理论创新积累了丰富的理念启示和成熟经验。

小　结

本章主要考察发端于丝绸之路上的中国古代丝路外交延续至新中国外交及丝路天然伙伴关系的历史变迁。中外文明丝路交往史上诞生了始于汉、兴于唐宋、盛于元明、衰于清、复兴于当代的中国"丝路外交"，以张骞"凿空"西域为肇始，以"郑和下西洋"为鼎盛，表现为朝贡制度的结伴机制、旨在和平友好的交友政策、诉求命运与共的丝路意识的特征。古丝绸之路的伙伴关系开拓取决于主导力量、基础设施、网络节点、商贸动力等物质基础，共同塑造了"地通、路联、人相交"的丝路文明，并派生出丝路经贸伙伴关系、丝路人文伙伴关系等主体间交往模式。

新中国外交在实践经验与教训中形成了结伴不结盟的外交原则，经历了特殊历史条件下的结盟，到首倡和平共处"五项原则"，再到选择"不结盟"，最后选择伙伴关系模式的历史演变。其中，亚非拉伙伴是新中国在国际上突破遏制和孤立政策的依靠力量，是中国外交格局的重要根基。

丝路外交的历史智慧不仅在新中国成立之后的外交实践中得以传承，对中国特色大国外交也有着深刻影响。百年未有之大变局的新时代，丝路伙伴关系的重要意义随着"一带一路"倡议的提出而再次彰显。

第二章
中国特色丝路伙伴关系的实践互动

第一节 共建"一带一路"国际合作

自从2013年中国首次提出"丝绸之路经济带"和"21世纪海上丝绸之路"倡议(简称"一带一路"倡议),"一带一路"倡议作为新时代中国特色大国外交的实践平台,已经从理念转化为行动,从愿景转化为现实,从倡议转化为全球广受欢迎的公共产品。中国政府非常重视顶层设计,成立了推进"一带一路"建设工作领导小组,并在中国国家发展改革委设立领导小组办公室。"一带一路"倡议提出至今10年来,逐渐从顶层设计到项目落实,从规划方案到具体实践,由最初全球认知和顶层设计的1.0阶段进入到深耕细作、高质量发展的2.0阶段。

一、"一带一路"建设的时间节点

回顾"一带一路"倡议提出的时间轴,有几个重要的时间节点。

2013年,是"一带一路"倡议提出之年。2013年9月7日,习近平主席首次提出"丝绸之路经济带";2013年10月3日,首次提出"21世纪海上丝绸之路";同年11月,"一带一路"倡议被写入党的十八届三中全会通过的《中共中央关于全面深化改革若干重大问题的决定》。

2015年,"一带一路"倡议的官方政策出台。2015年3月28日,国家发展改革委、外交部、商务部联合发布《推动共建丝绸之路经济带和21世纪海上丝绸之路的愿景与行动》,从时代背景、共建原则、框架思路、合作重点、合作机制等方面对"一带一路"倡议进行阐释。这是中国发布的首份关于"一带一路"倡议的政府白皮书。

2017年,"一带一路"形成正式合作机制。2017年5月10日,发布《共建"一带一路":理念、实践与中国的贡献》——"一带一路"三年工作总结;同年5月14—15日,首届"一带一路"国际合作高峰论坛举办,这是当年中国最大规模主场外交。同年"一带一路"倡议被写入党的十九大报告和党章。在党的十九大报告中共4次提到"一带一路",分别用1次"倡议"和3次"是国际合作"来表述。可见从中央来讲,"一带一路"倡议不仅仅是思维创意,而是实实在在的行动,将"倡议"升级为"国际合作",表明了中国政府持续推进"一带一路"的决心与耐心。"一带一路"倡议首次写到了党章里面,这是国家意志再一次拓展成党的意志,可见"一带一路"倡议的执行度和战略性。

2018年,"一带一路"开始向深耕提质转型。2018年8月27日,习近平出席推进"一带一路"建设工作5周年座谈会并发表重要讲话,提出"一带一路"建设要从谋篇布局的"大写意"转入精耕细作的"工笔画",向高质量发展转变,造福沿线国家人民,推动构建人类命运共同体。

2019年,"一带一路"迈向高质量发展。2019年4月22日,推进"一带一路"建设工作领导小组办公室发布8语种撰写而成的《共建"一带一路"倡议:进展、贡献与展望》。这是中国政府全面反映"一带一路"建设进展情况的官方报告,也是第二届"一带一路"国际合作高峰论坛的重要成果之一。2019年4月25—27日,以"共建'一带一路'、开创美好未来"为主题的第二届"一带一路"国际合作高峰论坛在北京举行。37个国家的元首、政府首脑等领导人出席圆桌峰会,来自150多个国家和90多个国际组织的近5 000位外宾确认出席论坛。会议形成了共6大类283项成果,通过了《第二届"一带一路"国际合作高峰论坛圆桌峰会联合公报》。这次论坛明确强调要聚焦重点、深耕细作,共同绘制精致细腻的"工笔画",推动共建"一带一路"沿着高质量发展方向不断前进,这就为"十四五"规划的"一带一路"定下整个基调,为高质量发展进行谋篇布局。

2020年,"一带一路"在新冠疫情下成为全球经济中流砥柱。突如其来的新冠疫情再一次折射出"一带一路"重要性,如果说新冠疫情像全球化休克,那么"一带一路"就像是让全球化再次苏醒的行动。人类命运共同体的价值理念随着中国的抗疫担当而深入人心;互联互通的发展模式成为全球经济复苏增长的引擎,"五通"为再全球化的增长提供了新的动力。《中共中央关于制定国民经济和社会发展第十四个五年规划和二〇三五年远景目标的建议》中也就实行高水平对外开放,开拓合作共赢新局面对推动共建"一带一路"高质量发展进行了深入部署。

2021年,"一带一路"顶层设计更加细化。第三次"一带一路"建设座谈会召开,习近平主席针对这一重大国际合作倡议作出一系列契合实际、面向未来的具体部署,以高标准、可持续、惠民生为目标,注重"五个统筹"①,坚持"六个要"②,为新阶段继续推动共建"一带一路"高质量发展提供根本遵循。

2023年,"一带一路"迎来10周年。10年来,共建"一带一路"取得丰硕成果,成为深受欢迎的国际公共产品和国际合作平台。2023年10月10日,《共建"一带一路":构建人类命运共同体的重大实践》白皮书发布;2023年10月17—18日,第三届"一带一路"国际合作高峰论坛在北京举行,总结10年建设成就与经验。作为长周期、跨国界、系统性的世界工程、世纪工程,共建"一带一路"的第一个10年只是序章。从新的历史起点再出发,共建"一带一路"将会更具创新与活力,更加开放和包容,为中国和世界打开新的机遇之窗。

可以说,2013—2019年这6年是"一带一路"1.0阶段,这一阶段是传播与规划期,推动国内外广泛认知,打通国内外市场,建立政策与机构基础;2.0阶段是2019—2035年的高质量发展期,其远景是到2049年左右与中国"百年梦想"同步,建立和平繁荣、绿色创新、开放包容、廉洁文明的丝绸之路。

二、"一带一路"建设的主要内涵

"一带一路"的建设内涵可用学界"一二三四五六"③的表述概括。

(一)"一"是一个概念:"一带一路",以推动构建人类命运共同体为目标

共建"一带一路"倡议借用古丝绸之路的历史符号,融入了新的时代内涵,既是维护开放型世界经济体系,实现多元、自主、平衡和可持续发展的中国方案;也是深化区域合作,加强文明交流互鉴,维护世界和平稳定的中国主张;更体现了中国作为最大的发展中国家和全球第二大经济体,对推动国际经济治理体系朝

---

① 统筹发展和安全、统筹国内和国际、统筹合作和斗争、统筹存量和增量、统筹整体和重点。
② 要正确认识和把握共建"一带一路"面临的新形势、要夯实发展根基、要稳步拓展合作新领域、要更好服务构建新发展格局、要全面强化风险防控、要强化统筹协调。
③ 王义桅:《"一带一路":再造中国,再造世界》,《新丝路学刊》2017年第2期。

着公平、公正、合理方向发展的责任担当。为什么不用"新丝绸之路",而用"一带一路"？不仅因为古代的丝绸之路是由中国和波斯、阿拉伯等古国共同开通的,还因为这个概念自1877年提出后首先风靡西方,在中国有半个世纪的接受过程,同时还可以区别于美国2011年的同名战略,表现出中国话语概念的原创性。"一带一路"不是说只有一条带、一条路,而是阐述千里之行始于足下之意。

2015年《愿景与行动》指出,共建"一带一路"旨在促进经济要素有序自由流动、资源高效配置和市场深度融合,推动沿线各国实现经济政策协调,开展更大范围、更高水平、更深层次的区域合作,共同打造开放、包容、均衡、普惠的区域经济合作架构。它是一个和平的、包容的、相对松散的国际经济合作框架,通过国家层面的政策沟通、软硬机制的建设等为国际合作建立平台。

具体而言,"一带一路"倡议是一个欧亚地区综合性立体互联互通的交通网络。它涵盖"海陆空天电网",由铁路、公路、航空、航海、油气管道、输电线路和通信网络等构成,它将形成建筑、冶金、能源、金融、通讯、物流、旅游等行业综合发展的经济走廊。总体而言,"一带一路"倡议是中国全方位改革开放的格局和周边外交的战略框架。从开放的内涵上讲,是引进来和走出去更好的结合,由"引进来"转向"走出去",培育参与和引领国际经济合作竞争新优势,以开放促改革。从开放的广度上讲,为发展中国西部地区,实施向西、向南开放的战略,形成全方位开放新格局。从开放的深度来讲,顺应世界区域经济一体化发展趋势,以周边为基础加快实施自由贸易区战略,实现商品、资本和劳动力的自由流动,加速节点国家与地区的自由贸易区、投资协定的谈判等,着眼于国际规则的制定。

(二)"二"是两只翅膀：陆上的"丝绸之路经济带"和海上的"21世纪海上丝绸之路"

第一,"丝绸之路经济带"是2013年9月由中国国家主席习近平在哈萨克斯坦纳扎尔巴耶夫大学发表《弘扬人民友谊 共创美好未来》演讲时提出。丝绸之路经济带包括北线、中线、南线：北线主要为中国经中亚、俄罗斯至欧洲(波罗的海)；中线主要为中国经中亚、西亚至波斯湾、地中海；南线为中国至东南亚、南亚、印度洋。"一带"主要依托国际大通道,以沿线中心城市为支撑,以重点经贸产业园区为合作平台,包括新亚欧大陆桥、中蒙俄、中国—中亚—西亚、中国—中南半岛等国际经济合作走廊。

国内的支点省份包括西北五省份（陕西、甘肃、青海、宁夏、新疆）、西南四省份（重庆、四川、云南、广西）。该"带"地域辽阔，有丰富的自然资源、矿产资源、能源资源、土地资源和宝贵的旅游资源，被称为21世纪的战略能源和资源基地，但该区域交通不够便利、自然环境较差，经济发展水平却与两端的经济圈存在巨大落差，整个区域存在"两边高、中间低"的现象。丝绸之路经济带，东边牵着亚太经济圈，西边系着发达的欧洲经济圈，被认为是"世界上最长、最具有发展潜力的经济大走廊"。正如习近平主席所说："随着共建'一带一路'深入推进，新疆不再是边远地带，而是一个核心区、一个枢纽地带。"[1]"一带"是中国改革开放形成的"以点带线""以线带面"等经验的外延，通过各种经济走廊形成经济带，与海上经济走廊形成陆海联动的系统化效应。

第二，"21世纪海上丝绸之路"是2013年10月习近平主席在印度尼西亚国会发表《携手建设中国—东盟命运共同体》的演讲中提出。21世纪海上丝绸之路有两条线：一是中国沿海港口过南海到印度洋，延伸至欧洲；二是中国沿海港口过南海到南太平洋。"一路"主要以重点港口为节点，共同建设通畅安全高效的运输大通道，包括中巴、孟中印缅两个经济走廊。

国内的支点省份圈定上海、福建、广东、浙江、海南等。海上丝绸之路，是指古代中国与世界其他地区进行经济文化交流交往的海上通道，最早开辟于秦汉时期。从广州、泉州、杭州、扬州等沿海城市出发，抵达南洋和阿拉伯海，甚至远达非洲东海岸。21世纪海上丝绸之路的合作伙伴并不仅限与东盟，而是以点带线、以线带面，增进同沿边国家和地区的交往，串起连通东盟、南亚、西亚、北非、欧洲等各大经济板块的市场链，发展面向南海、太平洋和印度洋的战略合作经济带，以亚欧非经济贸易一体化为发展的长期目标。"一路"强调在21世纪如何实现港口改造、航线升级换代，这不仅要提升航运能力，更要做到"人海合一"，与陆上丝绸之路强调的"天人合一"相呼应。"21世纪海上丝绸之路"表明中国既不走西方列强走向海洋的扩张、冲突、殖民的路子，也不走与美国海洋霸权对抗的路子，而是寻求有效规避传统全球化风险，开创人海合一、和谐共生、可持续发展的新型海洋文明。

---

[1] 《第1视点——习近平：新疆不再是边远地带，而是一个枢纽地带》，中国一带一路网，https://www.yidaiyilu.gov.cn/xwzx/xgcdt/261529.htm，2022年7月15日。

(三) "三"是三个原则、三个理念、三个目标

1. 三个原则：共商、共建、共享

（1）共商：集思广益——利益共同体。中国倡导"共商"，是在"一带一路"建设中充分尊重沿线国家对各自参与的合作事项的发言权，妥善处理各国利益关系。强调平等参与、充分协商，以平等自愿为基础，通过充分对话沟通找到认识的相通点、参与合作的交汇点、共同发展的着力点。互相尊重、互相信任，是友好合作的前提和基础。世界上没有放之四海皆准的发展模式，也没有唯一不变的发展道路。我们要树立开放包容的态度，充分尊重彼此自主选择社会制度和发展道路的权利，尊重各自推动经济社会发展、改善人民生活的探索和实践。我们要相互支持、求同存异，充分考虑相关各方不同利益诉求，团结协作、同舟共济，共同维护地区发展稳定大局。中国秉持"亲、诚、惠、容"的周边外交理念，愿同沿线各国真诚相待、友好相处，践行共同、综合、合作和可持续安全的亚洲新安全观，推动区域安全合作，完善合作机制，增进战略互信。

（2）共建：群策群力——责任共同体。中国倡导"共建"，是鼓励共担风险、共同治理，打造责任共同体。一方面，要做好"走出去"的服务工作，同时鼓励沿线国家在引入资金、技术后培养相关人才，增强自主发展能力。只有这样，才能保证建设成果能够被沿线国家所共享。我们要深化互利共赢的格局，沿线各国经济发展水平不同，生产要素和资源禀赋各异，经济互补、命运与共。我们应当珍惜机遇、抓住机遇，统筹自身利益与共同利益的关系，深化贸易投资合作，扩大利益汇合点，让合作成果更多地惠及沿线各国人民。我们要积极推进互联互通建设，发展好海洋合作伙伴关系，在更大范围、更高水平、更深层次上实现开放、融合，为沿线各国发展增添新动力、注入新活力。另一方面，要打造共建合作的融资平台。由中国发起的亚洲基础设施投资银行（简称亚投行）自2016年开业以来，在国际多边开发体系中发挥越来越重要的作用，得到国际社会广泛信任和认可。亚投行在履行自身宗旨使命的同时，也与其他多边开发银行一起，成为助力共建"一带一路"的重要多边平台之一。2014年11月，中国政府宣布出资400亿美元成立丝路基金；2017年5月，中国政府宣布向丝路基金增资1 000亿人民币。2017年，中国建立"一带一路"PPP工作机制，与联合国欧洲经济委员会签署合作谅解备忘录，共同推动PPP模式更好运用于"一带一路"建设合作项目。同时，要积极开展第三方市场合作。共建"一带一路"致力于推动开放包容、务实有效的第三方市场合作,促进中国企业和各国企业优势互补,实现"1+1+1>3"的共赢。①

（3）共享：人民普惠——命运共同体。正如古代丝绸之路的重要历史意义般,它是全球著名的东西方宗教、艺术、语言和新技术交流的大动脉。古代丝绸之路所描绘的命运共同体发展到今天,已经成为正在崛起的中国向世界展示的"脱胎于经济而落脚于文化的国家名片",从60多年前亚洲人民"有难同当"——告别西方殖民统治而走向独立自主发展道路,到今天的"有福同享"——以"一带一路"倡议所描绘的亚洲与亚欧非洲际乃至全世界"互联互通"蓝图,致力于共同发展和繁荣,体现了"计利当计天下利,计势当计发展势"的大局意识。一是我们关注将发展成果惠及沿线国家。在共建"一带一路"合作框架下,中国支持亚洲、非洲、拉丁美洲等地区广大发展中国家加大基础设施建设力度,世界经济发展的红利不断输送到这些发展中国家。二是我们关注改善沿线国家民生。中国把向沿线国家提供减贫脱困、农业、教育、卫生、环保等领域的民生援助也纳入共建"一带一路"范畴。三是我们促进科技创新成果向沿线国家转移。截至2023年6月底,中国与80多个共建国家签署《政府间科技合作协定》,"一带一路"国际科学组织联盟(ANSO)成员单位达58家。四是我们积极推动绿色发展。中国坚持《巴黎协定》,积极倡导并推动将绿色生态理念贯穿于共建"一带一路"倡议。中国与联合国环境规划署签署了关于建设绿色"一带一路"的谅解备忘录,并与多个沿线国家签署了生态环境保护的合作协议。

2. 三个理念：开放、绿色、廉洁

共建"一带一路"始终坚守开放的本色、绿色的底色、廉洁的亮色,坚持开放包容,推进绿色发展,以零容忍态度打击腐败,在高质量发展的道路上稳步前行。共建"一带一路"是大家携手前行的阳光大道,不是某一方面的私家小路,不排除,也不针对任何一方,不打地缘博弈小算盘,不搞封闭排他"小圈子",也不搞基于意识形态标准划界的小团体,更不搞军事同盟。共建"一带一路"顺应国际绿色低碳发展趋势,倡导尊重自然、顺应自然、保护自然,尊重各方追求绿色发展的权利,响应各方可持续发展需求,形成共建绿色"一带一路"共识。共建"一带一路"将廉洁作为行稳致远的内在要求和必要条件,始终坚持一切合作在阳

---

① 《共建"一带一路"倡议：进展、贡献与展望》,新华网,http://www.xinhuanet.com/world/2019-04/22/c_1124400071.htm,2019年4月22日。

光下运行。

3. 三个目标：高标准、可持续、惠民生

共建"一带一路"以高标准、可持续、惠民生为目标,努力实现更高合作水平、更高投入效益、更高供给质量、更高发展韧性,推动高质量共建"一带一路"不断走深走实。共建"一带一路"引入各方普遍支持的规则标准,推动企业在项目建设、运营、采购、招投标等环节执行普遍接受的国际规则标准,以高标准推动各领域合作和项目建设。共建"一带一路"对接联合国《2030 年可持续发展议程》,推动各国实现持久、包容和可持续的经济增长,并将可持续发展理念融入项目选择、实施、管理等各个方面。共建"一带一路"坚持以人民为中心,聚焦消除贫困、增加就业、改善民生,让合作成果更好惠及全体人民。

(四)"四"是四个关键词

"丝路精神"的 4 个关键词：和平合作、开放包容、互学互鉴、互利共赢。除了发扬和传承丝路精神这四个关键词外,在第一届高峰论坛时,我们提出了全面对接联合国和平与发展各项目标,尤其是《2030 年可持续发展议程》和《巴黎协定》,彰显人类共同意志,推动建设绿色丝绸之路、健康丝绸之路、智力丝绸之路、和平丝绸之路,打造人类命运共同体。当然,目前这一组"四个关键词"已经随着实践的发展有了更丰富的拓展,还有一组是 4 个"R"。欧洲著名智库布吕格尔(Bruegel)研究所所长沃尔夫认为,"一带一路"的影响和意义早已不限于欧亚大陆,不限于沿线国家,而具有划时代的全球意义。因此,"一带一路"事关 4 个"R"：Global Recovery(全球经济复苏)、Global Rebalance(全球经济再平衡)、Global Renovation(全球创新)、Global Reconnected(全球互联互通)。[①]

(五)"五"是五个抓手

2013 年以来,共建"一带一路"倡议以政策沟通、设施联通、贸易畅通、资金融通和民心相通为主要内容扎实推进,取得明显成效,一批具有标志性的早期成果开始显现,参与各国得到了实实在在的好处,对共建"一带一路"的认同感和参与度不断增强。

一是政策沟通：加强政策沟通是"一带一路"建设的重要保障。加强政府间

---

① 王义桅：《"一带一路"越走越宽》,《人民日报·海外版》2017 年 1 月 3 日。

合作,积极构建多层次政府间宏观政策沟通交流机制,深化利益融合,促进政治互信,达成合作新共识。沿线各国可以就经济发展战略和对策进行充分交流对接,共同制定推进区域合作的规划和措施,协商解决合作中的问题,共同为务实合作及大型项目实施提供政策支持。

从双边来看,签署共建"一带一路"政府间合作文件的国家和国际组织数量逐年增加,已由亚欧延伸至非洲、拉美、南太等区域。在共建"一带一路"框架下,各参与国和国际组织本着求同存异原则,就经济发展规划和政策进行充分交流,协商制定经济合作规划和措施。从多边来看,共建"一带一路"倡议载入国际组织重要文件。共建"一带一路"倡议及其核心理念已写入联合国、二十国集团、亚太经合组织、上海合作组织、中拉论坛、中阿合作论坛、中非合作论坛以及其他区域组织等有关文件中。2016年11月,联合国193个会员国协商一致通过决议,欢迎共建"一带一路"等经济合作倡议,呼吁国际社会为"一带一路"建设提供安全保障环境。2017年3月,联合国安理会一致通过了第2344号决议,呼吁国际社会通过"一带一路"建设加强区域经济合作,并首次载入"人类命运共同体"理念。从领域来看,专业领域对接合作如数字丝路、标准化合作、税收合作、法治合作、能源合作、农业合作、海事合作都在有序推进。

二是设施联通:基础设施互联互通是"一带一路"建设的优先方向。在尊重相关国家主权和安全关切的基础上,沿线国家正在加强基础设施建设规划、技术标准体系的对接,共同推进国际骨干通道建设,逐步形成连接亚洲各次区域以及亚欧非之间的,以铁路、公路、航运、航空、管道、空间综合信息网络等为核心的全方位、多层次、复合型基础设施网络,将有助于区域间商品、资金、信息、技术等交易成本降低,促进跨区域资源要素的有序流动和优化配置。目前,"一带一路"国际经济走廊建设、基础设施互联互通项目进展顺利有序,取得显著成效,同时在建设中还充分考虑气候变化影响,强化基础设施绿色低碳化建设和运营管理。

三是贸易畅通:投资贸易合作是"一带一路"建设的重点内容。涉及投资贸易便利化问题,消除投资和贸易壁垒,构建区域内和各国良好的营商环境,积极同沿线国家和地区共同商建自由贸易区,激发释放合作潜力,做大做好合作"蛋糕"。一方面,贸易与投资自由化便利化水平不断提升。中国发起《推进"一带一路"贸易畅通合作倡议》,沿线各国海关检验检疫合作不断深化。中国进一步放宽外资准入领域,营造高标准的国际营商环境,设立了面向全球开放的21个自由贸易试验区和海南自由贸易港,[①]与沿线国家的自由贸易区网络体系逐步形成。另一方面,"一带一路"沿线的贸易规模持续扩大,贸易方式不断推陈出新。中国与沿线国家的货物贸易与服务贸易稳步增长,跨境电子商务等新业态、新模式正成为推动贸易畅通的重要新生力量。

四是资金融通:资金融通是"一带一路"建设的重要支撑。国际多边金融机构以及各类商业银行不断探索创新投融资模式,积极拓宽多样化融资渠道,为共建"一带一路"提供稳定、透明、高质量的资金支持。其一,探索新型国际投融资模式,沿线基础设施建设和产能合作潜力巨大,融资缺口亟待弥补。各国主权基金和投资基金发挥越来越重要的作用。近年来,阿联酋阿布扎比投资局、中国投资有限责任公司等主权财富基金对沿线国家主要新兴经济体投资规模显著增加。其二,多边金融合作支撑作用显现。中国财政部与阿根廷、俄罗斯、印度尼西亚、英国、新加坡等 27 国财政部核准了《"一带一路"融资指导原则》。中国人民银行与世界银行集团下属的国际金融公司、泛美开发银行、非洲开发银行和欧洲复兴开发银行等多边开发机构开展联合融资。2018 年 7 月、9 月,中国—阿拉伯国家银行联合体、中非金融合作银行联合体成立,建立了中国与阿拉伯国家之间、非洲国家之间的首个多边金融合作机制。其三,各类金融机构合作水平不断提升,金融市场体系建设日趋完善,金融互联互通不断深化。人民币国际支付、投资、交易、储备功能稳步提高,人民币跨境支付系统(CIPS)业务覆盖范围不断扩展。

五是民心相通:民心相通是"一带一路"建设的社会根基。传承和弘扬丝绸之路友好合作精神,广泛开展文化交流、学术往来、人才交流合作、媒体合作、青年和妇女交往、志愿者服务等。一方面,建立"二轨"对话机制。中国与沿线国家通过政党、议会、智库、地方、民间、工商界、媒体、高校等"二轨"交往渠道,围绕共建"一带一路"开展形式多样的沟通、对话、交流、合作。中国组织召开了中国共产党与世界政党高层对话会,就共建"一带一路"相关议题深入交换意见。中国与相关国家先后组建了"一带一路"智库合作联盟、丝路国际智库网络、高校智库联盟等。英国、日本、韩国、新加坡、哈萨克斯坦等国都建立了"一带一路"研究机

---

① 《中国已设立 21 个自贸试验区及海南自贸港,为高水平对外开放"探路"——这一年,自贸试验区干得咋样?》,中国政府网,http://www.gov.cn/xinwen/2021-12/28/content_5664885.htm,2021 年 12 月 28 日。

构,举办了形式多样的论坛和研讨会。中外高校合作设立了"一带一路"研究中心、合作发展学院、联合培训中心等,为共建"一带一路"培养国际化人才。中外媒体加强交流合作,通过举办媒体论坛、合作拍片、联合采访等形式,提高了共建"一带一路"的国际传播能力,让国际社会及时了解共建"一带一路"相关信息。另一方面,形式多样的文化交流、教育交流、旅游合作、卫生健康合作不断深化,救灾、援助与扶贫持续推进,增进了相互理解和认同,为共建"一带一路"奠定了坚实的民意基础。

(六)"六"是"六廊六路多国多港"的主体框架

"六廊",即六大国际经济合作走廊。具体为:

第一个经济走廊是新亚欧大陆桥。20世纪90年代,联合国教科文组织、联合国计划开发署提出了"丝绸之路"的复兴计划和欧亚大陆桥的概念。当时有3个欧亚大陆桥:从海参崴到鹿特丹、从连云港到鹿特丹、从昆明到鹿特丹。在"一带一路"倡议提出以来,新亚欧大陆桥经济走廊区域合作日益深入,将开放包容、互利共赢的伙伴关系提升到新的水平,有力推动了亚欧两大洲经济贸易交流。

第二个经济走廊是中蒙俄经济走廊。中蒙俄三国积极推动形成以铁路、公路和边境口岸为主体的跨境基础设施联通网络。2018年,三国签署《关于建立中蒙俄经济走廊联合推进机制的谅解备忘录》,进一步完善了三方合作工作机制。中俄同江—下列宁斯阔耶界河铁路桥、黑河—布拉戈维申斯克界河公路桥、中蒙俄(二连浩特)跨境陆缆系统等项目均如期进展。

第三个经济走廊是中国—中亚—西亚经济走廊。这条经济走廊在能源合作、设施互联互通、经贸与产能合作等领域合作不断加深。中国与中亚、西亚地区基础设施建设不断完善,如与哈萨克斯坦、乌兹别克斯坦、土耳其等国签署的双边国际道路运输协定,以及中巴哈吉、中哈俄、中吉乌等多边国际道路运输协议或协定。中国—沙特投资合作论坛围绕共建"一带一路"倡议与沙特"2030愿景"进行产业对接;中国与伊朗发挥在各领域的独特优势,加强涵盖道路、基础设施、能源等领域的对接合作。

第四个经济走廊是中国—中南半岛经济走廊。该走廊在基础设施互联互通、跨境经济合作区建设等方面取得积极进展。泰国的罗勇工业园、柬埔寨的西哈努克港、老挝的赛色塔综合开发区、马来西亚的马中关丹产业园区、印度尼西亚的印尼—中国综合园区等,都是中国在境外的重点产业园区。中国—东盟(10+1)合作机制、澜湄合作机制、大湄公河次区域经济合作(GMS)发挥的积极作用越来越明显。

第五个经济走廊是中巴经济走廊,这是"一带一路"的旗舰项目,以能源、交通基础设施、产业园区合作、瓜达尔港为重点的合作布局展开,双方都高度重视。它从新疆喀什经红其拉甫山口到达瓜达尔港,分为东线、中线、西线。中国与巴基斯坦组建了中巴经济走廊联合合作委员会,建立了定期会晤机制。一批项目顺利推进,瓜达尔港疏港公路、白沙瓦至卡拉奇高速公路(苏库尔至木尔坦段)、喀喇昆仑公路升级改造二期(哈维连—塔科特段)、拉合尔轨道交通橙线、卡西姆港1 320兆瓦电站等重点项目开工建设,部分项目已发挥效益。中巴经济走廊正在开启第三方合作,更多国家已经或有意愿参与其中。

第六个是孟中印缅经济走廊。这一倡议是2013年5月时任国务院总理李克强访问印度期间提出,得到了印度、孟加拉国、缅甸三国的积极响应。该倡议对深化四国间友好合作关系,建立东亚与南亚两大区域互联互通有重要意义。孟中印缅四方在联合工作组框架下共同推进走廊建设,在机制和制度建设、基础设施互联互通、贸易和产业园区合作、国际金融开放合作、人文交流与民生合作等方面研拟并规划了一批重点项目,如中缅油气管道、缅甸皎漂工业园与深水港等。

"六路":公路、铁路、航运、航空、管道、空间综合信息网络,是基础设施互联互通的主要内容。

"多国":一批先期合作国家,争取示范效应,体现合作成果。

"多港":共建一批重要港口和节点城市,繁荣海上合作。

以上,即为涵盖"一带一路"主要内容的六大方面。随着时间推移和各方共同努力,共建"一带一路"会走深走实,行稳致远,成为和平之路、繁荣之路、开放之路、绿色之路、创新之路、文明之路、廉洁之路,推动经济全球化朝着更加开放、包容、普惠、平衡、共赢的方向发展。①

三、"一带一路"高质量发展

当前,百年变局和新冠疫情交织叠加,世界进入动荡变革期,不稳定性不确

---

① 《共建"一带一路"倡议:进展、贡献与展望》,新华网,http://www.xinhuanet.com/world/2019-04/22/c_1124400071.htm,2019年4月22日。

定性显著上升。同时,世界多极化趋势没有根本改变,经济全球化展现出新的韧性,维护多边主义、加强沟通协作的呼声更加强烈。经历共同抗击新冠疫情,各国人民更加清晰地认识到,各国命运紧密相连,人类是同舟共济的命运共同体。无论是应对疫情,还是恢复经济,都要走团结合作之路,都应坚持多边主义。促进互联互通、坚持开放包容,是应对全球性危机和实现长远发展的必由之路,共建"一带一路"在架构完善后,更要以高质量发展破解世界面临的难题。

"一带一路"倡议,最根本的落脚点是为相关国家人民谋福祉、谋幸福,使当地民众能够从"一带一路"建设中得到实实在在的好处。2021年4月,习近平主席在博鳌亚洲论坛2021年年会开幕式上的视频主旨演讲中强调,我们将本着开放包容精神,同愿意参与的各相关方共同努力,把"一带一路"建成"减贫之路""增长之路",为人类走向共同繁荣作出积极贡献。中国倡导与世界各国共建"一带一路",就是基于自身发展经验,在贯彻我国的创新、协调、绿色、开放、共享新发展理念下,支持和帮助共建国家加快公路、铁路、港口、机场、发电厂、通信网络等基础设施建设,并在此基础上加强产业园区、制造业等建设,快速实现国家经济结构的转型升级发展,加快推进国家现代化进程。这一发展阶段需要大量的资金支持,而发展中国家往往都面临资金短缺。因此,在共建"一带一路"国际合作框架下,中国既为共建国家提供条件优惠的融资,同时对这些国家开放市场,为共建国家提供了一种强有力的新动能,创造了经济发展的新机遇。

面临重要机遇和日趋复杂的国际环境,怎样才能抓住机遇、应对挑战、趋利避害,推动共建"一带一路"沿着高质量发展方向不断前进?习近平总书记2021年11月19日在第三次"一带一路"建设座谈会上,从"夯实发展根基""稳步拓展合作新领域""更好服务构建新发展格局""全面强化风险防控""强化统筹协调"等方面,提出一系列必须抓好的重点工作:要完整、准确、全面贯彻新发展理念,以高标准、可持续、惠民生为目标,巩固互联互通合作基础,拓展国际合作新空间,扎牢风险防控网络,努力实现更高合作水平、更高投入效益、更高供给质量、更高发展韧性。概括来说,习近平主席从三个方面提出了高质量共建"一带一路"的系统思想,即:秉承共商、共建、共享原则;坚持绿色、开放、廉洁理念;实现高标准、惠民生、可持续目标,为继续推动共建"一带一路"高质量发展指明了方向和路径,彰显了我国坚定不移扩大高水平开放、坚定不移推动共建"一带一路"高质量发展的决心和信心,体现了我国通过共建"一带一路"推动新冠疫情后全球经济复苏和构建人类命运共同体的大国担当。

推动高质量共建"一带一路",就是要使更多国家和人民获得发展机遇和实惠。要夯实发展根基,深化政治互信,推动把政治共识转化为具体行动、把理念认同转化为务实成果;深化互联互通,完善陆、海、天、网"四位一体"互联互通布局,为促进全球互联互通做增量;深化贸易畅通,提高贸易和投资自由化便利化水平,促进贸易均衡共赢发展;深化资金融通,健全多元化投融资体系;深化人文交流,形成多元互动的人文交流大格局。要稳步拓展合作新领域,稳妥开展健康、绿色、数字、创新等新领域合作,加强抗疫国际合作,支持发展中国家能源绿色低碳发展、深化生态环境和气候治理合作,发展"丝路电商"、构建数字合作格局,实施好科技创新行动计划,打造开放、公平、公正、非歧视的科技发展环境。要优质打造标志性工程,其中民生工程是快速提升共建国家民众获得感的重要途径,要加强统筹谋划,形成更多接地气、聚人心的合作成果。要全面强化风险防控,探索建立境外项目风险的全天候预警评估综合服务平台,加强海外利益保护、国际反恐、安全保障等机制的协同协作,统筹推进疫情防控和共建"一带一路"合作,全力保障境外人员生命安全和身心健康。[①]

在2023年"一带一路"10周年之际,国新办《共建"一带一路":构建人类命运共同体的重大实践》白皮书指出,作为负责任的发展中大国,中国将继续把共建"一带一路"作为对外开放和对外合作的管总规划,作为中国与世界实现开放共赢路径的顶层设计,实施更大范围、更宽领域、更深层次的对外开放,稳步扩大规则、规制、管理、标准等制度型开放,建设更高水平开放型经济新体制,在开放中实现高质量发展,以中国新发展为世界提供新机遇。中国愿加大对全球发展合作的资源投入,尽己所能支持和帮助发展中国家加快发展,提升新兴市场国家和发展中国家在全球治理中的话语权,为促进世界各国共同发展作出积极贡献。中国真诚欢迎更多国家和国际组织加入共建"一带一路"大家庭,乐见一切真正帮助发展中国家建设基础设施、促进共同发展的倡议,共同促进世界互联互通和全球可持续发展。

面向下一个金色10年,我们提出了与世界各国共同实现现代化的行动方向,也明确了高质量共建"一带一路"的发展思路、原则理念、发展目标和重点领

---

① 《推动共建"一带一路"高质量发展不断取得新成效——论学习贯彻习近平总书记在第三次"一带一路"建设座谈会上重要讲话》,《人民日报》2021年11月23日。

域。在行动方向上,习近平主席宣布了包括构建"一带一路"立体互联互通网络、支持建设开放型世界经济、开展务实合作、促进绿色发展、推动科技创新、支持民间交往、建设廉洁之路、完善"一带一路"国际合作机制等中国支持高质量共建"一带一路"的八项行动。[①] 在发展思路上,主要是"5个统筹",即:统筹继承和创新、统筹政府和市场、统筹双边和多边、统筹规模和效益、统筹发展和安全。在原则理念上,主要是"3个坚持",即:坚持共商共建共享、坚持开放绿色廉洁、坚持高标准惠民生可持续的重要指导原则。在发展目标上,主要是"5个目标",即:互联互通网络更加畅通高效,各领域务实合作迈上新台阶,共建国家人民获得感、幸福感进一步增强,中国更高水平开放型经济新体制基本形成,人类命运共同体理念日益深入人心。在重点领域上,主要是"6个方面",即:政策沟通、设施联通、贸易畅通、资金融通、民心相通和绿色、数字、创新、健康等新领域合作。[②]

在高质量共建"一带一路"的道路上,每一个共建国家都是平等的参与者、贡献者、受益者。中国愿与各方一道,坚定信心、保持定力,继续本着共商、共建、共享的原则,推进共建"一带一路"国际合作,巩固合作基础,拓展合作领域,做优合作项目,共创发展新机遇、共谋发展新动能、共拓发展新空间、共享发展新成果,建设更加紧密的卫生合作伙伴关系、互联互通伙伴关系、绿色发展伙伴关系、开放包容伙伴关系、创新合作伙伴关系、廉洁共建伙伴关系,推动共建"一带一路"高质量发展,为构建人类命运共同体注入新的强大动力。

第二节 打造全球伙伴关系网络

一、中国伙伴关系的整体布局

20世纪90年代,中国开始探索伙伴关系模式初期,侧重以经济贸易为主要导向,主要涉及世界上最重要的国际行为体,但在广泛程度和战略高度上比较有

---

① 《习近平在第三届"一带一路"国际合作高峰论坛开幕式上的主旨演讲(全文)》,求是网,http://www.qstheory.cn/yaowen/2023-10/18/c_1129922748.htm,2023年10月18日。
② 推进"一带一路"建设工作领导小组办公室:《坚定不移推进共建"一带一路"高质量发展走深走实的愿景与行动——共建"一带一路"未来十年发展展望》,2023年11月24日。

限。21世纪以来,中国的伙伴关系进入井喷期,对既有伙伴关系也在逐渐提质升级,周边国家、重要经贸伙伴和在地区发挥关键作用的国家成为主要战略方向,中国伙伴关系的范围、深度和建设途径等均得以深化和创新。党的十八大以来,中国特色大国外交积极进取,构建了全方位、多层次和立体化的全球伙伴关系网络。在伙伴关系的框架中,中国将不同社会制度、不同发展模式、不同价值文化的国家和地区一视同仁、平等相待,旨在互利共赢、共同繁荣。中国的伙伴关系网络的整体布局,在结构上呈现双边—多边—全球的类别,在定位上涵盖战略型、合作型、友好型等不同层级,在内容上涉及经济、安全、人文等领域。

(一)结构分类

新时代中国特色大国外交成功打造出多层次的全球伙伴关系网络。在我国全方位、多层次、立体化的外交布局下,截至2024年1月25日,与中国建交的国家已达183个。如表2-1所示,截至2023年12月1日,我们与110个国家与16个国家集团/国际组织建立了共计126对各种形式的伙伴关系。

在"大国是关键、周边是首要、发展中国家是基础、多边是重要舞台"的框架下,我国的伙伴关系网络的分类大致如下。

一是在大国关系中,中国积极构建总体稳定、均衡发展的大国关系框架。中俄全面战略协作伙伴关系保持高水平运行,双方建立了高度的政治和战略互信、健全的高层交往和各领域合作机制,各自发展战略实现对接,两国合作成为地区合作的重要引擎。在中欧合作过程中,双方致力于打造和平、增长、改革、文明四大伙伴体系,以中欧班列为代表的中国—中东欧"16+1合作"驶入升级加速的快车道。值得注意的是,中国积极同美国发展"不冲突不对抗、相互尊重、合作共赢"的新型大国关系(2012),同日本建立了战略互惠关系(2008),尽管不属于"伙伴"[①],但是中国在与发达国家间合作协调上一直保持着积极的姿态。

二是在周边国家关系中,中国践行"亲诚惠容"理念和"与邻为善、以邻为伴,睦邻、安邻、富邻"的外交方针,不断拓展周边外交的内涵,打造大周边外交,倡导建设周边命运共同体。中国已经和东南亚、东北亚、中亚、南亚等多个周边国家和地区组织建立了不同形式的战略伙伴关系,积极开展双边和区域自贸区建设,发展区域全面经济伙伴关系,并且倡议中国—东盟命运共同体、东亚共同体等,

---

① 本书所列举的110个双边伙伴关系国家中,不包含美国和日本。

丰富周边命运共同体的建设。中国致力于中国—东盟全面战略伙伴关系（2021），与东盟的互利合作不断取得新进展。随着基础设施等方面合作的加强，中国扩大了南亚"朋友圈"。此外，中国同所有中亚国家建立了全面战略伙伴关系和双边命运共同体，中亚各国都已成为"一带一路"倡议的响应者和建设者。随着印度、巴基斯坦两个新成员加入，上海合作组织已经成为世界上面积最大、覆盖人口最多的区域合作组织，中国同上合组织成员国的合作也迈上了新台阶。

三是在发展中国家关系中，中国重视正确义利观和在"真实亲诚"理念指引下的南南合作，维护中国与发展中国家的传统友谊，发挥优势互补，共同面向未来，尊重多元文明。其中，中阿战略伙伴关系、中非全面战略合作伙伴关系以及中拉全面合作伙伴关系[1]都是伙伴关系网络的重要建设依托。

四是在多边外交中，中国在区域合作拓展伙伴关系网络之外，也积极遵循共商、共建、共享原则，不断拓展全球治理平台。随着综合国力的不断提高，中国日益走近世界舞台中央，世界期待中国在全球治理中发挥更大作用。通过成功举办"一带一路"国际合作高峰论坛、亚太经合组织领导人非正式会议、二十国集团领导人杭州峰会、金砖国家领导人厦门会晤、亚信峰会等多场重要国际会议，中国为解决世界面临的难题提供了中国方案，有力发出了中国声音，在国际体系中的影响力、感召力、塑造力进一步提升。

五是除了中央政府所代表的国家主体间双边与多边的伙伴关系，我国的政党、人大、政协与地方政府、各级部门也参与了全球伙伴关系网络的构建，在对外交流中展开了积极沟通和友好合作。在2021年中国共产党成立100周年之际，170多个国家的600多个政党和政治组织等发来1 500多封贺电贺信，表达对中国共产党的友好情谊和美好祝愿。[2] 全国人大对外交往工作积极开展，人民政协在世界各国广交朋友、广结善缘。地方交往层面，截至2017年底，中国的31个省份和478个城市与五大洲135个国家的513个省和1 607个城市建立了2 470对友好城市（省州）关系。[3]

---

[1] 拉美国家中，巴拿马并未列入本书统计中。但是，中国驻巴拿马大使魏强2022年6月13日在当地主流媒体《星报》发表的署名文章《回顾建交五载，展望美好未来》指出，中国视巴拿马为不可或缺的伙伴，此外，两国还是"一带一路"天然合作伙伴。
[2] 《习近平在中国共产党与世界政党领导人峰会上的主旨讲话（全文）》，求是网，http://www.qstheory.cn/yaowen/2021-07/06/c_1127628756.htm，2021年7月6日。
[3] 高飞：《改革开放40年中国外交的历程与启示》，《当代世界》2018年第5期，第19页。

(二) 定位层级

如表2-1所示,我国的伙伴关系包含多种不同定位,且不同层级的合作内容不尽相同。

表2-1 中国的伙伴关系一览表

伙伴关系层级		国　　家	国家集团/国际组织
新时代全面战略协作伙伴关系		俄罗斯(2019)	
战略合作伙伴关系	全天候战略合作伙伴关系	巴基斯坦(2015)	
	全面战略合作伙伴关系	柬埔寨(2010)、老挝(2009)、缅甸(2011)、泰国(2012)、越南(2008)、刚果(布)(2016)、莫桑比克(2016)、塞拉利昂(2016)、塞内加尔(2016)、肯尼亚(2017)、津巴布韦(2018)、纳米比亚(2018)、坦桑尼亚(2022)、刚果(金)(2023)、赞比亚(2023)	非洲联盟(2015)
	面向发展与繁荣的世代友好的战略合作伙伴关系	尼泊尔(2019)	
	真诚互助、世代友好的战略合作伙伴关系	斯里兰卡(2013)	
	战略合作伙伴关系	韩国(2008)、阿富汗(2012)、孟加拉国(2016)、文莱(2018)、苏里南(2019)	
全天候战略伙伴关系		埃塞俄比亚(2023)①	
全方位战略伙伴关系		德国(2014)	
全面战略伙伴关系	永久全面战略伙伴关系	哈萨克斯坦(2019)	
	全天候全面战略伙伴关系	白俄罗斯(2022)	

---

① 2023年10月17日,中埃塞关系由全面战略合作伙伴关系提升为全天候战略伙伴关系。

续　表

伙伴关系层级		国　　家	国家集团/国际组织
全面战略伙伴关系	面向21世纪全球全面战略伙伴关系	英国(2015)	
	紧密持久的全面战略伙伴关系	法国(2014)	
	稳定、友好、长期、持续发展的全面战略伙伴关系	意大利(2004)	
	相互尊重、共同发展的全面战略伙伴关系	巴布亚新几内亚(2018)、斐济(2018)、库克群岛(2014)、密克罗尼西亚联邦(2018)、纽埃(2014)、萨摩亚(2014)、汤加(2014)、瓦努阿图(2018)、所罗门群岛(2023)	
	新时代全面战略伙伴关系	吉尔吉斯斯坦(2023)[①]、乌兹别克斯坦(2023)[②]	
	全面战略伙伴关系	葡萄牙(2005)、西班牙(2005)、希腊(2006)、丹麦(2008)、南非(2010)、巴西(2012)、秘鲁(2013)、墨西哥(2013)、马来西亚(2013)、印度尼西亚(2013)、阿尔及利亚(2014)、蒙古国(2014)、埃及(2014)、阿根廷(2014)、委内瑞拉(2014)、澳大利亚(2014)、新西兰(2014)、沙特阿拉伯(2016)、伊朗(2016)、波兰(2016)、塞尔维亚(2016)、厄瓜多尔(2016)、智利(2016)、塔吉克斯坦(2017)、匈牙利(2017)、阿联酋(2018)、东帝汶(2023)、土库曼斯坦(2023)、乌拉圭(2023)	欧盟(2003)、东盟(2021)、太平洋岛国(2022)

[①] 2023年5月18日,中吉关系由全面战略伙伴关系提升为新时代全面战略伙伴关系。
[②] 2023年两国通过《中华人民共和国和乌兹别克斯坦共和国新时代全面战略伙伴关系发展规划(2023—2027)》。

续　表

伙伴关系层级		国　　家	国家集团/国际组织
战略伙伴关系	全面合作、共同发展、面向未来的战略伙伴关系		阿盟(2018)
	友好战略伙伴关系	奥地利(2018)	
	创新战略伙伴关系	瑞士(2016)	
	互惠战略伙伴关系	爱尔兰(2012)	
	平等互信、合作共赢的战略伙伴关系	哥斯达黎加(2015)	
	战略伙伴关系	加拿大（2005）、尼日利亚(2005)、安哥拉(2010)、乌克兰(2011)、卡塔尔(2014)、伊拉克(2015)、约旦(2015)、苏丹(2015)、摩洛哥(2016)、捷克(2016)、阿曼(2018)、科威特(2018)、玻利维亚(2018)、保加利亚（2019）、牙买加(2019)、塞浦路斯(2021)、叙利亚（2023）、巴勒斯坦(2023)、格鲁吉亚(2023)、贝宁(2023)、哥伦比亚(2023)	
全方位友好合作伙伴关系		比利时(2014)	
全方位高质量的前瞻性伙伴关系		新加坡(2023)①	
全面友好合作伙伴关系	面向未来的全面友好合作伙伴关系	马尔代夫(2014)	
	全面友好合作伙伴关系	罗马尼亚(2004)	
全面合作伙伴关系	平等互信、合作共赢的全面合作伙伴关系	赤道几内亚(2015)	
	开放务实的全面合作伙伴关系	荷兰(2014)	

① 由 2015 年与时俱进的全方位合作伙伴关系提升为现阶段的伙伴关系。

续 表

伙伴关系层级		国　家	国家集团/国际组织
全面合作伙伴关系	推动构建平等互信、合作共赢的全面合作伙伴关系	圣多美和普林西比(2017)	
	"相互尊重、平等互利、共同发展"的全面合作伙伴关系	特立尼达和多巴哥(2013)	
	全面合作伙伴关系	克罗地亚(2005)、利比里亚(2015)、乌干达(2019)	拉共体(2014)
面向未来的新型合作伙伴关系		芬兰(2017)	
全面伙伴关系	创新全面伙伴关系	以色列(2017)	
	新型、全面伙伴关系		亚欧会议(1996)
伙伴关系	更加紧密的发展伙伴关系	印度(2014)	
	高质量伙伴关系		金砖国家(2022)
	相互尊重、相互支持，构建平等互利伙伴关系		上海合作组织(2021)
	团结协作、发展振兴、安全稳定、文明互鉴的伙伴关系		伊斯兰合作组织(2022)
	区域全面经济伙伴关系		协定生效(2022)
	共建面向未来的亚太伙伴关系		亚太经合组织(2014)
	可持续伙伴关系		东亚峰会(2019)
	互联互通伙伴关系		亚洲合作对话(2016)
对话伙伴			环印度洋联盟(2000)、湄公河委员会(1996)
总计		110	16

中国伙伴关系网络是由局部合作到全面战略合作再到战略协作发展的网络。不同层级的伙伴关系反映了中国与不同国家在交往中有不同程度的需要。中国建立起的伙伴关系网络中国家之间实力并不均衡，在对不同类型的国家采取不同的交往方式下，维持着每对关系的平等和整体网络的协调。

根据合作程度与友好关系的亲疏，我国的伙伴关系大致分为战略性、合作型和友好型三大类。层级较高的伙伴关系，具有战略性价值，甚至可以影响国际局势和国际结构，彼此合作有助于深化外交关系。层级较低的伙伴关系尚未改变国际关系性质，彼此合作有助于加强互动联系。当然，权力和地缘是发展中国家伙伴关系的两个重要影响因素，中国的伙伴关系网络的形态取决于运用伙伴关系的目标。

1. 战略性伙伴关系

战略性伙伴关系中，最高层级是中俄新时代全面战略协作伙伴关系。"战略协作"指除"战略合作"的内容外，双方还在军事技术等方面协作互助。中俄自1996年建立平等信任、面向21世纪的战略协作伙伴关系以来，伙伴关系不断提质升级，双方政治互信牢固，在涉及彼此核心利益和重大关切问题上相互坚定支持，树立了相互尊重、公平正义、合作共赢的新型国际关系典范。2001年两国签署《中俄睦邻友好合作条约》；2011年两国提升为平等信任、相互支持、共同繁荣、世代友好的全面战略协作伙伴关系，并在2012年和2017年得到进一步深化，在2019年提升为"新时代全面战略协作伙伴关系"。

战略性的伙伴关系的重要层级由高到低分为全面战略合作伙伴关系、战略合作伙伴关系、全面战略伙伴关系和战略伙伴关系四大类，每类中会根据关系亲疏和不同侧重具体有所细分。"战略合作"意为共同讨论世界经济问题，在军事和战略方面进行合作，并在国际舞台上展开合作，例如，在全面战略合作伙伴关系中，巴基斯坦的等级最高，称为"全天候"，指的是无论国际局势如何变化，无论巴基斯坦国内局势如何变化，中巴之间的友谊不变。全面战略合作伙伴关系的国家，包括中国周边的几个东南亚国家柬埔寨（2010）、老挝（2009）、缅甸（2011）、泰国（2012）、越南（2008），以及非洲发展中国家，包括非洲联盟整体（2015）和特定非洲国家埃塞俄比亚（2017）、刚果（布）（2016）、津巴布韦（2018）、肯尼亚（2017）、莫桑比克（2016）、纳米比亚（2018）、塞拉利昂（2016）、塞内加尔（2016）、坦桑尼亚（2022）、刚果（金）（2023）、赞比亚（2023）等，这些国家与中国既在政治、安全等高级政治领域,又在经济、人文等非核心领域进行全面合作;而没有冠以"全面"的其他战略合作伙伴关系国家,也以中国的周边国家为主,如尼泊尔(2019)、斯里兰卡(2013)、阿富汗(2012)、韩国(2008)、孟加拉国(2016)、文莱(2018)、苏里南(2019)等,尽管合作领域不一定是牵涉方方面面的,但是双方对彼此的优先等级都是摆在战略高度的。以上这些国家,大部分又是我国的周边邻国,印证了周边命运共同体不断落地生根,中国—东盟命运共同体持续推进,中非命运共同体正在向更高水平迈进。

全面战略伙伴关系和战略伙伴关系没有冠以"合作"一词,这些国家多为中国的"大周边"国家,在合作层级上尚未达到如上一级那般密切,彼此间某些问题可能存在差异,但是并没有否认其战略价值,依然是重要的战略伙伴。其中,中国和欧盟(2003)、东盟(2021)、太平洋岛国(2022)也建立了全面战略伙伴关系,和阿盟(2018)建立了全面合作、共同发展、面向未来的战略伙伴关系。

2. 合作型伙伴关系

合作型伙伴关系,包括全方位友好合作伙伴关系的比利时(2014)、新加坡(2015),全面友好合作伙伴关系的罗马尼亚(2004)、马尔代夫(2014),全面合作伙伴关系的坦桑尼亚(2013)、特立尼达和多巴哥(2013)、荷兰(2014)、东帝汶(2014)、乌干达(2019)、克罗地亚(2005)、利比里亚(2015)、赤道几内亚(2015)、圣多美和普林西比(2017)等和新型合作伙伴关系的芬兰(2017)等主权国家,以及拉共体(2014),主要强调彼此之间的合作性,这些关系战略程度有限,但地区跨度很大,在相应地区可以起到合作示范作用。

3. 友好型伙伴关系

友好型伙伴关系,如创新全面伙伴关系的以色列(2017)、更加紧密的发展伙伴关系的印度(2014)等主权国家和亚欧会议(1996)、亚太经合组织(2014)、亚洲合作对话(2016)、东亚峰会(2019)、金砖国家(2022)、上海合作组织(2021)、伊斯兰合作组织(2022)等国际组织。中国一直倡导真正的多边主义,捍卫联合国宪章的宗旨原则,维护以联合国为核心的国际体系,在捍卫国家的主权、独立和领土完整的基础上,支持与伙伴对象独立自主地探索符合本国国情的发展道路、维护自身正当发展权益和广大发展中国家的共同利益。

尽管根据不同的战略考量,伙伴关系有亲疏远近之分,但是正如王毅指出,中国构建的伙伴关系有平等性、和平性和包容性三个基本特征,同时伙伴关系并不意味着放弃原则,中国仍会坚持独立自主,决定自己的立场,做出自己的判断。[①] 通过伙伴关系类型的区分和界定,使得中国的伙伴关系网络呈现层次化的关系设计,使之避免扁平化,而能够以适当的方式与世界各国开展深度和广度适应的伙伴关系;与此同时,层次化也使得伙伴关系具有动态进程性,通过伙伴关系深化得以变化调整。

(三) 内容领域

1. 经济伙伴关系

中国主张共同构建全球发展伙伴关系,旨在开放中进一步探索建立以人类命运共同体为长远目标的新型经济关系,以此适应新时代全球经济发展和经济治理需要,在合作共赢促进各自发展,并维护世界经济体系的稳定。[②] 经济发展一直是中国外交的重要任务,既有"经济促外交",也有"外交促经济"的战略考量。改革开放以来,中国在开放中融入国际体系,通过与世界的经贸合作不仅为中国的和平发展打下了坚实的物质基础,也为世界上其他发展中国家实现现代化提供了可供借鉴的样板。加入WTO以来,中国关税总水平由15.3%降至7.4%,截至2024年1月,中国先后在全国范围内建立22个自由贸易试验区和海南自由贸易港,更大范围、更宽领域、更深层次对外开放进一步深化,以开放促改革、促发展成效不断显现。在双边层面,中国不断在伙伴关系框架内创新经贸合作模式、扩大利益汇合点、完善合作机制,通过政府层面的合作与支持,营建良好的外贸和投资环境,在能源、信息通信、金融、物流和劳务等重点领域和其他经济领域开展合作。在多边层面,中国努力促成与伙伴关系对象的自由贸易协定,为经贸关系的发展扫除障碍、破除壁垒,促进区域合作的实质成效。在价值理念上,中国倡导公平、开放、全面、创新的发展观,构建全球伙伴关系的合作观,践行共商、共建、共享的全球治理观,并弘扬义利合一的价值观。

2021年9月,习近平主席在第七十六届联合国大会上提出全球发展倡议,呼吁加快落实联合国《2030年可持续发展议程》,共同构建全球发展命运共同体。2022年6月24日,中国举办了以"构建新时代全球发展伙伴关系,携手落

[①] 王毅:《中国"全球伙伴关系网"基本成形》,人民网,http://politics.people.com.cn/n/2014/1225/c70731-26270816.html,2014年12月25日。

[②] 王宝珠、王琳、王利云:《新型国际经济关系:理论逻辑与中国贡献》,《经济学家》2020年第4期,第48—56页。

实《2030年可持续发展议程》"为主题的全球发展高层对话会。会上,习近平主席作了题为《构建高质量伙伴关系 共创全球发展新时代》的讲话:"我们要共同培育全球发展新动能。创新是发展的第一动力。我们要推进科技和制度创新,加快技术转移和知识分享,推动现代产业发展,弥合数字鸿沟,加快低碳转型,推动实现更加强劲、绿色、健康的全球发展。合作才能办成大事,办成好事,办成长久之事。发达国家要履行义务,发展中国家要深化合作,南北双方要相向而行,共建团结、平等、均衡、普惠的全球发展伙伴关系,不让任何一个国家、任何一个人掉队。要支持联合国在全球发展合作中发挥统筹协调作用,鼓励工商界、社会团体、媒体智库参与全球发展合作。"①全球发展倡议以"六个坚持"为主要内容,即:坚持发展优先、坚持以人民为中心、坚持普惠包容、坚持创新驱动、坚持人与自然和谐共生、坚持行动导向,重点聚焦减贫、粮食安全、抗疫和疫苗、发展筹资、气候变化和绿色发展、工业化、数字经济、互联互通等八大领域国际合作,为促进世界可持续发展注入稳定性和正能量。

中国正大力建设共同发展的对外开放格局,构建面向全球的自由贸易区网络。中国已和毛里求斯、格鲁吉亚、韩国、冰岛、秘鲁、新加坡、智利、巴基斯坦、柬埔寨、马尔代夫、澳大利亚、瑞士、哥斯达黎加、新西兰等国家签署了《自由贸易协定》,升级了中国—东盟("10+1")全面经济合作框架协议,②签署《区域全面经济伙伴关系协定》(RCEP)、正在推动亚太自由贸易区建设和《中欧全面投资协定》(CAI)落地,以及推动加入《全面与进步跨太平洋伙伴关系协定》(CPTPP)和《数字经济伙伴关系协定》(DEPA)。中国一直坚持走和平发展道路和互利共赢的开放战略。正如习近平主席所说:"开放带来进步,封闭必然落后。中国开放的大门不会关闭,只会越开越大。"③面对全球"发展赤字"和"治理赤字",中国不搞排他性、碎片化的小圈子,不会通过人民币贬值来提升贸易竞争力,更不会主动打货币战和贸易战。

中国正在构建全球互联互通伙伴关系。"一带一路"倡议提出后,各方积极推进政策沟通、设施联通、贸易畅通、资金融通、民心相通,启动了大批务实合作、

---

① 《习近平在全球发展高层对话会上的讲话(全文)》,外交部官网,http://infogate.fmprc.gov.cn/web/zyxw/202206/t20220624_10709711.shtml,2022年6月24日。
② 根据中国自由贸易区服务网(http://fta.mofcom.gov.cn/)整理。
③ 习近平:《决胜全面建成小康社会 夺取新时代中国特色社会主义伟大胜利——在中国共产党第十九次全国代表大会上的报告》,人民出版社2017年版,第34页。

造福民众的项目,构建起全方位、复合型的互联互通伙伴关系。基础设施的互联互通是硬联通,机制和人文的互联互通则是软联通。推动全方位互联互通需要硬联通和软连联通共同发力,促进互联互通走深走实。各国可以深化智能制造、数字经济等前沿领域合作,实施创新驱动发展战略;扩大市场开放,提高贸易和投资便利化程度,做到物畅其流;建设多元化融资体系和多层次资本市场;广泛开展内容丰富、形式多样的人文交流,实施更多民生合作项目,促进全方位的互联互通,形成基建引领、产业集聚、经济发展、民生改善的综合效应。

中国还在追求绿色发展伙伴关系。绿色合作框架,加强绿色基建、绿色能源、绿色交通、绿色金融等一系列举措,发起"一带一路"绿色发展伙伴关系倡议,完善"一带一路"绿色发展国际联盟、"一带一路"绿色投资原则等多边合作平台,让绿色切实成为共建"一带一路"的底色。中国还大力支持发展中国家能源绿色低碳发展,推进绿色低碳发展信息共享和能力建设,承诺不再新建境外煤电项目。面对全球环境治理前所未有的困难,绿色"一带一路"推动构建公平合理、合作共赢的全球环境治理体系,联合打造绿色国际公共产品,让良好生态环境成为全球经济社会可持续发展的支撑。[1] 目前,中国已与联合国环境规划署签署《关于建设绿色"一带一路"的谅解备忘录(2017—2022)》,与30多个国家及国际组织签署环保合作协议,与31个国家共同发起"一带一路"绿色发展伙伴关系倡议,与超过40个国家的150多个合作伙伴建立"一带一路"绿色发展国际联盟,与32个国家建立"一带一路"能源合作伙伴关系。[2]

2. 安全伙伴关系

2019年国务院发布的《新时代的中国国防》白皮书中正式提出安全伙伴关系概念,推动构建平等互信、合作共赢的新型安全伙伴关系。

在全球层面,安全伙伴关系网络可以促进安全合作机制的实现,中国致力于营造平等互信、公平正义、共建共享的国际安全格局。中国军队坚持共同、综合、合作、可持续的安全观,秉持正确义利观,积极参与全球安全治理体系改革,深化双边和多边安全合作,促进不同安全机制间协调包容、互补合作。中国军队坚持履行国际责任和义务,始终高举合作共赢的旗帜,在力所能及的范围内向国际社

---

[1] 梁昊光、张耀军:《"一带一路"高质量发展是世界经济的稳定力量》,《光明日报》2022年7月4日。
[2] 此外,我国与"一带一路"共建国家还旨在营造更紧密的卫生合作伙伴关系、互联互通伙伴关系、绿色发展伙伴关系、开放包容伙伴关系、创新合作伙伴关系、廉洁共建伙伴关系等。

会提供更多公共安全产品,积极参加国际维和、海上护航、人道主义救援等行动,加强国际军控和防核扩散合作,建设性参与热点问题的政治解决,共同维护国际通道安全,合力应对恐怖主义、网络安全、重大自然灾害等全球性挑战,积极为构建人类命运共同体贡献力量。

在地区层面,中国致力于依托多边平台建立地区安全合作架构。例如,在周边地区,中国致力于通过复合的区域安全合作机制,深化军事伙伴关系,打造周边命运共同体;在亚洲,依托亚信会议,构建全亚洲的安全对话合作平台;在亚太地区,依托上海合作组织平台,构建不结盟、不对抗、不针对第三方的建设性伙伴关系,拓展防务安全领域合作,开创区域安全合作新模式。中国—东盟防长非正式会晤、东盟防长扩大会发挥积极作用,通过加强军事交流合作等途径促进相互信任。地区国家军队反恐协调机制等合作不断深化。均衡稳定、开放包容的亚洲特色安全架构不断发展。

在国家层面,中国积极发展对外建设性军事关系,形成全方位宽领域多层次军事外交新格局。截至 2019 年 7 月,中国已同 150 多个国家发展积极的军事往来,在驻外使馆(团)设有 130 个驻外武官机构,116 个国家在中国设立武官处,同 41 个国家和国际组织建立防务磋商对话机制 54 项。[①] 内容涉及高层交往、军事训练、装备技术以及反恐等安全合作和安全对话磋商机制的建设。军事外交的影响也日益扩大,维和、护航等正在成为中国负责任大国的新名片。中俄两军关系持续保持高位运行,为两国新时代全面战略协作伙伴关系不断充实新内涵,对维护全球战略稳定具有重要意义。中国着眼打造周边命运共同体,深化同周边国家军事伙伴关系,截至 2019 年 7 月,中国已经同 17 个周边国家建立防务安全磋商和工作会晤机制,沟通渠道保持畅通。[②] 中国加强同非洲、拉美和加勒比、南太平洋等地区发展中国家的军事交往,开展人员培训和中青年军官交流,帮助有关国家加强军队建设、提高防御能力。此外,中国按照不冲突、不对抗,相互尊重、合作共赢的原则,积极稳妥处理同美国的军事关系,积极发展同欧洲国家军事关系。

2022 年 4 月,习近平主席在博鳌亚洲论坛 2022 年年会开幕式上,首次提出

[①] 国务院新闻办公室:《新时代的中国国防》,中国政府网,http://www.gov.cn/zhengce/2019-07-24/content_5414325.htm,2019 年 7 月 24 日。

[②] 同上。

全球安全倡议,其内涵是"六个坚持",即:坚持共同、综合、合作、可持续的安全观是理念指引;坚持尊重各国主权、领土完整是基本前提;坚持遵守联合国宪章宗旨和原则是根本遵循;坚持重视各国合理安全关切是重要原则;坚持通过对话协商以和平方式解决国家间的分歧和争端是必由之路;坚持统筹维护传统领域和非传统领域安全是应有之义。2023年2月,中国发布《全球安全倡议概念文件》,阐释该倡议的以上核心理念和原则,明确20项重点合作方向和5类平台机制。

我们倡导以团结精神适应深刻调整的国际格局,以共赢思维应对复杂交织的安全挑战,旨在消弭国际冲突根源、完善全球安全治理,推动国际社会携手为动荡变化的时代注入更多稳定性和确定性,通过探索构建不设假想敌、不针对第三方、具有包容性和建设性的安全伙伴关系,推动构建人类命运共同体。

3. 人文伙伴关系

2023年3月15日,习近平主席在中国共产党与世界政党高层对话会上,提出全球文明倡议,通过政党这一文明交流互鉴的重要渠道,向全世界发出深入推动文明交流对话、包容互鉴促进人类文明进步的真挚呼吁。"全球文明倡议"以四个"共同倡导"作为核心理念:共同倡导尊重世界文明多样性,坚持文明平等、互鉴、对话、包容,以文明交流超越文明隔阂、文明互鉴超越文明冲突、文明包容超越文明优越,这是推动文明交流和发展的基本前提;共同倡导弘扬全人类共同价值,和平、发展、公平、正义、民主、自由是各国人民的共同追求,要以宽广胸怀理解不同文明对价值内涵的认识,不将自己的价值观和模式强加于人,不搞意识形态对抗,这是推动文明交流和发展的根本遵循;共同倡导重视文明传承和创新,充分挖掘各国历史文化的时代价值,推动各国优秀传统文化在现代化进程中实现创造性转化、创新性发展,这是推动文明交流和发展的强大动力;共同倡导加强国际人文交流合作,探讨构建全球文明对话合作网络,丰富交流内容,拓展合作渠道,促进各国人民相知相亲,共同推动人类文明发展进步,这是推动文明交流和发展的重要途径。四者各有侧重,又相互支撑,形成逻辑清晰的有机统一体,揭示了文明交流和发展的基本规律,指明了人类社会新的合作前景。

世界上有200多个国家和地区、2500多个民族、多种宗教。不同历史和国情,不同民族和习俗,孕育了不同文明。文明没有高下、优劣之分,只有特色、地域之别。英国历史学家汤因比曾经将世界从古至今的文明分为了21种;美国学者塞缪尔·亨廷顿以宗教作为文明体系划分的依据,把世界文明划分为8个板块,分别为:基督教文明、伊斯兰文明、东正教文明、儒教文明、日本文明、拉美文明、佛教文明、(可能的)非洲文明。中华文明是世界四大文明之一,是其中唯一延绵至今、未曾中断的文明,在人类文明史上占有独特而重要的地位。跳出西方学者的某些狭隘偏见和刻板的归类划分,我们承认并包容世界上不同文明之间存在差异性、多样性,正如《礼记·中庸》所载"万物并育而不相害,道并行而不相悖"。在理性对待文明差异的基础上,我国提出"文明交流超越文明隔阂、文明互鉴超越文明冲突、文明共存超越文明优越"的文明交往观,并且将中外人文交流提升为中国特色大国外交的三大支柱之一,搭建了中外人文交流的工作体系,通过文明交流互鉴的伙伴关系构建,夯实人类命运共同体的人文基础。

在与西方文明的交往中,2014年4月我国与欧盟深化了中欧全面战略伙伴关系,中欧文明伙伴关系作为"四大伙伴关系"的内涵之一,旨在将东西方两大文明更紧密结合起来,树立不同文明和而不同、多元一体、互鉴互学、共同繁荣的典范。

在与亚洲文明的交往中,2019年5月15日,习近平主席在亚洲文明对话大会开幕式上的主旨演讲中深刻论述道:"我们要加强世界上不同国家、不同民族、不同文化的交流互鉴,夯实共建亚洲命运共同体、人类命运共同体的人文基础。"中国提出了四点主张:坚持相互尊重、平等相待;坚持美人之美、美美与共;坚持开放包容、互学互鉴;坚持与时俱进、创新发展。"亚洲人民期待一个开放融通的亚洲","亚洲近几十年快速发展,一条十分重要的经验就是敞开大门,主动融入世界经济发展潮流。如果各国重新回到一个个自我封闭的孤岛,人类文明就将因老死不相往来而丧失生机活力。亚洲各国人民希望远离封闭、融会通达,希望各国秉持开放精神,推进政策沟通、设施联通、贸易畅通、资金融通、民心相通,共同构建亚洲命运共同体、人类命运共同体。"[1]

在与伊斯兰文明的交往中,2022年3月,国务委员兼外长王毅在伊斯兰合作组织外长理事会第48次会议开幕式上,提出中国愿同伊斯兰国家建设四个伙伴关系:团结协作的伙伴、发展振兴的伙伴、安全稳定的伙伴、文明互鉴的伙伴,[2]弘扬

---

[1] 习近平:《深化文明交流互鉴 共建亚洲命运共同体——在亚洲文明对话大会开幕式上的主旨演讲》,新华网,http://www.xinhuanet.com/politics/leaders/2019-05/15/c_1124497022.htm,2019年5月15日。
[2] 王毅:《中国愿同伊斯兰国家建设四个伙伴关系》,人民网,http://world.people.com.cn/n1/2022/0322/c1002-32381381.html,2022年3月22日。

和平、发展、公平、正义、民主、自由的全人类共同价值,反对以意识形态划线制造分裂对抗;反对"文明优越论",反对"文明冲突论",反对对非西方文明的歪曲和抹黑;深化预防性反恐和去极端化合作,抵制反恐"双重标准",反对将恐怖主义同特定民族宗教挂钩。

我国还搭建了全面的中外人文交流机制。2000年11月,中俄两国在总理定期会晤机制框架内成立中俄教文卫体合作委员会(2007年更名为中俄人文合作委员会)。此后,我国陆续建立了十大高级别中外人文交流机制,包括中美(2010年5月)、中英(2012年4月)、中欧(2012年4月)、中法(2014年9月)、中印尼(2015年5月)、中南非(2017年4月)、中德(2017年5月)、中印(2018年12月)及中日(2019年11月)人文交流机制。这些机制覆盖了联合国安理会常任理事国、重要区域一体化组织和主要新兴国家、人口大国等。与我国建立人文交流机制的国家数量持续扩大,人文交流合作会议频率大幅增加,合作领域不断拓展,合作更加深入。据不完全统计,党的十八大至今,在人文交流机制下我国与合作国共开展37次高级别人文交流机制会议,包括教育、科技、环保、文化、卫生、社会发展(涵盖体育、妇女、青年、社会组织)、地方人文合作等多个领域和层面,充分发挥了高级别人文交流机制的示范带动作用。[①]

表2-2 十大中外高级别人文交流机制一览表

名　　称	内　　容
中俄人文合作委员会	2000年11月,中俄教文卫体合作委员会成立,2007年7月更名为中俄人文合作委员会。委员会下设教育、文化、卫生、体育、旅游、媒体、电影、档案、青年等领域的合作分委会。人才联合培养、高校联盟、卫生防疫、旅游投资、媒体交流工作,以及青少年运动会、文化节、电影节、档案展、青年代表团互访等各项活动有序推进
中美高级别人文交流机制	2010年5月建立。2010—2016年分别在北京和华盛顿举办7轮磋商,达成500多项合作成果,为增进两国人民的相互了解和友谊发挥了重要作用。2017年4月,习近平主席与特朗普总统在海湖庄园会晤,确立了中美社会和人文对话等对话机制;同年9月,首轮中美社会和人文对话在华盛顿举行。该对话机制合作领域涵盖教育、科技、环保、文化、卫生、社会发展和地方合作等

---

① 达巍、周武华:《人文交流:开创中国与世界关系的全新空间》,《神州学人》2022年第5期。

续 表

名　称	内　容
中英高级别人文交流机制	2012年4月建立。机制建立以来,合作领域涵盖教育、科技、文化、卫生、媒体、旅游、体育、青年、地方合作、社会平等和妇女等
中欧高级别人文交流对话机制	2012年4月建立,与中欧高级别战略对话、中欧经贸高层对话一道,形成中欧关系的三大支柱。机制建立以来,中欧形成了多层次、全方位的人文交流局面,取得了丰硕成果,为深化中欧全面战略伙伴关系发挥了重要作用,涉及的合作领域包括教育、科研人员交流、文化、媒体、体育、青年、妇女等
中法高级别人文交流机制	2014年9月建立。机制建立以来,合作领域涵盖教育、科技、文化、卫生、媒体、旅游、体育、妇女、青年、地方合作等。双方在互派留学人员、联合开展抗击埃博拉,以及第三方合作等方面迈出实质性步伐
中印尼副总理级人文交流机制	2015年5月建立,是中国与发展中国家建立的首个高级别人文交流机制,合作领域涵盖教育、科技、文化、卫生、媒体、青年、旅游和体育等,对推进中国与东盟国家,乃至"一带一路"沿线国家和地区的人文交流起到了示范和引领作用
中德高级别人文交流对话机制	2017年5月建立,与中德高级别财金对话、中德高级别安全对话机制地位平等,职能互补,是中德政府磋商的有益补充。机制建立以来,合作领域涵盖教育、文化、媒体、体育、青年等
中南高级别人文交流机制	2017年4月建立,是中国与非洲国家建立的首个高级别人文交流机制,旨在为发展和丰富现有的双边、多边合作交流机制与项目而创造新的机遇。合作领域涵盖教育、科技、文化、卫生、青年、妇女、体育、智库、媒体、旅游等
中印高级别人文交流机制	2018年12月建立。这是习近平主席和莫迪总理达成的重要共识,体现了两国领导人对中印人文交流的高度重视和深切期许,为推动中印关系全面发展搭建了新的重要平台。合作领域涵盖文化、体育、传统医药、博物馆等
中日高级别人文交流磋商机制	2019年11月建立。首次会议达成8项重要共识,包括推进影视、音乐、动漫、出版等文化产业合作及高水平艺术团交流互访;以奥运合作为纽带提升两国体育领域交流合作水平;支持新闻界开展互访和交流合作;共享推进妇女事业的经验,促进男女共同参与发展的合作等

资料来源:根据达巍、周武华的文献整理制作,参见《人文交流:开创中国与世界关系的全新空间》,《神州学人》2022年第5期。

党的十八大以来,中外人文交流蓬勃发展,呈现出高水平、宽领域、多层次的特点。我国积极开展双边多边相结合的人文交流活动,涵盖教育、科技、文化、卫生、体育、青年、旅游、新闻媒体、地方合作等领域和层面。

此外,我国还倡导建设更紧密的卫生合作伙伴关系。新冠疫情是近百年来人类生命健康面临的最严重的重大传染病威胁之一,也是人类社会进入现代发展阶段以来最大一次公共卫生危机。疫情发生以来,中国和"一带一路"合作伙伴及时分享信息、采取果断措施、开展密切合作,大家相互支援、共克时艰。中国企业已经在印度尼西亚、巴西、阿联酋、马来西亚、巴基斯坦、土耳其等共建"一带一路"伙伴国开展疫苗联合生产,并在传染病防控、公共卫生、传统医药等领域同各方拓展合作,共同护佑各国人民生命安全和身体健康。①

二、中国"一带一路"朋友圈

新时代的中国,发展范式转变肩负着双重使命,既为自己,也为世界。中国人民自力更生、艰苦奋斗,在实现自我发展的同时,为世界和平作出了贡献,为各国共同发展注入了动力。② 聚焦中国特色大国外交的理论创新和实践创新,主要有三个核心概念:一是构建人类命运共同体;二是构建新型国际关系;三是"一带一路"国际合作。③ 构建人类命运共同体是中国特色大国外交的目标和方向。构建新型国际关系是中国特色大国外交的前提和路径。共商共建共享为原则推动"一带一路"建设是我国今后相当长时期对外开放和对外合作的管总规划。

在实践上,中国特色大国外交将原来中国总体外交战略的次序重视"大国外交"的单重心调整为"大国外交"与"周边外交"的双重心,更加重视来自发展中国家的战略助力,将优先方向定为周边,将发展中国家视为依托,以"一带一路"和"伙伴关系"为手段,而"丝绸之路"作为贯穿古今的具有包容性和统摄性的公共产品,既包含周边外交的对象,又包含亚非拉发展中国家。因此,笔者认为,中国特色大国外交区别于西方大国外交和党的十八大以前中国外交的鲜明特点是重视"一带一路"朋友圈,其实践创新在于打造"一带一路"朋友圈来构建人类命运共同体的夙愿。

---

① 《习近平在博鳌亚洲论坛 2021 年年会开幕式上的视频主旨演讲(全文)》,中国政府网,http://www.gov.cn/xinwen/2021-04/20/content_5600764.htm,2021 年 4 月 20 日。
② 国务院新闻办公室:《新时代的中国与世界》白皮书,2019 年 9 月 27 日。
③ 将在第三章第二节详述。

第二章　中国特色丝路伙伴关系的实践互动

习近平主席提出要在国际和区域层面建设全球伙伴关系,走出一条"对话而不对抗,结伴而不结盟"的国与国交往新路。"要在坚持不结盟原则的前提下广交朋友,形成遍布全球的伙伴关系网络。"2014年,习近平总书记在中央外事工作会议上为中国的伙伴关系战略指明方向,明确了两点:其一,中国建立伙伴关系的前提是坚持不结盟原则;其二,中国的伙伴关系网络遍布全球,这意味着中国的全球伙伴关系网络构建进入新阶段。在博鳌亚洲论坛2018年年会开幕式上,习近平主席的一席话道明了中国倡导的伙伴关系的深刻内涵:"坚持和平共处五项原则……走对话而不对抗、结伴而不结盟的国与国交往新路,不搞唯我独尊、你输我赢的零和游戏,不搞以邻为壑、恃强凌弱的强权霸道,妥善管控矛盾分歧,努力实现持久和平。"①

习近平主席对联合国秘书长古特雷斯说:"中国在国际上磊落坦荡。中国人民不仅要自己过上好日子,还追求天下大同。'一带一路'体现的就是'和合共生'、互利共赢的思想,也和联合国可持续发展理念相契合。"②"无论是顺境还是逆境,无论前方是坦途还是荆棘,我们都要弘扬伙伴精神,不忘合作初心,坚定不移前进。"③在二十国集团领导人峰会上关于世界经济形势和贸易问题的发言中,他又重申"关键是要弘扬伙伴精神,本着相互尊重、相互信任态度,平等协商、求同存异、管控分歧、扩大共识。"④因此,笔者认为,秉持丝路精神,扩大"一带一路"朋友圈,通过丝路伙伴关系来打造丝路命运共同体,是中国特色大国外交构建人类命运共同体的重要抓手。这也与习近平主席2021年4月20日在博鳌亚洲论坛2021年年会开幕式视频主旨演讲的主题——建设更紧密的"一带一路"伙伴关系不谋而合。

在布局全球伙伴关系网络之外,中国还积极打造"一带一路"朋友圈共商合作的重要平台,强化多边机制的作用。"一带一路"国际合作高峰论坛、中国国际进口博览会、丝绸之路博览会暨中国东西部合作与投资贸易洽谈会、中国—东盟博览会、中国—亚欧博览会、中国—阿拉伯国家博览会、中国—南亚博览会、中

---

① 《习近平谈治国理政》第三卷,外文出版社2020年版,第204页。
② 《习近平会见联合国秘书长古特雷斯》,新华网,http://www.xinhuanet.com//2019-04/27/c_1124423209.htm,2019年4月27日。
③ 《在第二届"一带一路"国际合作高峰论坛欢迎宴会上的祝酒辞》,新华网,http://www.xinhuanet.com/mrdx/2019-04/27/c_138014574.htm,2019年4月27日。
④ 《习近平谈治国理政》第三卷,外文出版社2020年版,第385页。

国—东北亚博览会、中国西部国际博览会等大型展会,都是中国积极打造的与沿线各国共商合作的重要平台。中国充分利用二十国集团、亚太经合组织、上海合作组织、亚欧会议、亚洲合作对话、亚信会议、中国—东盟(10+1)、澜湄合作机制、大湄公河次区域经济合作、大图们倡议、中亚区域经济合作、中非合作论坛、中阿合作论坛、中拉论坛、中国—中东欧"16+1"合作机制、中国—太平洋岛国经济发展合作论坛、世界经济论坛、博鳌亚洲论坛等现有多边合作机制,在相互尊重、相互信任的基础上,积极同各国开展共建"一带一路"实质性对接与合作。

在当前世界投资贸易低迷、全球经济发展不均衡、全球性问题频发的新形势下,中国作为新兴大国、最大的发展中国家正通过打造丝路伙伴关系来构建丝路命运共同体,在全球治理视域下解决全球问题。

(一) 丝路人文伙伴关系的"中国智慧"

"一带一路"倡议不仅不另起炉灶,反而强调通过"五通"——政策沟通、设施联通、贸易畅通、资金融通、民心相通,开创系统化、网络化、人性化的互联互通新格局。这一"中国方案"的本质是互联互通,其与中医强调打通任督二脉的智慧如出一辙。"一带一路"倡议所蕴含的中国智慧体现在中国理念、中国哲学、中国伦理、中国经验、中国路径等各方面。

一是中国理念:"三共""三同"。"一带一路"倡议倡导共商、共建、共享理念,表现在:中国与沿线国家寻求项目、资金、技术与标准对接,共同打造政治互信、经济融合、文化包容的利益共同体;共担风险,共同治理,打造中国与沿线国家的责任共同体;以互利共赢理念实现中国与沿线国家共同繁荣、共襄盛举;共迎挑战,共担风险,最终打造中国与沿线国家的命运共同体。

二是中国哲学:知行合一。以"一带一路"建设为契机,开展跨国互联互通,提高贸易和投资合作水平,推动国际产能和装备制造合作,本质上是通过提高有效供给来催生新的需求,实现世界经济再平衡。总结经验、坚定信心、扎实推进,聚焦重点地区、重点国家、重点项目,聚焦政策沟通、设施联通、贸易畅通、资金融通、民心相通,聚焦构建互利合作网络、新型合作模式、多元合作平台,聚焦携手打造"绿色丝绸之路""健康丝绸之路""智力丝绸之路""和平丝绸之路",以钉钉子精神抓下去,一步一步把"一带一路"建设推向前进。

三是中国伦理:己欲立而立人,己欲达而达人。"一带一路"作为中国首倡,它不是中国一家的"独奏曲",而是各国共同参与的"交响乐",是各国共同受益的重要国际公共产品。"一带一路"建设不是一个空洞的口号,而是看得见、摸得着的具体举措。它抓住互联互通这个关键环节,聚焦经济合作特别是基础设施建设,契合沿线国家和本地区发展的需要。我们坚持共商、共建、共享的原则,突出务实合作、互利共赢,一步一个脚印,把中国发展同相关国家发展紧密结合,把各自发展战略和合作规划有机对接,扩大地区投资和内需、增加就业、减少贫困,从而带动提升地区整体发展水平。

四是中国经验:循序渐进。无论是从顶层设计还是从具体实践看,中国革命、建设、改革各个阶段都产生了一系列中国特色的做法、经验与模式,为"一带一路"建设提供了丰富的营养。尤其是,渐进式改革、从沿海到内地的有序开放;通过产业园区、经济走廊等试点,然后总结推广,形成以点带面、以线带面的局面,最终以中国国内市场一体化为依托,辐射周边,形成欧亚大陆一体化新格局。

五是中国路径:统筹兼顾。按照习近平总书记要求,建设"一带一路"必须统筹协调,坚持陆海统筹,坚持内外统筹,加强政企统筹,鼓励国内企业到沿线国家投资经营,也欢迎沿线国家企业到我国投资兴业,加强"一带一路"建设同京津冀协同发展、长江经济带发展等国家战略的对接,同西部开发、东北振兴、中部崛起、东部率先发展、沿边开发开放的结合,带动形成全方位开放、东中西部联动发展的局面。

(二)丝路安全伙伴关系的"中国方式"

简单地说,内抓安全,中国参与全球安全治理为"一带一路"营造和谐稳定的软环境。"一带一路"沿线是全球能源贮备与需求的中心带、全球分离主义集中带、中东恐怖主义集结带,其传统和非传统安全挑战极为严峻。"若干国家的政治动荡和跨国界的民族、宗教、教派冲突,将对未来全球秩序和大国关系造成严重冲击,也必将对中国在该地区迅速拓展的经济利益和政治影响造成严重冲击。"其中,"三股势力"与"基地"、塔利班等伊斯兰极端组织所致暴恐事件由境外向境内蔓延,甚至"基地"组织分支机构在东南亚一带的活动日渐活跃,"东突"势力也随之由西向东扩展。周边及大周边的恐怖主义浪潮程度不同地向中国外溢,且在中国出现了洼地效应,与"三股势力"联系密切,对中国全球合作战略的安全环境影响凸显,成为中国参与全球安全治理所面临的新挑战。

"一带一路"为中国形成"多层级国际反恐合作体系"机制建设提供机遇:

(1) 参与联合国平台上的国际反恐;(2) 参与上合、东盟、海合会等地区与次区域国际组织平台上的国际反恐;(3) 开展与巴基斯坦、阿富汗、哈萨克斯坦、马来西亚等重要邻国间双边平台的国际反恐;(4) 在借鉴中俄成功开展反恐合作经验的基础上,探索构建中美新型大国关系中反恐合作的新途径,以及在深化与地区大国关系中进一步开展中土、中沙、中埃等反恐合作;(5) 通过倡导共同安全、综合安全、合作安全和可持续安全的"合作型的安全观"、成立国安委,以及采取严打与综合治理相结合的举措"治疆反恐"。总之,中国与丝路沿线国应发掘传统道义优势、培育反恐共识、增强合作互信,力争在丝路安全合作中深化全球伙伴关系。

(三) 丝路经济伙伴关系的"中国路径"

简单地说,外抓经济,参与全球经济治理、提供全球公共产品。中国在全球经济治理中开出一剂标本兼治、综合施策的"中国良方",推动世界经济走上强劲、可持续、平衡、包容增长之路。"一带一路"强调增进沟通和协调,照顾彼此利益关切,共商规则、共建机制、共迎挑战,以共享为目标,提倡所有人参与,所有人受益,不搞一家独大或者赢者通吃,而是寻求利益共享,实现共赢目标。习近平主席在 B20 开幕式倡导构建金融、贸易投资、能源、发展等四大治理格局,都是"一带一路"倡议的国际责任。

其一,要办好世界的事情,首先要办好中国的事情。中国发展经济始终把改善人民生活、增进人民福祉作为出发点和落脚点,在保证人民基本生活需求不断改善的基础上,中国经济发展对全球经济治理的贡献有目共睹。改革开放 40 余年,中国 7 亿多贫困人口摆脱贫困,对全球减贫的贡献率超过 70%,成为世界上减贫人口最多的国家,也是世界上率先完成联合国千年发展目标的国家。中国标准在高铁、核电、通信等领域已实现从跟随向引领跨越,通过工业化和发展外向型经济,中国跃居世界第一制造业大国和第一出口大国。

其二,"一带一路"一系列重大项目的落地,带动了各国经济发展,创造了大量就业机会,惠及世界经济,体现了中国对全球经济治理的重要担当。资金先行,经贸主打。推动成立亚投行和金砖银行。2016 年 1 月 16 日,亚投行在北京开业,其成立对全球经济治理体系的改革和完善具有重大意义,顺应了世界经济格局调整演变的趋势,有助于推动全球经济治理体系朝着公正、合理、有效的方向发展。金砖银行的设立,也为完善全球金融体系的治理作出了新的尝试。为进一步推进发展中国家经济增长和民生改善,促进共同发展,中国设立"南南合作援助基金",继续增加对最不发达国家投资,免除符合条件国家的特定债务。中国宣布向发展中国家提供"6个100"项目①支持;向发展中国家提供12万个来华培训和15万个奖学金名额,为发展中国家培养50万名职业技术人员;设立南南合作与发展学院,向世界卫生组织提供200万美元的现汇援助;战略对接、国际产能与装备制造合作;开发第三方市场。在发达国家经济持续低迷不振之际,中国经济依然保持中高速稳定增长。但只想"同富贵"而不愿"共患难"不是中国的选择,"人类命运共同体"是中国特色大国外交精髓所在。

2015年3月和9月,习近平主席先后阐发"人类命运共同体"理念并提出"全人类的共同价值","我们要继承和弘扬联合国宪章的宗旨和原则,构建以合作共赢为核心的新型国际关系,打造人类命运共同体"。② 丝路伙伴关系网络的拓展,正是我们通过共建"一带一路"、落实"三大全球倡议"打造丝路命运共同体,乃至人类命运共同体的实践平台。如表2-3所示,我们已在双边、区域、跨区域等多领域构建了多个命运共同体的实践成果。

表2-3 人类命运共同体的实践成果

双边	老挝、柬埔寨、缅甸、越南、印度尼西亚、泰国、马来西亚、巴基斯坦、蒙古国、古巴、南非、哈萨克斯坦、吉尔吉斯斯坦、塔吉克斯坦、乌兹别克斯坦、土库曼斯坦	16
区域	周边、亚洲、亚太、中国—东盟、澜湄、中国—中亚、上合	7
跨区域	中非、中阿、中拉、中国—太平洋岛国	4
领域	全球发展命运共同体、人类安全共同体、网络空间命运共同体、海洋命运共同体、核安全命运共同体、人类卫生健康共同体、人与自然生命共同体、地球生命共同体	8

资料来源:笔者根据外交部相关新闻整理。数据统计截至2023年12月12日。

总之,"一带一路"朋友圈展现了中国包容型人文观、合作型安全观、互惠型经济观,是新时代"中国智慧"在全球舞台的展示,也为解决全球"四个赤字"提供了"中国方案"。

---

① 包括100个减贫项目、100个农业合作项目、100个促贸援助项目、100个生态保护和应对气候变化项目、100所医院和诊所、100所学校和职业培训中心。
② 习近平:《论坚持推动构建人类命运共同体》,中央文献出版社2018年版,第253—254页。

小 结

中国特色大国外交将共建"一带一路"国际合作与打造全球伙伴关系,作为实现人类命运共同体宏愿的有力抓手。十载春华秋实,见证了中国兼济天下的担当与胸怀;十载大道致远,汇聚起世界美美与共的认同与力量。迄今为止,共建"一带一路"已完成了总体布局,绘就了一幅"大写意",正在进行精谨细腻的"工笔画"。本章梳理了共建"一带一路"国际合作的建设节点、建设内涵及高质量发展的转型要求,还梳理了中国打造全球伙伴网络的整体布局。在结构上呈现双边—多边—全球的类别,在定位上涵盖战略型、合作型、友好型等不同层级;在内容上涉及经济、安全、人文等领域。两者既有区别,又有联系,这为本书提出"构建丝路战略合作伙伴关系"提供了扎实的实践支撑。中国特色丝路伙伴关系的现实互动,是秉持丝路精神,扩大"一带一路"朋友圈,通过丝路伙伴关系来打造丝路命运共同体,进而构建人类命运共同体的实践路径。

第三章

中国特色丝路伙伴关系的价值理念

第一节 根植于中国传统政治文化

一、丝路伙伴关系凝结传统文化

政治文化,既是一种研究对象,也是一种研究方法;其横坐标是文化谱系中所指涉人类政治生活的范畴,其纵坐标是政治学领域中的行为主义政治学。鉴于政治发展途径和政治文化途径更方便用于国际上不同政治体系间的对比研究,美国政治学界恰以其为基础,形成了比较政治学的学术领域。[1] 按照政治文化研究之开先河者阿尔蒙德(Gabriel A. Almond)的说法,政治文化是指每一种政治制度得以存在的价值依托。文化是群体思维、情感和信仰的方式,抽象和实际行为的方式,标准化的认知取向以及对行为进行规范性调控的机制。具体文化形态又如法律、规范、机制、制度、信念、意识形态等[2]。自从阿尔蒙德和维巴(S. Verba)于1963年所著的《公民文化》在本研究领域开启了创始性的影响,有关政治文化的定义众说纷纭,不胜其数,包括任何与政治相关的认知(perceptions)、信念(beliefs)、价值(values)等。但迄今为止,研究文献表明各种概念限定均强调政治文化"主观性"与"心理性"的特征。政治文化可以是意识形态、政治心理,可以是民族性、民族主义,也可以是政治思想的灌输、对思想灌

---

[1] 马庆钰:《近50年来政治文化研究的回顾》,《北京行政学院学报》2002年第6期,第34页。
[2] Alexander Wendt, *Social Theory of International Politics*, Cambridge: Cambridge University Press, 1999. p.160.

输的反抗,还可以是民主价值,或是政治符号,等等。[1]本书采取的是广义上的政治文化的定义,力求阐释中国特色丝路伙伴关系根植于中华优秀传统文化的要素及其与西方政治文化的价值观念之异同。

习近平文化思想中提及,"中华优秀传统文化有很多重要元素,共同塑造出中华文明的突出特性","中华文明具有突出的连续性、创新性、统一性、包容性、和平性",这些特性在丝绸之路中均有所彰显,中华民族和世界各民族在丝绸之路上的探索和奋斗,结出了丰硕的物质文明和精神文明成果,体现了中华民族开拓进取、开放包容、亲仁善邻的精神和品格。这要从丝绸之路的概念讲起。

自张骞凿空西域以来,中国史籍对"丝绸之路"从未形成统一称谓,直到20世纪二三十年代,随着西学东渐和新文化运动扩展了中国传统知识分子的研究边界,由德国学者李希霍芬1877年提出、其学生斯文·赫定在参加中瑞西北考察团后于1936年出版 *The Silk Road*(《丝路》[2])后,这一概念在世界声名鹊起,其后才开始传入中国。

首先,丝绸之路的概念可以获得举世范围的认可与中国学界的共识,和丝绸的特点及其背后蕴藏的中华文化底色密不可分。

早在新石器时代,中国古人就已经掌握了缫丝织绸技术。自黄帝妻子嫘祖首创种桑养蚕之法、抽丝编绢之术起,养蚕种桑织锦的文化就一直传承至今。兴起于周朝的"养蚕织帛,捻线就织""氓之蚩蚩,抱布贸丝"(《诗经》),记载于春秋的"书于竹帛,镂于金石"(《墨子·明鬼篇》)"先王寄理于竹帛"(《韩非子》),丝帛不仅是服饰文化的原材料,也被用作书画载体,带动了造纸技术的发展。经过历朝历代的发展,丝绸行业兴盛衰落,最后衍生为绫、罗、绸、缎四大类,指代精美华贵丝织物。丝绸织物表面光滑有光泽、质地柔软色彩丰富,一丝一缕,皆是延绵不绝的璀璨匠心。因此,在农耕文明时代,丝绸织物是中国古代纺织品的集大成者与最佳代表,既承载着历史,又镌刻着文化。

在古代的丝路文明交往中,丝绸作为精美珍贵且产量有限的商品,不仅是丝路沿线王公贵胄的"奢侈品",更充当过丝路沿线贸易的一般等价物。对于中原王朝来讲,也是手工业生产领域的"技术垄断产品",逐渐地在历史长河中演变为

---

[1] 黄秀端:《政治文化:过去、现在与未来》,《东吴政治学报》1997年第8期,第49页。
[2] 当然,最初的"丝路"或"丝道"的所指与内涵并不像今天这般广泛,关于其路线、范畴的认识也不尽统一,"丝路"概念是随着我国学者认知愈发深入和学术体系不断发展而完善的。

中国为世界提供的"公共产品",具有温和柔软、悠远绵长、和平包容的特性。丝绸情怀,浸透着东方神韵。丝绸不仅是华丽尊贵的象征,更作为华夏民族传统、复古的元素继承下来,并不断改进创新,成为递向世界的一张名片。

其次,中国与丝路伙伴上千年的历史交往,沉淀了和平合作、开放包容、互学互鉴、互利共赢为核心的丝路精神。这一丝路语境彰显了中国传统政治文化"以和为贵""和谐万邦"的思想内核,以及"天下大同""内圣外王""德治礼法"等政治追求。以郑和下西洋所体现的"郑和精神"为例,它展现了中华文化五大内核:政治交往上睦邻友好与以和为贵;经济交往上厚往薄来与重义轻利;文化交往上海纳百川与包容互鉴;实业领域中披荆斩棘与开拓创新;宗教领域中求同存异与和而不同。

传承至今的丝路精神为中国与丝路伙伴的关系互动开辟了天然语境。语境即言语环境,包括语言因素和非语言因素。语境概念最早由英国人类学家马林诺夫斯基(B. Malinowski)在1923年提出并区分出情景语境(语言性语境)和文化语境(非语言性语境)两类。文化语境是指的交流过程中某一话语结构表达某种特定意义时所依赖的各种主客观因素等,话语政治也因此成为国际关系研究领域的一个新视角,旨在说明和理解国际政治为何以及如何成为国家之间争夺话语主导权的重要场所,以揭示国际政治背后复杂的国际关系。随着共建"一带一路"国际合作从理念到实践、从蓝图到现实,丝绸之路文化语境也在不断被中国和丝路伙伴构塑。从文化外交的视角来看,这一进程,正是通过跨文化传播使本国文化融入世界主导文化结构内,成为其整个意义系统的有机组成部分,或直接扩散为世界主流文化,或促成民族"私有知识"(观念)上升为"公有知识"(观念),促发本国获得国际社会及他国的积极认同,达到营造良好国际舆论环境的目的。[①]

丝路语境的基本特征是包容,是中国"和"文化与柔软的丝绸内外互济、是丝路2 000多年的历史与现实的有机对接,且由始于中国却永无终点的东、西、南、北四线构成全球丝路辐射空间,使得"中国可以在世界的东方、西方、南方、北方之间,看到自己所处的'中间'地位,进而对国家的总体地缘战略进行重新思考"。[②]也"只有营造出一个安全、繁荣的周边环境,同新兴大国和南方国家加强合作,才有更好的基础去同发达国家发展新型大国关系;同时,只有同美欧等发达国家发展竞争共处、互利共赢的关系,才能稳住自己的周边。中国不应因周边

---

① 李智:《文化外交》,北京大学出版社2005年版,第68页。
② 王缉思:《东西南北,中国居"中"——一种战略大棋局思考》,《中国外交》2014年1期,第3页。

问题的困扰而在地区治理、全球治理领域缩手缩脚,而应更加主动地提供公共产品,积累有利于解决周边问题的战略资源和国际政治资本"。[1]

综上可以看出,中国特色丝路伙伴关系凝结着深厚的中华优秀传统文化底蕴和开拓进取、以和为贵、开放包容的丝路精神。下文将通过与西方的对比研究,揭示中国特色丝路伙伴关系所蕴藏的中国政治文化传统的特质。

二、比较分析下的中国政治文化

从理论的逻辑起点来看,中国的政治传统不同于西方的政治文化。西方政治文化强调民主与个体利益,通过实证研究、构建理论、规范程序来实现。从启蒙运动开始,西方逐渐建立了主体性哲学体系,其前提是主客二元对立,本质为理性;理性的核心是对人的主体作用的肯定,其表现是现代性。中国政治文化是一种包容性极强的文化,古代政治实践中形成了大一统、官僚体系与文治等传统,强调实用性与对策性。佛教文化、伊斯兰文化、近代的西方自由、民主、科学精神以及马克思主义思想都嵌入了中国政治文化体系中,促进了中国政治文化体系的不断更新。[2]

中国的政治文化为世人提供经世致用之"道",即一种思想的"感悟"与"表达",在与自然和宇宙的类比中,中国政治文化形成由"大我"及"小我"的君民等级观念。季羡林把这种"整体概念、普遍联系"的思维方式称为"综合的思维"。政治文化的差异导致了截然不同的研究范式,而其又潜移默化地影响着中西方的政治发展。中西方两种政治文化的具体范式的对比,如表3-1所示:

表3-1 中西政治文化范式对比分析

范　畴	中国政治文化范式	西方政治文化范式
本体论	理念主义范畴	物质主义范畴
认识论	重关系:关系主义善于从事物的联系中把握规律	重个人:个人主义以人的社会属性认识周围世界

---

[1] 王缉思:《东西南北,中国居"中"——一种战略大棋局思考》,《中国外交》2014年1期,第9页。
[2] 本节讨论内容可参见笔者《中西文化方法论比较研究》,《胜利油田党校学报》2013年第5期,第67—69页;"内"与"外":中西政治文化比较分析,《常州大学学报(社会科学版)》2019年第4期,第94—100页。

续　表

范　畴	中国政治文化范式	西方政治文化范式
方法论	重统合：擅长归纳总结，触类旁通与经验推广	重细分：擅长精细深入，实证研究与演绎建构
政体选择	多为社群政体	多为民主政体
价值规范	重德治：内化与道德	重法治：外化与理性
政策制定	重术：实用性与对策性	重制：先验性与普适性
现实政治	重浪漫主义：诗性与心灵政治	重现实主义：利益与权力政治
外交理念	天下观	国际观
文化特性	内向型文化：潜性/阴性 人际哲学：人脉疏通	外在型文化：显性/阳性 客观哲学：遵守规定

西方政治文化建立在民主政体基础上，出于理性人的理论假设，统治者被视为社会的管理者，其统治合法性源于对权力的拥有和对游戏规则（制度）的制定。西方文明滥觞于古希腊文化、古罗马文化和基督教文化对自由、平等、民主的追求与宣扬无不体现出一种个人主义理念；反之，其亦深刻地影响着西方政治文化的塑造。

而中国政治文化则迥然不同，其"心灵政治"的基因根植于古代中国所特有的"诗性政治"，即通过政治理想主义的熏陶来理顺人们的心理秩序，通过以道德为核心的伦理中心主义来理顺社会秩序。不难发现，"家—国—天下"的思维方式是中国政治文化的核心。"中华优秀传统文化是中华民族的文化根脉，其蕴含的思想观念、人文精神、道德规范，不仅是我们中国人思想和精神的内核，对解决人类问题也有重要价值。"[①]

中国传统文化历经了几千年的时空检验，"她的精神内核植根于千千万万普通中国人的生存需求，并体现于他们形态万千的日常生活之中。这一文化精神内核不会因为时代变迁或者科技发展而发生任何改变"[②]。政治文化学科认为，社群政体（communitarian polities）在某些政治结构下，背后所隐藏的价值与规

[①] 《习近平谈治国理政》第三卷，外文出版社 2020 年版，第 314 页。
[②] 黎志敏：《"文化精神"的永生与"文化体系"的重生》，《天府新论》2011 年第 6 期，第 41 页。

范会有助于制度运作与经济增长。而亚洲的社群政体,即中国、日本、韩国等所代表的儒家等级社会(confucian statist)皆具有此种功能倾向。[1]在中国古代的社群政体中,统治者被视为家长,对其子民"修文德以来之",对其邻邦"宣德化、柔远人",对其江山"得民心者得天下",所以其合法性源于民心所向。

中西方截然不同的文化基因可以塑造不同的政治文化、社会模式与外交理念。内陆文明与海洋文明的差异是东西方文明的关键差异。周振鹤曾对比了大陆性文明和海洋性文明的差异:前者的性质是农耕、保守,特点是内向而重继承;而后者的性质是航海、商业,特点是外向而重开拓、冒险。从宏观角度分析,中西政治文化有诸多异质性,其具体表现如表3-2所示:

表3-2 中西政治文化差异

差异点	中国政治文化	西方政治文化
认同基础	"大一统"理念 "王道"风范	民族主义 "霸道"强权
延续观念	循环时间观	线性时间观
制度层面	从实践归纳	从法制演绎
方法层面	整体性与多样性	缺乏多样性

中国作为传统的内陆型农耕文明古国,是四大古文明中唯一的产生于大河流域且至今仍未间断的内陆文明。中国文化根植于深厚的农耕文明沃土,讲究"上善若水,水善利万物而不争"的智慧和海纳百川的包容胸襟。中国政治文化非常注重多样性和整体性,两者即"和"的具体体现。老子曰:"道生一,一生二,二生三,三生万物。万物负阴而抱阳,中气以为和。"[2]中国政治文化中,对多样性的包容和尊重,在丝绸之路场域的对外关系上也有体现。

从先秦时期开始,我国北部边区就交错分布着众多的游牧民族。自有文字记录以来,山戎、荤粥、猃狁、月氏、塞种等几大重要民族在这个区域频繁活动;秦

---

[1] Duane Swank, "Culture, Institutions, and Economic Growth: Theory, Recent Research, and the Role of Communitarian Polities." *American Journal of Political Science*, Vol. 40, September, 1996: 660–679.
[2] 《道德经·第四十二章》,中华书局2022年版。

汉时代的匈奴,是中原王朝的心腹大患;魏晋时期五胡乱华,原活动于北方的南匈奴、鲜卑等民族入主中原,开了北方民族统治中国的先例。正如马克思所揭示的"野蛮的征服者总是被那些他们所征服的民族的较高文明所征服"①,那些入主中原的少数民族政权,比如辽、金、北魏、北周、北齐、蒙元,在文化制度上,都被汉文化"征服"了,促进了中华民族各个民族之间的大融合。

农耕时代,中华(汉)文化代表了世界文明发展的先进生产力,在盛唐时期尤为鼎盛。隋唐时期都城长安吸引了世界上许多国家和不同民族的人来学习、生活、定居。"四夷大小君长争遣使入献见,道路不绝,每元正朝贺,常数百千人。"②同时,唐朝还曾不断派出使节、学者,从都城长安出发访问各国。其中,玄奘以赴天竺取经的见闻著就《大唐西域记》,为今日学界留下了重要的学术史料。由此可见,中华文化的包容性极强,海纳百川、不辞细谨;鼎盛时期的中国并没有采取武力和强权手段去征服四邦,而是礼尚往来。在知识的传播上,中国又颇为谦虚,"西天取经"而非"文化输出",却在世界各地形成了至今仍生生不息的影响力,其文化的吸引力、感召力可见一斑。究其根本,是因为传统的中华帝国背后,乃有一个人类的天下意识,一套超越王朝利益之上的"来自于天"的伦理之道和是非标准,拥有普遍性的价值尺度和令人心安的文明之魂。③

中国政治哲学重视微观层面"内圣外王"的政治追求:人通过自身的心性修养,达到一种高尚的境界,进而可以推广到自身以外的社会领域。先秦儒家"内圣外王"之学从《礼记·大学》的"三纲领"与"八条目"中可见一斑。《中庸》也对"修齐治平"进行了阐述:

> 凡为天下国家有九经,曰:修身也,尊贤也,亲亲也,敬大臣也,体群臣也,子庶民也,来百工也,柔远人也,怀诸侯也。修身则道立,尊贤则不惑,亲亲则诸父昆弟不怨,敬大臣则不眩,体群臣则士之报礼重,子庶民则百姓劝,来百工则财用足,柔远人则四方归之,怀诸侯则天下畏之。
>
> ……送往迎来,嘉善而矜不能,所以柔远人也;继绝世,举废国,治乱持

---

① 马克思:《不列颠在印度统治的未来结果》,《马克思恩格斯选集》第2卷,人民出版社2009年版,第686页。
② 司马光:《资治通鉴》,中华书局2011年版,第9011页。
③ 许纪霖:《家国天下:现代中国的个人、国家与世界认同》,上海人民出版社2017年版,第451页。

危,朝聘以时,厚往而薄来,所以怀诸侯也。凡为天下国家有九经,所以行之者一也。

至程朱理学时期,道德境界的"心性义理之学"大大拓展了内圣之学。朱子认为,霸道是"假仁义以济私欲";与之相反,王道是"行仁义而顺天理",尊王贱霸、重义轻利奠定了中华民族的义利观选择。陆王心学更是强调"内圣"。王守仁作为心学集大成者,积极倡导"知行合一""致良知""吾心光明,亦复何求"。这种向内驱动性的理想人格和政治追求既影响了我国文化的大传统,又深深渗透小传统,成为塑造中华民族精神的文化基因。

与"上善若水""内圣外王"相比,海洋似乎一直是中国人观念中的"化外之域"。《释名》曰:"海,晦也。""海"字本身也是"从水从晦"。晦,是指月朔或日暮,昏暗之意。晋朝张华在《博物志》中写道:"海之言,晦昏无所睹也。"与此同时,中国人还把大海与苦难、凶险、蛮荒联系在一起,比如,深重的灾难被形容为苦海,苍茫的大漠被形容为瀚海,北方西伯利亚荒凉不毛之地被称为北海,等等。但是在中国古人眼中充满神秘、恐惧和陌生的大海,却孕育了近代西方文明的萌芽,在欧洲人心目中成为机遇、雄心与遐想的代名词。正如梁启超在《地理与文明之关系》一文中所指出的:"海也者,能发人进取之雄心者也……彼航海者,其所求固在利也,然求之之始,却不可不先置利害于度外,以性命财产为孤注,冒万险于一掷也。故久居海上者,能使其精神,日以勇猛,日以高尚。此古来濒海之民所以比于陆居者活气较胜,进取较锐。"[1]

15—18世纪的大航海时代揭开了人类文明近代史的序幕,除了十五六世纪拉丁世界的文艺复兴和日耳曼世界的宗教改革之外,欧洲航海者开辟新航路、"发现"新大陆,以及民族国家的崛起,为欧洲人开辟了新的空间视域和活动范围。航海扩张为葡萄牙和西班牙在全球范围内的殖民侵略和海外贸易开辟了前景。新兴资本主义国家英国、荷兰、法国也获取了大量海外利益并建立了海外殖民地。此外,17世纪的宗教改革,正如汤因比所说,构成了4世纪罗马帝国基督教化以后西方文化史上"最大最重要的分水岭",其历史意义远远超过新旧教的分裂和古典文化在西欧的复兴。这也可以从韦伯的观点中得到印证:西方文明

---

[1] 梁启超:《梁启超全集》,北京出版社1999年版。

不同于其他文明的一般特征是理性资本主义和新教伦理,宗教改革后基督新教的伦理赋予经商逐利行为合理的世俗目的,而其他古老宗教,如印度教、佛教、儒教、道教、伊斯兰教、犹太教等都没有经过宗教改革,因而对这些民族的资本主义发展是严重的阻碍。①

由此,东西方政治哲学出现了明显分水岭:在个人层面上,西方的宗教改革让个人获得了直面上帝、对话上帝的权利,是现代个人主义产生和发展的前提条件;在经济层面上,宗教改革证明了商业行为的合理性,个人可以通过劳动和合理化的商业行为来清洗"原罪";在政治层面上,政教分离在艰难过程中逐渐实现,这种迈向现代性的调适明显要灵活于中华文明。但毋庸置疑,两者皆植根于文明自身生长发展的内在逻辑,是彼此区别、各成特色的"文化基因"。

中国固有的天下观念"普天之下莫非王土",古代黄河流域农耕文明高度发达,粮食基本自给自足,"安土重迁"和"海禁"的历史令古人没有"外贸"的概念,普遍缺少了解外界的兴趣。"郑和下西洋"的贡赐贸易却也是厚往薄来、重加赏赐,以宣扬国威、显示天朝的气派。历史上中国没有主动地利用丝绸之路,也很少从丝绸之路贸易中获得利益,在这条路上经商的主要是今天的中亚、波斯和阿拉伯商人。因此今天我们要建设"一带一路",肯定不是历史上的丝绸之路了,要坚持互通互补互利、实现共赢。② 但是,中华文明在鼎盛时期彰显了"内圣外王""天下无外""怀柔远人"的品格,与航海大发现后西方的殖民掠夺形成了泾渭分明的对比。中华民族是隐忍、大度的,在经历近代百年浩劫后正健步走在伟大复兴的大道上。几千年的历史积淀既是宝贵的精神财富,也无形中增加了现代化发展的障碍。当然,如何走出一条既发展自身又造福世界的"中国式现代化"之路,这也是中国特色丝路伙伴关系探索要传递给世界的"达则兼济天下"的中国方案。

第二节 阐释丝路学研究核心议题

一、丝路学研究及其核心议题

全球丝路学肇始于西方。丝绸之路被命名后,引发了西方长达半个多世纪

---

① 刘乐土:《世界名著新读点》,华夏出版社2012年版,第265—267页。
② 葛剑雄:《"一带一路"与古丝绸之路有何不同》,《解放日报》2016年6月7日。

对中国历史遗迹和珍贵文物的劫掠,数以万计堪称国宝的珍贵文物流失海外,但也引起西方学界从历史学、地理学、考古学、民族学、宗教学等多学科开始考察研究丝绸之路上的相关遗迹。德国地理学家李希霍芬首创了"丝绸之路"概念,对中国历时4年进行7次考察并出具多份调研报告,倾尽其后半生撰写《中国》等重要著作,开创了丝路学研究的先河。德国历史学家赫尔曼1910年出版的《中国和叙利亚之间的古代丝绸之路》一书中,确定了"丝绸之路"的基本内涵,完成了对"丝绸之路"的学术认证。英国学者斯坦因是国际敦煌学的"开山鼻祖"之一,其4次赴中亚探险考察,名震欧洲,形成英国学界研究丝路的学术传统。1936年,瑞典探险家斯文·赫定《丝绸之路》一书问世,标志着丝路学大体完成了由概念阐释衍化为学科的关键转型。

中国丝路学则以1927年黄文弼等学者参加中瑞西北科考活动为诞生标志。晚清中国知识群体的陆权与海权之争催生了西北舆地学后,考古学又被引入丝路研究,中国学者开始关注中外丝路关系相处问题。自20世纪20年代起,向达、冯承钧、黄文弼、张星烺、季羡林等学者在中西交通史领域作出开拓性贡献。自此,借由"丝绸之路"元概念,中外丝路学家凿开了一条统一的"丝路学认知区间",探索丝路多元文明的交往规律、丝路伙伴关系的相处之道,以及丝路难题的破解之策,推动了丝路学百年学科建设进程。

中外学界上百年共研丝绸之路的学术实践,经由发轫期(19世纪中后期)、确立期(19世纪末—20世纪初)、发展期(20世纪—21世纪初)、转型期(2013年—),形成了欧洲学派、美国学派、中国学派,以及俄罗斯、中亚、日本、韩国等研究重镇,共同构成了全球丝路学发展的基本格局。其中,中国丝路学已成为不可或缺的重要组成部分。

欧洲学派是丝路学领域的开拓者,李希霍芬、斯文·赫定、斯坦因等先驱为世界开启了通过丝绸之路认识历史与现实的"中国之窗"。值得一提的是,法国在丝路学研究取得的成就位居欧洲之首,建立了众多的学术团体,并拥有一批极具影响力的丝路学名家,如伯希和是跨学科丝路研究范式的开创者,在中国目录版本、语言文字、考古艺术、宗教文化、中西交通、边疆史地等方面都有论著。这些名家以丰硕的研究成果开启了百年丝路学著书立说与资政建言的双轨并举的研究范式。

美国学派的丝路学研究,主要也是在西方探险家19世纪末20世纪初对丝路沿线考察挖掘所带回的相关实物和资料基础上起步的,在冷战结束后尤其活跃,侧重于丝路战略问题研究,并通过名家汇聚、跨国合作研究、发布智库报告等方式,迅速成为全球丝路学话语强势的学术力量,使得其学术成果在西方霸权语境中得以传播、其丝路学人在国际学术领域名声大噪,折射出美国丝路学派为丝路学赢得了显学效应。但是长期以来,也客观形成了"丝绸之路在中国,丝路学研究在西方"的窘境。

中国学派历经以1927年、1983年、1997年、2013年为节点的大体4个发展阶段,历经3次发展高潮,成功整合了国内相关学术资源。中国丝路学派自1927年形成以来,分支林立且发展活跃,涵盖敦煌学、吐鲁番学、龟兹学、西域学、郑和学、喀什噶尔学、长安学等诸多分支,呈现碎片化的学术特征。我国三代学者积极致力于静态与动态结合、学术与调研结合、历史与现状结合的努力,逐步产出论著与研究报告两类成果、练就了研究与咨政两种技能、成就了学者与智库专家的双重身份。2013年,中国提出"一带一路"倡议后,中国丝路学迎来了学术振兴的机遇期,"一带一路"软力量建设为丝路学注入现实动力。

对丝绸之路的研究,经历了地理研究、历史研究、文化研究、经济研究、政治研究、文明研究等范式转变,如今依然百家争鸣。马丽蓉教授以超拔的学术气魄,将丝路学的研究对象拓展并锚定于研究中华文明与域外文明古今在丝路上的互动关系,聚焦"中国与世界古今丝路关系"核心议题。

"地通、路联、人相交"是丝路文明交往的典型特征,多元行为主体缔结了丝路伙伴关系,塑就了以和平合作、开放包容、互学互鉴、互利共赢为核心的丝路精神。丝路学的学科视野,由此从史学拓宽到政治学尤其是外交学,在跨学科、多领域中转向问题导向型的研究范式,为中华民族伟大复兴过程中处理对外关系提供了学理支持。可以说,这一门百年显学,既是静态的冷门绝学,也是动态的经世致用之学。

百余年来,学界形成了从丝绸之路视角探究"中国与世界关系"的研究逻辑,并从"丝绸之路与中国→丝路文明与中华文明→世界与中国"的认知历程中,构建起由概念、核心议题、理论、方法等组成的丝路学话语体系。但是,当前丝路学研究分别呈现欧洲学派"西方化"、美国学派"政治化"、中国学派"碎片化"等学术现象,丝路学自诞生时就被烙上了西方化的殖民胎记,中国虽为"研究对象"却沦为"被阐释"与"被言说",直至"失语",欧美学派"领跑"与中国学派"碎片化"坚守成了丝路学百年学术史的特有征貌。

"一带一路"朋友圈：中国特色丝路伙伴关系研究

在百年来中外共研丝绸之路中,形成了美欧主导下的"中国与世界古今丝路关系"核心议题研究范式,并凸显出三个鲜明特征:一是"西方中心论"的阐释框架。美欧学者将丝路学核心议题叙事从"中国与世界关系"变异为"西方与中国关系",中国长期以来成了学术殖民对象,无法摆脱政治与学术间的内在张力;二是霸权政治的学术干涉。从西方列强掠夺西域文献文物带来丝路学的起步,就为其烙上了西方霸权政治的印记,使丝路学先后沦为欧洲殖民侵略和美国霸权政治的工具,难以摆脱被西方霸权政治干涉的历史惯性;三是西方主导的丝路学话语体系。基于欧美学派的西方经验、利益偏好所生成的概念、理论及方法,形成了西方化的丝路学话语体系,使其核心议题研究渐偏学术轨道而日趋政治化倾向。直到2015年英国学者弗兰科潘的《丝绸之路:一部全新的世界史》问世,才开始正视丝路历史真相,在摒除"西方中心论"的阐释体系中助力丝路学发展进入转型期。尽管美欧学界对"一带一路"的认知日趋分歧,但是毋庸置疑,全球丝路学正在剥离"西方中心论的阐释框架",尤其在对"中国议题"被政治化的正本清源中开始步入历史转型期。

丝路学是一门聚焦"中国与世界古今丝路关系"的跨学科的百年显学,不仅具有门类多样的学科体系、借路传道的学术传统、西强中弱的话语体系,还兼具学术性与实践性的双核特质。丝路学以文明交往理论、国际关系理论与全球治理理论为学理基石,除关注丝路沿线国别区域问题研究等基础课题外,还面临如何回应丝路治理这一重大现实课题;"一带一路"核心区又恰是全球治理的重心所在,故其又可称为全球治理中的"中医学",随着中国学派的振兴,"中国智慧"与"中国方案"正在逐步赢得世界的认可与响应。

丝路学研究为我们揭开了丝绸之路与中华文明的关系:"就某种意义而言,丝绸之路才是我们解开中华文明为何成为世界唯一未断层的最古老文明奥秘的关键所在。"阿诺德·汤因比在《历史研究》中揭示了人类文明生长的"挑战—应战"规律,中华文明的成长亦是如此,在中外文明的丝路交往中,连续不断的外部环境的征服与内部自决的强化,为中华文明的成长提供了不竭动力。

丝绸之路使中华文明在时空双维上对外接触:中外文明的丝路交往始于汉、兴于唐宋、盛于元明、衰于清、复兴于当代,在2 000多年的中外文明丝路交往史上,实现了中华文明与不同时代文明在物质、制度、精神、心理等不同层面的交往,并将佛教文化、伊斯兰文化等蕴化为中华文明的有机组成部分,显示出成长文明所特有的多样性和分化趋势。中华文明也在如张骞出使西域、郑和七下西洋等丝路文明交往中被纳入世界文明交往体系,在征服高山、大海中实现了中华民族走向世界、融入全球的梦想,得以取长补短、不断成长。上千年的丝路文明交流互鉴昭示,在建设中华民族现代文明过程中,既要恪守中华民族文化主体性,为人类文明贡献独特的东方智慧,又要秉持开放视野,批判地借鉴和吸收他者文明中的一切有益成分,化作自身的活性因子,以更好地实现自我肯定。

"国家繁荣→丝路通畅→文明交往频繁→中华文明昌盛,反之亦然",丝路见证了中华文明的兴衰,中华文明也将复兴于丝路,丝路命运与中华文明命运互为因果,两者彰显出深刻的互构性。今天,曾遭遇国家蒙辱、人民蒙难、文明蒙尘的中华民族,以中国式现代化创造了人类文明新形态,通过主动的改革开放,弘扬丝路精神推动"一带一路"构建人类命运共同体,正逐渐成为世界和平的建设者、全球发展的贡献者、国际秩序的维护者、公共产品的提供者,"一带一路"倡议正在重塑"中国与世界古今丝路关系",这也契合了丝路学所蕴含的历史规律。

二、新时代"中国与世界关系"

中国特色丝路伙伴关系作为新时代中国特色大国外交的政治实践,其指导思想和理论遵循是习近平外交思想。站在时代发展高度,习近平主席系统思考"建设一个什么样的世界、怎样建设这个世界"等重大课题,彰显了大国领导人执古御今、持经达变的大视野、大气魄、大胸怀,也折射出习近平主席对于治国理政国防外交的深邃思考和宏大韬略。习近平外交思想以"十个坚持"为总体框架和核心要义,明确了新时代我国对外工作的历史使命、总目标和必须坚持的一系列方针原则,深刻揭示了新时代中国特色大国外交的本质要求、内在规律和前进方向。具体来看,它的深刻内涵包括:一是坚持以维护党中央权威为统领加强党对对外工作的集中统一领导,这是做好对外工作的根本保证;二是坚持以实现中华民族伟大复兴为使命推进中国特色大国外交,这是新时代赋予对外工作的历史使命;三是坚持以维护世界和平、促进共同发展为宗旨推动构建人类命运共同体,这是新时代对外工作的总目标;四是坚持以中国特色社会主义为根本增强战略自信,这是新时代对外工作必须遵循的根本要求;五是坚持以共商共建共享为原则推动"一带一路"建设,这是我国今后相当长时期对外开放和对外合作的管总规划,也是人类命运共同体理念的重要实践平台;六是坚持以相互尊重、合作共赢为基础走和平发展道路,这是中国外交必须长期坚持的基本原则;七是坚持以深化外交布局为依托打造全球伙伴关系,这是新时代中国外交的重要内涵;八是坚持以公平正义为理念引领全球治理体系改革,这是新时代中国外交的重要努力方向;九是坚持以国家核心利益为底线维护国家主权、安全、发展利益,这是对外工作的出发点和落脚点;十是坚持以对外工作优良传统和时代特征相结合为方向,塑造中国外交独特风范,这是中国外交的精神标识。①

2023年中央外事工作会议明确了新征程上外交工作肩负的历史使命,明确了构建人类命运共同体的崇高目标,倡导平等有序的世界多极化和普惠包容的经济全球化,明确了坚持自信自立、开放包容、公道正义、合作共赢的十六字方针原则,明确了要以更加积极主动的历史担当、更加富有活力创造精神,开创中国特色大国外交局面。

中国特色大国外交的理论和实践中,习近平总书记对"中国与世界关系"进行了全新阐释,对古今"中国与世界关系"这一丝路学核心议题研究具有突破价值,还对被异化为"西方与中国关系"的丝路学霸权话语体系具有解构意义。

在"中国与世界历史关系"层面,习近平总书记指出,我们的先辈开辟出联通亚欧非的陆上丝绸之路与连接东西方的海上丝绸之路,"打开了各国友好交往的新窗口,书写了人类发展进步的新篇章"②。中外"丝路天然伙伴"通过"相向而行,就能走出一条相遇相知、共同发展之路"③。在古代丝路外交的历史上,中外文明、宗教、种族求同存异共同发展,商品、技术、人员跨陆越海流通,资金、知识、文化资源成果共享,丝路伙伴们形成了"和平合作""开放包容""互学互鉴""互利共赢"的"丝路精神",塑造了"中国与世界历史关系"的行为准则,奠定了丝路天然伙伴关系的精神品质。

在"中国与世界现实关系"层面,习近平外交思想指导的中国特色大国外交既有鲜明的中国特色,又有宽广高远的世界眼光和深厚博大的人类情怀,从丝路伙伴关系视角来看,表现在以下三点。

(一)构建人类命运共同体是中国特色大国外交的目标和方向

当今世界仍面临和平赤字、发展赤字、治理赤字和信任赤字,面对"人类向何

---

① 《以习近平外交思想为指导 深入推进新时代对外工作》,《求是》2018年第15期。
② 《习近平谈"一带一路"》,中央文献出版社2018年版,第176页。
③ 同上书,第178页。

处去"的世界之问、历史之问、时代之问,我们提出了"构建人类命运共同体"的理念,这是中国贡献给世界的全球治理方案,也是深化"中国与世界现实关系"的新动力。10年来,这一理念不断丰富和发展。2013年,我国领导人在莫斯科国际关系学院首次提出这一概念;2015年,我国在第七十届联大一般性辩论上提出"五位一体"总体框架;2017年,我国在联合国日内瓦总部提出建设"五个世界"的总目标;2023年,《携手构建人类命运共同体:中国的倡议与行动》白皮书首次归纳提出人类命运共同体开放包容、公平正义、和谐共处、多元互鉴、团结协作的五大特征,人类命运共同体理念的思想内涵不断深化拓展。

"五位一体"总体框架是我们构建人类命运共同体的主要内容。建立平等相待、互商互谅的伙伴关系,是构建人类命运共同体的政治前提;营造公道正义、共建共享的安全格局,是构建人类命运共同体的安全保障;谋求开放创新、包容互惠的发展前景,是构建人类命运共同体的经济基础;促进和而不同、兼收并蓄的文明交流,是构建人类命运共同体的文明价值;构筑尊崇自然、绿色发展的生态体系,是构建人类命运共同体的必要条件。

"五个世界"的总目标是我们构建人类命运共同体的重要路径。坚持对话协商,建设一个持久和平的世界,是我们在政治领域的真诚倡议;坚持共建共享,建设一个普遍安全的世界,是我们在安全领域的共同夙愿;坚持合作共赢,建设一个共同繁荣的世界,是我们在经济领域的发展诉求;坚持交流互鉴,建设一个开放包容的世界,是我们在文化领域的友好呼吁;坚持绿色低碳,建设一个清洁美丽的世界,是我们在生态领域的切实主张。

人类命运共同体具有"五个方面"的鲜明特征。我们提倡开放包容而不是封闭保守、公平正义而不是霸道双标、和谐共处而不是暴力冲突、多元互鉴而不是一家独大、团结协作而不是相互倾轧。如今,任何国家、任何民族都不可能脱离其他国家、其他民族而单独发展自己,更不可能靠损人利己单独发展,冷战思维、零和博弈愈发陈旧落伍,妄自尊大或独善其身只能四处碰壁。

我们用五个"要"来系统阐述怎样构建人类命运共同体,即:要相互尊重、平等协商,坚决摒弃冷战思维和强权政治;要坚持以对话解决争端、以协商化解分歧;要同舟共济,促进贸易和投资自由化便利化;要尊重世界文明多样性;要保护好人类赖以生存的地球家园。这五个"要"也是我们提出构建人类命运共同体的基本原则。

"我们全面推进中国特色大国外交,推动构建人类命运共同体,坚定维护国际公平正义",并将推动构建人类命运共同体明确为"中国式现代化的本质要求"。中国始终坚持维护世界和平、促进共同发展的外交政策宗旨,致力于推动构建人类命运共同体,这是中国共产党人"为世界谋大同"的使命担当,也是新时代对外工作的总目标。

(二) 构建新型国际关系是中国特色大国外交的前提和路径

"大道之行也,天下为公",这一蕴含中华民族优秀文化基因中"天下一家"理念的典故,体现了我们一脉相承、赓续不断的天下观和世界观。《尚书》的"协和万邦",《周易》讲"万国咸宁",《论语》的"四海之内皆兄弟",《礼记》的"天下为公",一直到近代仁人志士倡导的"大同世界",都体现了中国人"一荣俱荣、一损俱损"古老的智慧。

如今,任何国家、任何民族都不可能脱离其他国家、其他民族而单独发展自己,更不可能靠损人利己单独发展。各国要同舟共济,而不是以邻为壑。"中国人始终认为,世界好,中国才能好;中国好,世界才更好"[1],当今世界,和平与发展是世界各国人民的共同心声。冷战思维、零和博弈愈发陈旧落伍,妄自尊大或独善其身只能四处碰壁。我们现在正在推动构建的新型国际关系,就是相互尊重、公平正义、合作共赢,就是通过"提倡创新、协调、绿色、开放、共享的发展观""践行共同、综合、合作、可持续的安全观""秉持开放、融通、互利、共赢的合作观""树立平等、互鉴、对话、包容的文明观""坚持共商共建共享的全球治理观"[2],以构建新型的"中国与世界现实关系"。

中国率先把建立伙伴关系确定为国家间交往的指导原则,这种新型的国与国之间的关系就是"交朋友",即"对话而不对抗,结伴而不结盟"的邦交新路。古人说"出入相友,守望相助,疾病相扶持""以金相交、金耗则忘,以利相交、利尽则散,以势相交、势败则倾,以权相交、权失则弃,以情相交、情断则伤,唯以心相交、方能成其久远"。中国传统文化推崇交朋友要交那些生死相托的朋友,交那些真心的朋友,莫逆之交、刎颈之交。推及国与国之间也是这样,诚实相待,不能以大欺小、倚强凌弱,才会有超越利益、超越地域、超越时空的价值和持久力。

习近平主席提出的构建全球伙伴关系网的大战略,强调志同道合是伙伴,求同存异也是伙伴,让我们的益友、诤友的朋友圈变得越来越大。《新时代的中国

---

[1] 《习近平谈"一带一路"》,中央文献出版社2018年版,第171页。
[2] 《习近平谈治国理政》第三卷,外文出版社2020年版,第441页。

与世界》白皮书重申"中美关系是世界上最重要的双边关系之一"、中俄是"全面战略协作伙伴关系"、中欧是"全面战略伙伴关系"的大国外交方针;践行"亲诚惠容"理念和"与邻为善、以邻为伴""睦邻、安邻、富邻"方针,以中巴"全天候战略合作伙伴关系"为引领构建"周边命运共同体";秉持"真实亲诚"理念和正确义利观,通过构建中非、中阿、中拉等"命运共同体",加强与发展中国家的伙伴关系。① 截至2024年1月,中国在平等、和平、包容基础上,中国在国际社会广交朋友,已与183个国家建立外交关系,建立了126对各种形式的伙伴关系。②

(三)以共商共建共享为原则推动"一带一路"建设是我国今后相当长时期对外开放和对外合作的管总规划,也是人类命运共同体理念的重要实践平台

共建"一带一路"倡议源于中国,机会和成果属于世界。要通过建设"一带一路",加强同有关国家的政策沟通、设施联通、贸易畅通、资金融通、民心相通,使共商共建共享原则进一步转化为多赢共赢的合作成果。我们要弘扬"丝路精神",同各国分享共同发展的机遇,开辟共同发展的前景。由此可见,弘扬"丝路精神"来共建"一带一路",以构建"人类命运共同体",就是习近平总书记对"中国与世界关系"的创新性阐释,是"用中国话语表达中国自我情感、价值追求和对外立场,是构建新时代中国特色社会主义国际话语体系的重要内容"③。

中国特色大国外交指明共建"一带一路"的方案和路径、目标和愿景、机遇和挑战、原则和诉求等,使"一带一路"国际合作平台成为中国主动经营"中国与世界关系"的外交成长平台,在共商共建共享中推动"中国与世界关系"的良性互动,超越了西方国际关系中的大国兴衰循环论和大国对抗宿命论,强调在中国与世界的互联互通与良性互动中去分析问题和解决问题,以构建"人类命运共同体"。

中国特色大国外交的理念创新还体现在,对亚非拉国家等丝路伙伴秉持"亲诚惠容""真实亲诚"理念和正确义利观和丝路精神。"亲诚惠容"理念是指在周边外交中"要坚持睦邻友好,守望相助;讲平等、重感情;常见面,多走动;多做得人心、暖人心的事,使周边国家对我们更友善、更亲近、更认同、更支持,增强亲和力、感召力、影响力。要诚心诚意对待周边国家,争取更多朋友和伙伴"。④ 亲,

---

① 《习近平谈治国理政》第三卷,外文出版社2020年版,第441页。
② 笔者根据外交部官网及相关报道整理。
③ 余思新、蔡育楠、石本惠:《人类命运共同体意识与新时代中国特色社会主义国际话语体系的构建》,《党政研究》2018年第2期。
④ 《习近平著作选读》第一卷,人民出版社2023年版,第153页。

"近也""属也""爱也",①山水相连、人文相亲,要"睦邻、安邻、富邻";"诚者天之道也,诚之者人之道也"②,以诚相待,是与霍布斯丛林法则的根本区别;惠,"仁也""分人以财谓之惠""惠风和畅"③,既要给予实惠,又要以柔和的手段、聪慧的态度;容,"受益惟谦"④"海纳百川"⑤,有容乃大,凸显包容共进、和谐发展。"真实亲诚"和正确义利观最初是指在中非关系中,对待非洲朋友讲"真"字、开展对非合作讲"实"字、加强中非友谊讲"亲"字、解决合作问题讲"诚"字的对非政策理念,也拓展至中国在国际上为发展中国家伸张正义,维护发展中国家整体权益并提升发展中国家整体国际影响力的理念诉求。事实上,这些对亚非拉国家的政策理念,都可以用泛指中外交往的和平合作、开放包容、互学互鉴、互利共赢为核心的丝路精神来予以统摄。

第三节　修正传统国际关系理论体系

习近平外交思想对传统的西方丝路学霸权话语体系产生了深刻的解构意义,也是丝路学对文明交往、国际关系与全球治理三大理论阐释体系的修正,增强了"一带一路"学术话语的阐释力。

一、中国特色的文明交往观

丝路伙伴关系的文明交往互动,在习近平外交思想中有着递进式的文明阐释体系。⑥

(一) 论述多层次的文明主体

丝绸之路始终是承载包容不同文明体的"母胎",是中华文明和多元文明成长兴衰的"文化土壤"。"千百年来,中国同中亚各族人民一道推动了丝绸之路的

---

① 分别出自《广雅》《礼记·大传》《孟子》,转引自许利平等:《构建人类命运共同体视阈下的中国与世界》,中国社会科学出版社2018年版,第44—48页。
② 出自《礼记·中庸》。
③ 分别出自《说文》《孟子》《兰亭序》。
④ 明代袁可立以"受益惟谦,有容乃大"为自勉联。
⑤ 清代林则徐以"海纳百川,有容乃大"为自勉联。
⑥ 马丽蓉:《基于丝路学视角的"一带一路"学术话语研究》,《新疆师范大学学报(哲学社会科学版)》2021年第4期,第71页。

兴起和繁荣,为世界文明交流交融、丰富发展作出了历史性贡献。"①"璀璨的亚洲文明,为世界提供了丰富的文明选择。"亚洲各国借丝绸之路开展文明对话,借"一带一路"等文明交流互鉴的途径,②为丝路文明奠定了基础;丝路文明的发源地在亚欧大陆,丝绸之路是"跨越埃及文明、巴比伦文明、印度文明、中华文明的发祥地,跨越佛教、基督教、伊斯兰教信众的汇集地,跨越不同国度和肤色人民的聚居地",多元化的丝路文明共同体"文明在开放中发展,民族在融合中共存"③;在人类文明的层次上,"世界上有 200 多个国家和地区、2 500 多个民族、多种宗教"④,在"多彩""平等""包容"的人类文明面前,应秉持人类文明"因多样才有交流互鉴的价值""因平等才有交流互鉴的前提""因包容才有交流互鉴的动力"⑤的基本立场,"维护世界文明多样性"。中华文明、亚洲文明、丝路文明、人类文明,依次递进,呈现了文明的多样性、平等性和交流性的特征。

(二) 揭示丝路文明主体的文明交往规律

阐述了不同层次的文明体后,习近平总书记从文明交往的角度,针对"文明交往问题",完善了丝路学理论支点之一的"文明交往观"。文明因交流而多彩,文明因互鉴而丰富。一是提出以"三个超越",即"文明交流超越文明隔阂、文明互鉴超越文明冲突、文明共存超越文明优越"⑥的基本原则,在对待文明差异等问题上,任何想用强制手段来解决文明差异的做法都不会成功,反而会给世界文明带来灾难。差异不应是矛盾的根源,相反应该成为人类文明进步的动力,从而推动不同文明交流对话、和谐共生。中国特色大国外交倡导以"坚持相互尊重、平等相待,坚持美人之美、美美与共,坚持开放包容、互学互鉴,坚持与时俱进、创新发展"的"四点主张"来实现"尊重世界文明多样性"。⑦二是对文明交往路径从正反两方面予以塑造。在参观墨西哥奇琴伊察玛雅文明遗址、希腊罗德岛世界文化遗产骑士城堡、捷克首都布拉格斯特拉霍夫图书馆、撒马尔罕等地之后,习近平主席参悟"文明真谛"来自文明交相辉映、互为借鉴;在品鉴卢浮宫、故宫等

---

① 《习近平谈"一带一路"》,中央文献出版社 2023 年版。
② 《习近平谈治国理政》第三卷,外文出版社 2020 年版,第 467 页。
③ 《习近平谈"一带一路"》,中央文献出版社 2018 年版,第 177—178 页。
④ 同上书,第 170 页。
⑤ 同上书,第 14—15 页。
⑥ 《习近平谈治国理政》第三卷,外文出版社 2020 年版,第 46 页。
⑦ 同上书,第 468—470 页。

珍贵的文化藏品后,他指出各国各民族文明都应该得到尊重,文明只有姹紫嫣红之别,而无高低优劣之分,①反对"文明霸权论";"各种文明本没有冲突,只是要有欣赏所有文明之美的眼睛"②,且"只要秉持包容精神,就不存在什么'文明冲突'"③;倡导文明宽容,"反对一切针对特定民族和宗教的歧视和偏见,防止极端势力和思想在不同文明之间制造断层线"④;三是指出文明交往的基本规律。文明是对等的、平等的,是多元的、多向的,文明交流互鉴是文明发展的本质要求,是增进各国人民友谊的桥梁、推动人类社会进步的动力、维护世界和平的纽带,也是消除隔阂和误解、促进民心相知相通的重要途径。文明因多样而交流,因交流而互鉴,因互鉴而发展,要在多元文明交流互鉴中夯实构建人类命运共同体的人文基础。

(三) 构建中国特色的文明交往理念

揭示了丝路文明主体的文明交往规律后,习近平总书记指明了中华文明在丝绸之路上的文明交往议题,最终形成中国特色的文明交往理念:一是中华文明诞生于华夏但成就于丝路,丝绸之路实属解读中华文明奥秘的关键。中华文明作为古老文明中唯一不间断的连续型文明,在同其他文明不断交流互鉴中形成了开放体系,在兼收并蓄中历久弥新,具有"五个突出特性"。中华文明在引领建构丝路文明中所形成的求同存异的开放体系与善于化解异质文明矛盾的弹性结构,使其成为丝路文明的典型代表,丝绸之路促成了中外文明时空双维的交流互鉴:在时间维度上,实现了中华文明与不同时代文明在陆海丝绸之路上从物质、制度、精神、心理相互影响,显现出成长文明所特有的"多样性和分化趋势";⑤在空间维度上,中华文明与同时代异质文明在丝绸之路上开展经贸、人文、安全等官民并举的交流合作,为中外文明交往提供了重要动力。⑥ 二是中华文明造就了"丝路精神"。"中华文明以海纳百川、开放包容的广阔胸襟,不断吸收借鉴域外优秀文明成果,造就了独具特色的敦煌文化和丝路精神"⑦,在"张骞通西域""玄奘赴天竺取经""鉴真东渡日本""郑和七下西洋"等丝路外交中,丝路

---

① 《习近平著作选读》第一卷,人民出版社2023年版,第280页。
② 《习近平谈治国理政》第三卷,外文出版社2020年版,第469页。
③ 《习近平谈"一带一路"》,中央文献出版社2018年版,第16页。
④ 《习近平谈治国理政》,外文出版社2014年版,第315页。
⑤ [英]阿诺德·汤因比:《历史研究》,郭小凌等译,上海世纪出版集团2005年版,第872页。
⑥ 马丽蓉:《基于丝路学视角的"一带一路"学术话语研究》,《新疆师范大学学报(哲学社会科学版)》2021年第4期,第72页。
⑦ 习近平:《在敦煌研究院座谈时的讲话》,《求是》2020年第3期。

精神是其价值统领,正是区别于西方殖民主义和强权主义的平等互利、包容合作,促进了中西文化交流和中外贸易发展。中华文明造就丝路精神还体现在中国作为丝路凿通国惠及世界的历史贡献上,中国四大发明带动了世界变革,推动了欧洲文艺复兴。中国哲学、文学、医药、丝绸、瓷器、茶叶等传入西方,这些公共产品通过丝绸之路传播而惠及世界,中华文明在吸收外来文明与传播自身辉煌灿烂中造就了"丝路精神"。三是用"文明力量"应对全球性挑战以构建"人类命运共同体"。在全球化时代,人类面临的全球性挑战更加严峻,而共同应对这些挑战,既需要经济科技力量,也需要文化文明力量。通过文明交流互鉴来营造和平稳定,"形成防止和反对战争、推动共同发展的强大力量"[①],以破解全球化面临的文明困境。为此,习近平总书记强调"文物的力量",通过文明互鉴,积极主动地学习借鉴世界一切优秀文明成果,让收藏在博物馆里的文物、陈列在广阔大地上的遗产、书写在古籍里的文字都活起来,让中华文明同世界各国人民创造的丰富多彩的文明一道,为人类提供正确的精神指引和强大的精神动力。

今日之中国,已成为世界之中国;未来之中国,必将以更加开放的姿态拥抱世界、以更有活力的文明成就贡献世界。习近平总书记立足人类文明交往历史与现实,深刻阐明了"多彩、平等、包容"的文明观、"交流互鉴是推动文明进步与世界和平重要动力"的文明交往观,以及用"文明力量"应对全球性挑战以助力构建"人类命运共同体"的中国特色文明理念,进而形成中国特色的文明交往观,彰显了中国作为丝路凿通国的历史贡献与"一带一路"首倡国的国际担当,为世界和平发展进步开辟了新路径,为构建"人类命运共同体"凝聚了新共识,对西方"文明冲突论"具有修正意义,进而提升了中国文化自信。[②]

二、中国特色的国际关系理念

当代国际关系理论的西化现象由来已久,无论是源自威斯特伐利亚体系的"国际关系史",还是风靡于美国的传统国际关系"三大流派",都有着深刻的西方话语尤其是美国话语的烙印。

[①] 《习近平在中国国际友好大会暨中国人民对外友好协会成立60周年纪念活动上的讲话》,《人民日报》2014年5月16日。
[②] 马丽蓉:《基于丝路学视角的"一带一路"学术话语研究》,《新疆师范大学学报(哲学社会科学版)》2021年第4期,第72页。

"一带一路"朋友圈：中国特色丝路伙伴关系研究

在伙伴关系的议题中，在复合相互依赖中基于共同利益开展国际合作，主要是新自由制度主义国际合作理论的主张。同时，国家间相互依赖的非对称性和流于其中的权力，导致合作并不必然达成，因此行为体间发展国际机制来协调彼此行为，创造可预期的环境，达成行为规范，从而助力国家实现各自利益促进国际合作。[1] 在国际友谊的议题中，可以溯源到民主和平论[2]、施密特的敌友关系划分[3]，分为互相友好型（内向型）和共同威胁型（外向型）[4]，它不仅是外交政治话语，也正成为全球化现象，甚至在一定程度上，国家间的敌友行为会通过地缘结构带动秩序演化和互动模式变化对国际体系产生影响。[5]

但是如果一味套用"科学化"的理论去解释非西方国家的历史文化演进与社会发展经验，往往会有失偏颇。近年来，在西方的前沿理论的学术创新中，出现了摆脱西方中心主义的倾向，包括"对中国古代经验的再思考"[6]，而且在中国国际关系学界也引发了长达10年的是否可以构建"中国学派"、如何构建"中国学派"的争论。本书的观点是支持用中国特色的话语体系、理论体系和学术体系来阐释中国的外交历史与实践，丝路学的天然使命也在于此。

习近平总书记基于丝路外交经验所提出的新理念，也成为去西方化理论探索新动向之一，且主要体现为以下几个方面。

（一）肯定"丝路始于中国但惠及世界"的历史贡献，提出"丝路精神"助力形成"丝路命运共同体"的新见解

在古代丝绸之路的中外交往中，中国的商品、技术、制度、思想等通过丝绸之路传播全方位影响了世界文明发展，开启了亚欧大陆的"全球化"进程，也为西方大航海时代引领工业革命时期"全球化"奠定了先机，因此中国"有大量文明成果被教科文组织列入世界文化遗产、世界非物质文化遗产、世界记忆遗产名录"[7]。

---

[1] [美]罗伯特·基欧汉、约瑟夫·奈：《权力与相互依赖》，北京大学出版社2012年版。
[2] B. M. Russett, *Grasping the Democratic Peace: Principles for a Post — Cold War World*, Princeton: Princeton University Press, 1993.
[3] M. C. Williams, Why Ideas Matter in International Relations: Hans Morgenthau, Classical Realism, and the Moral Construction of Power Politics, *International Organization*, 2004, 58: 4, pp. 63-65.
[4] A. Wolfers, *Discord and Collaboration: Essays on International Politics*, Baltimore: Johns Hopkins University Press, 1962.
[5] Oelsner A., Koschut S., A Framework for the Study of International Friendship. In: Koschut S., Oelsner A. (eds) *Friendship and International Relations*. Palgrave Macmillan, London, 2014.
[6] 漆海霞：《当前国际关系理论创新的途径》，《国际关系研究》2019年第4期。
[7] 《习近平谈治国理政》，外文出版社2014年版，第261页。

正如马克思认为的:"火药、指南针、印刷术,这是预告资产阶级社会到来的三大发明。火药把骑士阶层炸得粉碎,指南针打开了世界市场并建立了殖民地,而印刷术则变成新教的工具,总的来说变成科学复兴的手段,变成对精神发展创造必要前提的最强大的杠杆。"[①]与西方对世界的征服不同,习近平总书记认为:"古代中国曾经长期是世界强国,但中国对外传播的是和平理念","强不执弱,富不侮贫""国虽大,好战必亡"……[②]强调中华民族中的DNA里没有侵略他人、称霸世界的基因。"敦亲睦邻,讲信修睦、协和万邦"的友好原则、"以和为贵、和而不同、化干戈为玉帛"的柔远策略,和"世界大同,天下一家"的共同体意识,成为塑就中国丝路外交的基本要素;张骞所率的"从长安出发的和平使团"[③],标志着中国丝路外交的诞生。唐宋元时期,丝路外交随着陆海丝绸之路的繁荣同步发展。明朝郑和七次远洋航海,标志着丝路外交的巅峰,创造了"万国来朝"的国际关系盛况,是"驼队和善意""宝船和友谊"所致的外交成效,以中国天下为公、万邦和谐、万国咸宁的政治理念,和沿途各国互通有无、互学互鉴,结成"丝路经济共同体""丝路人文共同体""丝路安全共同体",蕴含了中国传统文化"以和为贵""有容乃大""和而不同"的大智慧大格局,表明"丝路精神"助力形成"丝路命运共同体"的历史事实,为提出"人类命运共同体"新理念奠定了话语基础。

(二)确立"一带一路源于中国但惠及世界"的共建立场,提出在"一带一路"国际合作中构建"人类命运共同体"的新理念

习近平总书记就职后首访俄罗斯、坦桑尼亚、南非等国时在国际上首倡"命运共同体"概念,并且提出"中非命运共同体""让命运共同体意识在周边国家落地生根""中阿利益共同体和命运共同体""中拉命运共同体"……在不同文化、种族、宗教、社会制度中构建"命运共同体"[④]要遵循四个原则[⑤]、五个方向[⑥],诠释"人类命运共同体"内涵[⑦],提出走"国与国交往新路"来"构建人类命运共同

[①] 中共中央马克思恩格斯列宁斯大林著作编译局:《马克思恩格斯文集》第8卷,人民出版社2009年版,第338页。
[②] 分别出自习近平在印度世界事务委员会的演讲、在新加坡国立大学的演讲、在纪念孔子诞辰2 565周年国际学术研讨会暨国际儒学联合会第五届会员大会开幕会上的讲话。
[③] 《习近平谈"一带一路"》,中央文献出版社2018年版,第177页。
[④] 《习近平外交演讲集》第一卷,中央文献出版社2022年版,第101页。
[⑤] 同上书,第231—235页。
[⑥] 《习近平外交演讲集》第二卷,中央文献出版社2022年版,第19—23页。
[⑦] 同上书,第87—89页。

体"①,指明"构建人类命运共同体"的"五位一体"总体框架、"五个世界"的总目标、"五个方面"的鲜明特征和五个"要"的构建路径,②呼吁共建双边、多边等多层次以及网络空间、海洋、核安全、人类卫生健康等多领域命运共同体。这表明人类命运共同体理念贯穿着中国外交逻辑,是中国与世界互动的核心理念与最高目标,也是习近平总书记站在人类进步的高度,提出的超越民族、国家和意识形态的中国方略。"国与国交往新路"意味着中国率先把建立伙伴关系确定为国家间交往的指导原则,打造联结全球的"朋友圈",实现人类命运共同体的实践平台是中国首倡的共建"一带一路"国际合作,表明中国与丝路沿线国家在现实语境中从"丝路天然合作伙伴"向"丝路战略合作伙伴"的转化,延续"丝路精神"的伙伴实质,在形式多样、内涵丰富的伙伴合作中形成全球"朋友圈"以构建"人类命运共同体",显示出"丝路命运共同体"之于"人类命运共同体"的塑造意义。

(三)习近平总书记以"一带一路"国际合作观来修正西方零和博弈论,提出了构建互利共赢的新型国际关系③新理念

第一,中国用伙伴关系修正西方同盟关系。强调"伙伴"的"志同道合"与"求同存异"基本内涵,是"对话而不对抗、结伴而不结盟""平等相待、互商互谅""互联互通"的。以往的国际体系中,以某强权马首是瞻的不对等、不公平的现象屡见不鲜,西方主导的国际关系中往往以同盟关系将国家间的军事、政治利益进行捆绑。中国从自身发展经验的实际出发,根据外交关系不同程度,建立了不同类型的"伙伴关系",表明中国特色的伙伴观已"由点对点逐渐发展为线对线、面对面的关系,甚至由点线面构成开放性网络",是对西方结盟理论和强权国际体系的修正,深化了我国"结伴不结盟"外交原则。

第二,中国主张推动国际关系内涵发展,指出"万隆精神"已成为"国与国相处的重要准则"④,"为和平解决国家间历史遗留问题开辟了崭新道路"⑤,中国将"弘扬万隆精神,不断赋予其新的时代内涵,推动构建以合作共赢为核心的新型

---

① 《习近平外交演讲集》第二卷,中央文献出版社2022年版,第136页。
② 王畅:《丝路观察|胸怀天下,推动构建人类命运共同体》,澎湃网,https://www.thepaper.cn/newsDetail_forward_24811688,2023年10月1日。
③ 2013年在莫斯科国际关系学院演讲时首次提出"建立以合作共赢为核心的新型国际关系"。
④ 《习近平外交演讲集》第一卷,中央文献出版社2022年版,第66页。
⑤ 同上书,第152页。

国际关系"①。新中国参与万隆会议成就了国际关系史上的一个创举,为国际关系理论增添了"和平共处"的新内涵。在古今丝绸之路的交往中,往往是大国发挥引领和推动作用,其他国家和地区积极参与协同,在中国倡导"一带一路"之际,我们欢迎各国搭乘中国发展的"顺风车",此举为国际关系理论增添了"合作共赢"新质。

第三,中国坚定捍卫多边主义,强调要维护"国际关系演变积累的一系列公认原则",将"以联合国宪章宗旨和原则为基石的国际关系基本准则"②、在联合国平台上开展维和行动、同教科文组织合作、与世卫组织共建"健康丝绸之路"等作为构建人类命运共同体的基本遵循。事实上,西方国际关系"理论构建的实质和目的主要是为霸权护持、维护自身国家利益服务,因而在解释国际问题时带有西方国家的价值偏好和理论局限"。③ "面对当前不确定性和不稳定性更为鲜明的国际关系事实,倚靠西方经验支撑的传统国际关系理论日益凸显解释力不足的困境",尤其是新兴国家群体性崛起"引发国际格局的深度调整",使得世界"对更具普适性国际关系理论"④的需求趋强。其中,习近平总书记提出的中国特色新型国际关系理念,是"和平共处"与"互利共赢"两大核心理念的集大成者,以合作共赢的"新型国际关系"为路径、以构建"人类命运共同体"为目标的中国特色的国际关系新理念,既吸收和借鉴了西方国际关系理论的合理因素,又融入了中国特色的东方智慧,是对西方国际关系理论的扬弃和超越。⑤

三、中国特色的全球治理观

亚欧大陆既是"一带一路"倡议重点地区,也是全球治理的难点地区,因此丝路学相关研究认为,全球治理亦是丝路难题治理。中国提出"共商共建共享"的全球治理观,包括"开放、包容、普惠、平衡、共赢的"⑥新经济观、"共同、综合、合

---

① 《习近平外交演讲集》第一卷,中央文献出版社2022年版,第243页。
② 《习近平外交演讲集》第二卷,中央文献出版社2022年版,第17页。
③ 吉尔平、克莱斯纳等现实主义学者主要从把霸权体系与国际秩序稳定、国际规则与霸权护持角度为美国霸权合法性提供学理性支撑。[美]罗伯特·吉尔平:《国际关系政治经济学》,上海人民出版社,2006年版。
④ 刘昌明、孙通:《习近平外交思想的创新发展与学术话语体系建构》,《当代世界社会主义问题》2019年第1期。
⑤ 马丽蓉:《基于丝路学视角的"一带一路"学术话语研究》,《新疆师范大学学报(哲学社会科学版)》2021年第4期。
⑥ 《习近平外交演讲集》第二卷,中央文献出版社2022年版,第22页。

作、可持续的新安全观"①,以及多元文明交流互鉴的新人文观,对西方全球治理理论也具有修正意义。

(一) 强化中国角色意识,推动全球治理体系变革

作为丝路凿通国,中国以助力互联互通的"驿站"、巧治水资源的"坎儿井",以及戍边屯田的西域治理模式等为丝路治理作出了历史贡献。作为"一带一路"倡议首倡国,习近平总书记提出中国"以经济发展为中心,集中力量办好自己的事情,不断增强我们在国际上说话办事的实力。我们要积极参与全球治理,主动承担国际责任,但也要尽力而为、量力而行"②,强调以"世界和平的建设者、全球发展的贡献者、国际秩序的维护者"的角色,"支持补强全球治理体系中的南方短板,支持汇聚南南合作的力量,推动全球治理体系更加平衡地反映大多数国家特别是发展中国家的意愿和利益"③,助力全球治理体系向多边主义转型。"一带一路"倡议源于中国,机遇和成果属于世界。共建"一带一路"伙伴网络,通过共同的发展、丝路的复兴来解决全球经济不平衡、贫困与贫富差距等"赤字"问题,旨在用国际合作新实践来修正全球治理体系的单边主义弊端,在推动构建"人类命运共同体"中重塑全球治理体系。

(二) 发掘"文明力量",构建全球治理的多元化价值体系

事实上,"全球治理本身是一个协商过程,是一个参与和身份重塑的过程"④,"是各种文化的自在、共在、融合和共同进化"⑤,若以西方"文明冲突论"与"种族优劣论"的单一价值观审视异质文明,诱发冷战后意识形态矛盾让位于民族、宗教、部落、认同等冲突上升为激增的全球难题。习近平总书记认为,在丝路文明交往史上"有冲突、矛盾、疑惑、拒绝,但更多是学习、消化、融合、创新"⑥,应"倡导文明宽容,防止极端势力和思想在不同文明之间制造断层线"⑦。因此,他呼吁位于古丝绸之路沿线的上海合作组织成员国,弘扬"丝路精神",加强维稳能

---

① 《习近平外交演讲集》第二卷,中央文献出版社2022年版,第138页。
② 《习近平谈治国理政》第二卷,外文出版社2017年版,第449页。
③ 《习近平外交演讲集》第二卷,中央文献出版社2022年版,第22页。
④ 秦亚青:《全球治理失灵与秩序理念的重建》,《世界经济与政治》2013年第4期。
⑤ 秦亚青:《关系与过程:中国国际关系理论的文化建构》,上海人民出版社2012年版,第14页。
⑥ 《习近平外交演讲集》第一卷,中央文献出版社2022年版,第100页。
⑦ 同上书,第142页。

力建设。① 他还强调要"办好中阿文明对话暨去极端化圆桌会议"②，发展"同欧洲发展和平、增长、改革、文明伙伴关系"等，重申中国提供的"援非医疗队精神""对非维和精神""坦赞铁路精神"等公共产品，表明中国发掘"文明力量"来修正全球治理价值体系的切实努力及其成效。

（三）参与建章立制，修正全球治理的制度体系

在百年大变局之际，发展中国家群体性崛起所赢取的国际影响力与其在全球治理中制度性话语缺失间落差激增，建立符合现实的全球治理的制度体系迫在眉睫。2015年10月，习近平总书记在十八届中央政治局第27次集体学习中，指出要推动全球治理体制向着更加公正合理方向发展，为我国发展和世界和平创造有利条件。为此，他提出"在联合国、世界贸易组织、世界卫生组织、世界知识产权组织、世界气象组织、国际电信联盟、万国邮政联盟、国际移民组织、国际劳工组织等机构，各国平等参与决策，构成了完善全球治理的重要力量"，③表明以联合国为引领推动全球治理制度体系变革的"中国主张"，并付诸实践：维护联合国引领的全球治理机制、与二十国集团、金砖组织、上合组织、东盟、阿盟、非盟、欧盟等维系区域合作机制，成立"中非论坛""中阿合作论坛""中国—拉共体论坛"来打造中国—亚非拉合作机制，以及创办亚投行与丝路基金，引入"第三方合作"等来倡建"一带一路"国际合作新机制，旨在推动全球治理体制向着日趋公正、合理的方向发展。

从丝路学视角审视中国特色大国外交，可以发现习近平总书记提出的中国特色文明交往观、国际关系理念及全球治理观，烙有包容、互惠、合作的"丝路精神"的影响印记，对丝路学三大理论作出了"中国视角"的阐释，不仅对"一带一路"共建实践具有指导意义，更是对丝路学理论基石具有修正价值。

小　结

中国特色丝路伙伴关系根植于中国传统政治文化。作为中国为世界提供的

---

① 《习近平外交演讲集》第一卷，中央文献出版社2022年版，第175页。
② 《习近平外交演讲集》第二卷，中央文献出版社2022年版，第117页。
③ 同上书，第17页。

"公共产品",丝绸具有温和柔软、悠远绵长、和平包容的特性;丝绸之路则凝结着以和平合作、开放包容、互学互鉴、互利共赢为核心的丝路精神。丝路伙伴关系背后是中国传统政治文化中"关系主义"文化范式和"家国天下"世界秩序的折射,沉淀着中华优秀传统文化的精髓。

针对"建设一个什么样的世界、怎样建设这个世界"的时代之问,习近平外交思想从"十个坚持"回答了"世界怎么了?我们怎么办?",为中国特色大国外交提供了创新的思想指导。

本章从丝路伙伴关系视角剖析了习近平外交思想如何阐释"中国与世界关系"的议题,从丝路天然伙伴关系到丝路战略合作伙伴关系的演进指明了"中国与世界历史关系"到中国特色大国外交"中国与世界现实关系"的嬗变,即历史上丝路伙伴们形成了丝路精神,塑造了"中国与世界历史关系"的行为准则,奠定了丝路天然伙伴关系的精神品质。在"中国与世界现实关系"层面,习近平外交思想提出"两个构建"和"一带一路"朋友圈(即"一带一路"和伙伴关系),则将中国特色大国外交对亚非拉国家等丝路伙伴秉持"亲诚惠容""真实亲诚"理念和正确义利观等创新理念统摄于丝路精神。

习近平外交思想形成了中国特色的文明交往观、中国特色的国际关系理念、中国特色的全球治理观,烙有包容、互惠、合作的"丝路精神"的影响印记,以中国视角修正了丝路学三大理论阐释体系,增强了"一带一路"学术话语的阐释力。

第四章
中国特色丝路伙伴关系的论坛机制

在我国"大国是关键、周边是首要、发展中国家是基础、多边是重要舞台"的对外关系格局下,广大亚非拉发展中国家既是丝路天然伙伴,又是新时代中国特色大国外交构建丝路战略合作伙伴的重要主体。[①] 中国—亚非拉丝路命运共同体如何构建？中国特色"一对多"的发展中国家整体外交无疑是兼顾效率与公平的举措。本章以与亚非拉国家丝路伙伴的主要合作机制[②]为研究对象,旨在梳理中非、中阿、中拉丝路合作伙伴的现状与丝路命运共同体的建构路径。

第一节 中非合作论坛与中非命运共同体

中国与非洲是丝路天然伙伴,中国古史上就有关于非洲之角的记载,郑和下西洋曾4次远航非洲,是将明初中国与各国"共享太平之福"的外交方针,覆盖到际天极地国度的标志,为后世留下帕泰岛"中国村"的佳话。当代中国一贯重视加强与非洲国家的团结与合作,中非双方共同决定在21世纪建立和发展长期稳定、平等互利的新型伙伴关系,建立中非合作论坛机制。尤其是"一带一路"倡议提出后,为中非丝路伙伴关系注入了新的内涵,实现了中非丝路天然伙伴关系到丝路战略合作伙伴关系的华丽转身。其中,中非合作论坛是中非丝路伙伴的主

[①] 在丝路伙伴关系中,中国与亚非拉发展中国家伙伴互为对象,这里用"主体"一词强调其主体间性。
[②] 中国与亚非拉国家的合作机制不仅包括三大论坛,还包括中国发起组建的一系列以发展中国家为主体,以共商、共建、共享为特点的国际组织及合作机制。宽泛意义上,上海合作组织、中国—东盟自贸区、亚洲基础设施投资银行、金砖国家新开发银行等都包含在内。本书仅从覆盖发展中国家最多、领域最广的角度,对中国特色大国外交开展的多边合作机制予以分析。

要机制建构,为打造中非命运共同体提供了切实有力的抓手。

一、中非合作论坛的具体机制

(一)部长级会议

根据部分非洲国家的建议,中国政府于2000年10月提出召开"中非合作论坛——北京2000年部长级会议"的倡议,并得到非洲国家的热烈响应和广泛支持。2002年4月,第一届部长级会议上通过的《中非经济和社会发展合作纲领》讨论的后续机制程序正式生效。论坛的机制建立在三个级别上,来制定中非之间合作框架:一是部长级会议每3年举行一届;二是在部长级会议之前一年举行一次高官级后续会议[①],在部长级会议召开前数日,要举办一次作准备的高官预备会;三是非洲驻华使节与中方后续行动委员会秘书处每年至少举行两次会议。部长级会议及其高官会轮流在中国和非洲国家举行。中国和承办会议的非洲国家担任共同主席国,共同主持会议并牵头落实会议成果。部长级会议由外交部长和负责国际经济合作事务的部长参加,高官会由各国主管部门的司局级或相当级别的官员参加。历届中非合作论坛召开情况如表4-1所示。

表4-1 中非合作论坛官方纲领一览表

时 间	地点	论 坛	文 件
2000年10月10—12日	中国北京	中非合作论坛——北京部长级会议	《北京宣言》《中非经济和社会发展合作纲领》
2003年12月15—16日	埃塞俄比亚亚的斯亚贝巴	中非合作论坛第二届部长级会议	《中非合作论坛——亚的斯亚贝巴行动计划(2004—2006)》
2006年11月3—5日	中国北京	中非合作论坛北京峰会暨第三届部长级会议	《北京宣言》《中非合作论坛北京行动计划(2007—2009)》(峰会通过)
2009年11月8—9日	埃及沙姆沙伊赫	中非合作论坛第四届部长级会议	《中非合作论坛——沙姆沙伊赫行动计划(2010—2012)》

---

① 中方后续行动委员会由外交部、商务部、财政部、文化和旅游部、中央对外联络部、国家发展改革委、教育部、科技部、工业和信息化部、自然资源部、生态环境部、交通运输部、农业农村部、国家卫生健康委员会、中国人民银行、海关总署、税务总局等33家成员单位组成。委员会下设秘书处,办公室设在外交部非洲司,由外交部非洲司司长任秘书长。

续 表

时 间	地点	论 坛	文 件
2012年7月19—20日	中国北京	中非合作论坛第五届部长级会议	《中非合作论坛第五届部长级会议——北京行动计划(2013—2015)》
2015年12月3日	南非比勒陀利亚	中非合作论坛第六届部长级会议	《中非合作论坛约翰内斯堡峰会宣言》《中非合作论坛——约翰内斯堡行动计划(2016—2018)》(峰会通过)
2018年9月3—4日	中国北京	中非合作论坛北京峰会暨第七届部长级会议	《关于构建更加紧密的中非命运共同体的北京宣言》《中非合作论坛——北京行动计划(2019—2021)》
2021年11月29—30日	塞内加尔达喀尔	中非合作论坛第八届部长级会议	《中非合作2035年愿景》

资料来源：笔者根据历次中非合作论坛纲领整理而成。

由表4-1可见，截至2023年10月，中非合作论坛已经召开八届部长级会议，其中2006年第三届和2015年第六届分别升级为峰会，国家元首等高层领导人出席会议并达成合作共识。该机制以3年为一届推进每期部长级会议成果，即中非合作论坛行动计划，中非合作内容和领域都在不断拓展深化。

(二) 多边首脑峰会

中非合作论坛是中国外交多边合作机制中级别最高、内容最丰富的机制，迄今已召开3次领导人峰会(见表4-2)，各国元首齐聚一堂，是中国开展多边首脑外交的重要舞台。

表4-2 中非合作论坛峰会一览表

时 间	地点	论 坛	主 题
2006年11月3—5日	中国北京	中非合作论坛北京峰会	友谊、和平、合作、发展
2015年12月4—5日	南非约翰内斯堡	中非合作论坛约翰内斯堡峰会	中非携手并进：合作共赢、共同发展
2018年9月3—4日	中国北京	中非合作论坛北京峰会	合作共赢，携手构建更加紧密的中非命运共同体

资料来源：笔者根据历次中非合作论坛纲领整理而成。

由表 4-2 可见，2006 年第三届部长级会议提升为一次中非领导人峰会。2015 年中非合作论坛约翰内斯堡峰会是第二次中非峰会，也是首次在非洲大陆举行的中非峰会，中非领导人就中非新发展议程的政策立场、消除贫困与不平等问题、环境与社会的包容性增长、和平与安全、新型全球伙伴关系建构等议题，达成"中非携手并进：合作共赢、共同发展"的共识，共谋"一带一路"下合作新机。2018 年，中非合作论坛北京峰会旗帜鲜明地提出"合作共赢，携手构建更加紧密的中非命运共同体"这一主题，开启了中非关系史上新的里程碑。

中非合作论坛为中国与非洲多边外交提供了高水准、高层次的沟通渠道，已经成为中非开展集体对话的重要平台和进行务实合作的有效机制。论坛有力地推动了中非多边的交流与对话，不仅在中国与非洲等参与国间取得了良好的效果，并在世界舆论范围内树立典范、不同凡响。中非合作论坛涉及领域是全方位的，双方务实合作不断扩大，而且取得了互惠互利的丰硕成果。

二、"一带一路"赋予中非合作论坛新内涵

（一）"四六一"框架

2014 年 5 月 5 日（当地时间），李克强总理在非盟会议中心发表演讲《开创中非合作更加美好的未来》时提出打造中非合作"升级版"的"四六一"框架："四"是指为进一步深化中非合作，双方应坚持平等相待、团结互信、包容发展、创新合作四项原则；"六"是指中国与非洲国家推进产业合作、金融合作、减贫合作、生态环保合作、人文交流合作、和平安全合作六大工程，打造中非全面合作升级版；"一"是指要完善中非合作论坛这一个深化中非关系的重要平台。通过落实中非全面合作"四六一"框架，打造中非全面合作升级版，携手共创中非关系发展更加美好的未来。

同年 5 月 6 日，李克强总理在埃塞俄比亚首都亚的斯亚贝巴出席中非经贸人文座谈会时指出，经贸和人文两者相互紧密融合，是推动中非合作两个不可或缺的"轮子"，是发展这个"轴承"把这两个"轮子"连了起来。要让"经贸"与"人文"两个"轮子"一起驱动，推动中非合作进入快车道，使中非相互发展得更好、更稳、更远。这进一步印证了自丝路外交形成的丝路伙伴关系的经贸人文双重属性。

（二）十大合作计划

2015 年 12 月，中国国家主席习近平在峰会开幕式上致辞时提出 2016—

2018年同非方重点实施的"十大合作计划"。这"十大合作计划",即中非工业化合作计划、中非农业现代化合作计划、中非基础设施合作计划、中非金融合作计划、中非绿色发展合作计划、中非贸易和投资便利化合作计划、中非减贫惠民合作计划、中非公共卫生合作计划、中非人文合作计划、中非和平与安全合作计划,将支持非洲国家加快实现自主可持续发展。非洲联盟委员会主席恩科萨扎娜·德拉米尼-祖马认为该计划将极大地帮助非洲实现非盟制定的《2063年议程》,致力于建设一体化、繁荣、和平的非洲。

(三)"八大行动"

2018年9月3日,中国国家主席习近平出席中非合作论坛北京峰会开幕式时强调中非要携起手来,共同打造"责任共担、合作共赢、幸福共享、文化共兴、安全共筑、和谐共生的中非命运共同体",在中非"十大合作计划"基础上,未来重点实施好产业促进、设施联通、贸易便利、绿色发展、能力建设、健康卫生、人文交流、和平安全"八大行动"。2018年9月4日,会议通过《关于构建更加紧密的中非命运共同体的北京宣言》和《中非合作论坛——北京行动计划(2019—2021)》,双方决定将以共建"一带一路"为契机,加强全方位、宽领域、深层次合作,实现合作共赢、共同发展,共同建设面向未来的中非全面战略合作伙伴关系,共筑更加紧密的中非命运共同体,更好造福中非人民。

在"10+8"合作框架下,中方将秉持"真实亲诚"理念和正确义利观,以支持非洲培育内生增长能力为重点,回应非方减少贫困、改善民生、吸引投资、提振出口等诉求,持续加大对非洲的投入和合作力度,支持非洲国家加快实现自主可持续发展。①

(四)"九项工程"

《中非合作2035年愿景》的首个三年规划中,双方提出将密切配合,共同实施"九项工程":卫生健康工程,减贫惠农工程,贸易促进工程,投资驱动工程,数字创新工程,绿色发展工程,能力建设工程,人文交流工程,和平安全工程。

中非合作论坛已经成为一项长期的、有序的对话机制,中非合作关系已经成为国际关系中冷战结束后非洲对外伙伴关系新模式的典范,履行出价值沟通、增

---

① 《关于构建更加紧密的中非命运共同体的北京宣言》,中国政府网,http://www.gov.cn/xinwen/2018-09/05/content_5319301.htm,2018年9月5日。

信释疑、凝聚共识的使命,体现了习近平主席在《同舟共济,继往开来,携手构建新时代中非命运共同体》的主旨演讲中所总结的"中非双方缔造的历久弥坚的中非友好合作精神"的内涵,即"真诚友好、平等相待,互利共赢、共同发展,主持公道、捍卫正义,顺应时势、开放包容"的精神品格。通过中非合作论坛的交流平台,可以前瞻性地思考如何使中非合作与全球发展努力更好地结合,推动中非新型战略伙伴关系和全球新型发展伙伴关系的建设,夯实中非命运共同体。

第二节 中阿合作论坛与中阿命运共同体

新中国和阿拉伯国家是丝路天然伙伴,中阿友好交往的历史源远流长,中阿两大文明的命运通过丝绸之路紧密联系起来,且都在20世纪逐渐摆脱了殖民地或半殖民地的屈辱境遇,同属发展中国家。新中国成立后,政府与民众与阿拉伯国家在经济合作、文化(包括教育、医疗、宗教、旅游)交流等领域成就显著,加深了中国与阿拉伯国家民众之间的相互了解,推动了中阿友好关系的全面发展。中国—阿拉伯国家论坛自2004年1月成立以来,中阿的伙伴关系不断升级,这一机制已成为新时期中阿开展集体对话与合作的重要平台。

一、中阿合作论坛的具体机制

中阿合作论坛逐步形成了日臻成熟的以政治、经贸、文化交流为主,兼顾其他领域的合作框架,形成了平衡推进、官民并举的发展格局。这一中阿加强集体对话与合作的重要平台,为推进中阿巩固传统友谊、增进政治互信、推动友好合作,取得了实实在在的成果,不仅在能源、金融、投资、基础建设等经济合作领域硕果累累,而且在人文交流机制下中华文明与阿拉伯文明和伊斯兰文明相互交融,成为世界不同文明之间开展平等对话和交流的典范。

(一)政策沟通机制

在政策沟通层面,中阿合作论坛建立起了非常完善的磋商机制,分别是部长级会议、中阿合作论坛高官会和高官级战略政治对话。截至2023年10月,中阿之间共召开了9届部长级会议(见表4-3),16次高官会、5次高官级战略政治对话,如此高密度的高层交流,为中阿双方的战略互信提供了非常有效的沟通渠道。

表 4-3 中阿合作论坛官方纲领一览表

时 间	地点	论 坛	文 件
2004 年 9 月 14 日	埃及开罗	中阿合作论坛首届部长级会议	《中国—阿拉伯国家合作论坛宣言》《中国—阿拉伯国家合作论坛行动计划》
2006 年 5 月 31 日—6 月 1 日	中国北京	中阿合作论坛第二届部长级会议	《中国—阿拉伯国家合作论坛第二届部长级会议公报》《中国—阿拉伯国家合作论坛 2006—2008 年行动执行计划》①
2008 年 5 月 21—22 日	巴林麦纳麦	中阿合作论坛第三届部长级会议	《中国—阿拉伯国家合作论坛第三届部长级会议公报》《中国—阿拉伯国家合作论坛 2008—2010 年行动执行计划》②
2010 年 5 月 13—14 日	中国天津	中阿合作论坛第四届部长级会议	《关于中阿双方建立战略合作关系的宣言》《中国—阿拉伯国家合作论坛 2010—2012 年行动执行计划》③
2012 年 5 月 31 日	突尼斯哈马迈特	中阿合作论坛第五届部长级会议	《中阿合作论坛第五届部长级会议公报》《中国—阿拉伯国家合作论坛 2012—2014 年行动执行计划》④
2014 年 6 月 5 日	中国北京	中阿合作论坛第六届部长级会议	《北京宣言》《2014 年至 2016 年行动执行计划》《中国—阿拉伯国家合作论坛 2014—2024 年发展规划》⑤

---

① 会后,部门间签署《中华人民共和国政府和阿拉伯国家联盟关于环境保护合作的联合公报》和《关于建立中国—阿拉伯国家合作论坛企业家大会合作机制的谅解备忘录》。
② 会后,部门间签署《中华人民共和国政府和阿拉伯国家联盟环境保护合作执行计划(2008—2009 年度)》《中国国际贸易促进委员会与阿盟秘书处关于投资研讨会机制的谅解备忘录》。
③ 以及《中阿典籍互译出版工程合作备忘录》。
④ 会后,其他部门间签署《阿拉伯工矿发展组织与中国国家质检总局谅解备忘录》《阿拉伯工矿发展组织与中国工信部谅解备忘录》《阿盟与中国卫生部卫生合作机制谅解备忘录》。
⑤ 构建"1+2+3"合作格局。"十年规划"提出了中阿关系发展的总体目标和推进方向,确定将经贸、能源、文化、工业、农业、科技、卫生、教育、新闻出版、基础设施、航天、环保、民间交流等 15 个领域作为重点合作领域。"执行计划"规定今后两年双方将继续办好中阿企业家大会暨投资研讨会、中阿能源合作大会、中阿文明对话研讨会、中阿友好大会、中阿新闻合作论坛、中阿卫生高官会等 7 大机制性活动;确定今后两年双方将重点建立中阿高官级战略对话、推动中国与海合会自贸区建设、建立中阿荒漠化防治技术培训中心、实施中阿科技伙伴计划等 8 大合作意向。

续 表

时 间	地点	论 坛	文 件
2016年5月12日	卡塔尔多哈	中阿合作论坛第七届部长级会议	《多哈宣言》《论坛2016—2018年行动执行计划》①
2018年7月10日	中国北京	中阿合作论坛第八届部长级会议	《北京宣言》《论坛2018—2020年行动执行计划》《中阿合作共建"一带一路"行动宣言》②
2020年7月6日	视频连线	中阿合作论坛第九届部长级会议	《中国和阿拉伯国家团结抗击新冠肺炎疫情联合声明》《中国—阿拉伯国家合作论坛第九届部长级会议安曼宣言》《中国—阿拉伯国家合作论坛2020—2022年行动执行计划》

资料来源：根据历次中阿合作论坛纲领整理而成。

由表4-3可见,经过近20年的建设,论坛正规化、机制化建设取得长足发展。中阿双方在论坛框架下大力推进政治、经贸、文化等诸多领域的多边交流合作,已建立起部长级会议、高官委员会、企业家大会、专题经贸研讨会、能源合作大会、文明对话研讨会、文化交流、高教与科研合作、新闻合作论坛、环境保护合作、人力资源培训、民间交流等多个合作机制,丰富了中国与阿拉伯国家友好交往的内容,创新了中阿丝路伙伴合作模式,对推进中阿关系发展取得了实实在在的成果,影响日益扩大,成为中阿友好合作的"新品牌"。

部长级会议、高官会、高官级战略政治对话的机制体现了中阿双方政治上的对接和支持,尤其是在各自核心利益问题上相互支持。阿方坚定支持一个中国的原则和改革开放的既定国策;中方毫无保留地支持中东和平进程、"阿

---

① 双方同意用共建"一带一路"来指导中阿关系。丝绸之路是中阿两大民族共同的历史遗产和文化价值,共建"一带一路"是我们促进共同发展、实现民族复兴的历史机遇,中阿要做共建"一带一路"进程中最可靠、最持久的合作伙伴。双方明确以推进互联互通、产能合作和人文交流作为共建"一带一路"的3大支柱。合作领域包括18大类36个,重点是举办文明对话、企业家大会、能源合作论坛、新闻合作论坛、友好大会、互办艺术节6大机制性活动;召开广播电视、卫生合作、北斗3个合作论坛;启动中阿改革与发展研究中心、中阿翻译联合培养计划、中阿智库联合课题研究3大交流项目;充分发挥技术转移中心、核能培训中心、北斗卫星导航系统落地3大高新项目的引领作用。

② 习近平主席指出,共同打造中阿命运共同体,进而为构建人类命运共同体作出贡献。我们愿与阿方共同努力,朝着这一目标不断迈进。王毅指出,中阿双方在本次论坛会议上同意建立全面合作、共同发展、面向未来的战略伙伴关系,翻开了中阿关系的新篇章。中阿要以建立战略伙伴关系为契机,增进政治互信;以共建"一带一路"为平台,对接发展战略;以共同、综合、合作和可持续的安全观为引领,维护好中东地区的和平稳定,共同为世界的长治久安作出努力。

拉伯和平倡议"、巴勒斯坦人民的建国大业,以及阿拉伯各国根据自己的国情自主选择的发展道路,反对将恐怖主义、极端主义与特定民族宗教挂钩。双方对和平稳定、合作共赢、共同繁荣有着共同的期盼,共同促进国际关系民主化,推动地区热点问题的政治解决,维护地区的和平与稳定,支持构建中阿命运共同体。

(二) 人文合作机制

1. 文明对话研讨会

中国和阿拉伯国家都拥有悠久的文明,都创造了辉煌灿烂的文化。中阿关系暨中阿文明对话研讨会有助于推动世界不同文明之间的交流,有利于促进不同文明之间的平等相待、团结互助、和谐共处、共同发展。中阿文明对话研讨会从2005年开始每两年召开一次,迄今为止,一共召开了11次中阿文明对话的会议,如表4-4所示:

表4-4 中阿合作论坛文明对话研讨会一览表

会 议	时 间	地点	议 题
首届"中阿关系暨中阿文明对话研讨会"	2005年12月12—13日	中国北京	中阿关系和中阿文明对话
第二届"中阿关系暨中阿文明对话研讨会"	2007年12月1—3日	沙特利雅得	发展中阿文化关系、发挥中阿文明在应对全球化挑战中的作用以及加强两大文明间的相互理解
第三届"中阿关系暨中阿文明对话研讨会"	2009年5月11—12日	突尼斯	"阿拉伯文化中的中国和中国文化中的阿拉伯人""中阿文化中人与自然的共同价值观""现代通讯、科技手段和中阿关系"
第四届"中阿关系暨中阿文明对话研讨会"	2011年12月27—28日	阿联酋阿布扎比	"中阿文明的共同价值""历史上和当代为推进中阿文明相互了解和对话的中阿重要人物""文明对话及其在促进中阿战略合作关系方面发挥的作用""中国的伊斯兰文化,及其在促进相互了解、中阿文明与文化对话方面的重要性",以及"中、阿媒体在加深相互了解和丰富中阿文明对话方面的作用"

续　表

会　议	时　间	地点	议　题
第五届"中阿关系暨中阿文明对话研讨会"	2013 年 6 月 27—28 日	中国乌鲁木齐	"中阿两大文明对丰富人类文明的贡献""文明对话对促进新时期中阿战略合作关系发展的作用""中阿文化的相互影响与融合""智库与专家学者对加强中阿文明对话的作用"
第六届"中阿关系暨中阿文明对话研讨会"	2015 年 11 月 10—11 日	卡塔尔多哈	"现代丝绸之路：未来十年合作与对话的基础和潜在挑战""现代丝绸之路沿线文化和青年合作的新目标和新机制""民间交往和公共外交"
第七届"中阿关系暨中阿文明对话研讨会"	2017 年 8 月 15—17 日	中国成都	"中阿合作共建'一带一路'背景下的文明对话"和"去极端化的治理与中阿去极端化合作"①
第八届"中阿关系暨中阿文明对话研讨会"	2019 年 12 月 17—18 日	摩洛哥拉巴特	"利用软实力外交弘扬和平文化""可持续发展对弘扬和平文化的作用""促进文化多样性""运用传统和现代传播手段反对恐怖暴力和极端思想""以文化创新产业促进文明对话"
第九届"中阿关系暨中阿文明对话研讨会"	2021 年 9 月 14 日	视频连线形式	"倡导包容团结，尊重各国独特文明和社会制度""加强中阿两大古老文明对话""深化文明交流互鉴，促进'一带一路'民心相通"
第十届"中阿关系暨中阿文明对话研讨会"	2023 年 10 月 24—25 日	阿联酋阿布扎比	"加强文明交流，实现和平共处""尊重多元文化与民族特性，筑牢人类兄弟情谊""开展文明对话，助力人类社会发展繁荣""呼吁和平对话，夯实和平稳定根基"

资料来源：笔者根据历年"中阿合作论坛文明对话研讨会"会议整理而成。

可以看到，中阿文明对话机制是中阿之间官方较为高级别的沟通对话机制，主要有中阿涉及宗教文化的部门出席。通常政府体系外的外交手段都被归入"第二轨道"的外交。美国学者路易丝·戴蒙德(Louise Diamond)和约翰·麦克

---

① 中国和 16 个阿拉伯国家和阿盟的官员、专家和宗教界人士就深化文明对话，共建"一带一路"，坚持温和中道价值理念，合作推进去极端化等深入交换意见。

唐纳(John McDonald)在此基础上提出"多轨外交"(Multi-Track Diplomacy)概念,用以反映那些有助于缔造和建设国际和平活动的多样化的概念框架,包括政府、非政府/专业人士、商业、平民、研究/培训和教育、社会行动、宗教、资助、传播与媒体共计九大轨道。[①] 以中国为例,参会人员往往由外交部、文化和旅游部、国务院新闻办、国家宗教局、知名学术研究机构的官员、专家、学者构成,这是中国积极发挥"多轨外交"作用的体现。

其中,可以看到 2010 年 5 月 11 日,新闻出版总署与阿拉伯国家联盟秘书处签署了《中阿典籍互译出版工程合作备忘录》。这意味着中国的优秀历史典籍、当代文学作品在阿拉伯联盟 22 个国家出版发行。合作依托中阿合作论坛机制,为该论坛框架下的中阿文明对话注入又一实质性内容。在当前中阿图书互译工作尚未充分开展的情况下,该项合作将进一步增进两大文明间的交流与联系。根据备忘录,双方将启动中阿典籍互译出版工程,将更多的优秀作品呈现给双方读者,构建现代文化的"丝绸之路"。工程确定为历史文化典籍、现当代文学作品、少儿文学作品的互译工作,每年互译 5 种,并在当年完成出版工作。项目第一阶段目标为双方各 25 种,共 50 种,5 年内完成。为使合作落到实处,双方商定将成立一个由政府部门、出版商和有关科研院校或机构的代表组成的 10 人专门委员会共同负责项目实施,委员人选将包括在语言、翻译及出版领域卓有建树的专家。委员会下设两个固定办事处,一个设在中国的人民出版社,一个设在阿尔及利亚的阿拉伯高等翻译研究员总部。委员会将每年举行一次会议,决定有关重要事项。

高教与科研合作研讨会是"中阿合作论坛"框架下的一个新亮点,为中阿双方扩大高教合作、加强科研交流、促进共同发展开辟了一条新渠道。2009 年 11 月 10—11 日,"中阿合作论坛"首届中阿高教与科研合作研讨会在苏丹首都喀土穆举行。双方与会代表就中阿高教与科研现状与前景、中阿实行共同科研项目可行性、促进双方高教与科研合作的机制与途径、加强中阿政府和高校间人员交流与互访、推动中阿政府和高校间双边教育与科研交流合作等议题进行了广泛而深入的探讨与交流。会议闭幕式上发表了公报,强调中国和阿拉伯国家开展高教与科研领域合作,进行经验交流,以及双方高校、科研领域的专家交流具有

[①] [美] 路易丝·戴蒙德、约翰·麦克唐纳:《多轨外交——通向和平的多体系途径》,李永辉等译,北京大学出版社 2006 年,第 15 页。

重要意义。双方一致同意加强中阿大学教授和研究生之间的学术访问;加强双方大学、科研机构之间开展共同科研研究;加强人才培养和教师、学生交流等。

此外,中阿双方还开展卫生合作等其他人文交流领域的合作论坛。

2. 中阿互办艺术节

"中阿合作论坛"框架下的文化交流活动丰富多彩,中阿双方在对方国家互办艺术节等活动,拉近了双方人民之间的距离,增进了双方人民之间的相互了解和友好往来。

自2006年阿拉伯文化节在北京举办后,至2023年中阿双方已经互办了4届文化节(见表4-5),并在2008年5月,在巴林举行的"中阿合作论坛"第三届部长级会议上正式确定了中阿互办艺术节机制,决定每两年分别在中国和阿拉伯国家轮流举办阿拉伯艺术节和中国艺术节。

表4-5 中阿互办文化节一览表

文化节	时间	地点	主要活动
首届阿拉伯艺术节	2006年6月23日—7月13日	中国北京、南京	阿拉伯艺术展、中阿文化部长圆桌会议、阿拉伯艺术演出、阿拉伯服饰展示和美食品尝、阿拉伯国家记者团访华
首届中国艺术节	2008年4—6月	叙利亚	大型乐舞《敦煌韵》、湖南杂技团、红樱束女子打击乐队访演、中国刺绣展展出、中国手工艺品展销
第二届阿拉伯艺术节	2010年6月18—25日	中国北京、上海	中阿文化论坛、阿拉伯艺术团联合演出和阿拉伯艺术展
第二届中国艺术节	2012年3月25—31日	巴林麦纳麦	《绣之雅韵——中国刺绣展》、厦门小白鹭民间舞团、中国新疆艺术团和少林嵩山武术团的演出
第三届阿拉伯艺术节	2014年9月	中国北京、福建、陕西、宁夏等省市区	作为2014年和2015年"中阿友好年"的重要内容,涵盖文艺汇演、论坛、非遗与艺术展览、电影节、书展、研修班、艺术工作室等众多领域
第三届中国艺术节	2016年8月	突尼斯	文化部局级政府代表团、中国媒体团访问;四川省艺术团赴突尼斯举办专场演出;北京市文联非遗展示团赴突尼斯进行展示(广场演出、传承人现场展示等)

续 表

文化节	时间	地点	主要活动
第四届"阿拉伯艺术节"	2018年7月	中国四川	中阿文化部长论坛、中阿城市文化和旅游论坛、"阿拉伯风情服饰秀""阿拉伯美食节""意会中国——阿拉伯知名艺术家访华采风10周年大展""丝路花开——阿拉伯文艺精品汇演"等20余项文化交流活动①
第五届"阿拉伯艺术节"	2022年12月	中国江西景德镇	期间举办中阿文化产业论坛、阿拉伯知名艺术家访华采风精品展、《御窑天下》特展、"丝路遗珍"中国古代外销瓷展、"域见阿拉伯"风情创意市集等一系列交流活动

资料来源：笔者根据历年中阿互办"文化节"活动整理而成。

由表4-5可见，中阿各自文化节常规是每4年举办一次。这些丰富多彩的文化交流、文化展示活动，增进了阿拉伯人民和中国人民对中国文化和阿拉伯文化的直观了解，提升了各自在对象国的文化形象，在民众间埋下了推动中阿文化关系深入发展的友谊之种。中国和阿拉伯都是世界文明主要发源地，文化遗产丰富且具独特性。中国和阿拉伯世界之间渠道多样、形式多彩的文化交流，体现了丝绸之路上不同文化的包容性。

3. 中阿新闻合作论坛

中阿新闻合作论坛是"中阿合作论坛"框架下一项重要合作机制，主要目的是进一步增进中国和阿盟成员国政府新闻主管部门间的友好合作关系，促进中国和阿盟成员国间新闻、出版、广电领域的合作，通过大众传媒增进中阿人民的了解和友谊。目前，中国—阿拉伯国家新闻合作论坛已召开6届，如表4-6所示：

表4-6 中国—阿拉伯国家新闻合作论坛一览表

届次	时间	地点	主题
首届中阿新闻合作论坛	2008年4月23—24日	中国北京	加强媒体合作，促进中阿友谊

---

① 本届文化节以"丝路相连，民心相通"为主题，集中展示中阿在"一带一路"文化合作框架下的最新交流合作成果。

续　表

届　次	时　间	地　点	主　题
第二届中阿新闻合作论坛	2010年5月6—7日	巴林麦纳麦	利用现代化通信手段发展中阿新闻合作
第三届中阿新闻合作论坛	2012年4月24—25日	中国广州	加强媒体合作，推动中阿经贸关系发展
第四届中阿新闻合作论坛	2020年11月24日	线上形式	新冠疫情下媒体在加强中阿共同发展中的责任
第五届中阿广播电视合作论坛	2021年12月6日	线上线下结合	加强文明交流互鉴，深化广电领域务实合作
第六届中阿广播电视合作论坛	2023年12月9—11日	中国杭州	传承中阿友谊，共享视听发展

资料来源：笔者根据历年"中国—阿拉伯国家新闻合作论坛"会议整理而成。

由表4-6可见，中阿新闻合作论坛的主要参与方是中阿新闻主管部门代表、主流媒体负责人和社会各界的代表，讨论的都是基于时代和双方关切的重要议题。新闻媒体日渐成为继立法、行政、司法之后的"第四种权力"，是在中阿双方之间影响和传播中阿各自形象、促进价值沟通、培育双方共识的重要影响因素，媒体的共识凝聚、积极发声，营造良好的舆论环境是服务于双方互利合作的先行者。除了传统的会议形式，线上"互联网＋"的方式为中阿人文交流和民心相通开辟了新的技术手段。以2020年的会议为例，中国国务院新闻办主任徐麟、副主任郭卫民，沙特新闻部大臣马吉德·卡萨比，约旦新闻事务国务大臣阿里·阿伊德，巴林新闻事务大臣阿里·鲁梅希，埃及新闻国务部长乌萨马·海凯勒，黎巴嫩新闻部长马娜勒·阿卜杜勒-萨马德，阿盟秘书处助理秘书长卡伊斯·阿扎维等共聚线上论坛，为中阿新闻媒体界的团结协作、应对新冠疫情等全球性挑战认清责任、出谋划策。中阿媒体坚持客观理性立场，发挥好舆论引导作用，是讲好中阿合作抗疫的故事，不断传播公平正义、互利共赢的正能量。

4. 民间交流

民间交流是中国同阿拉伯国家政府间合作的重要辅助渠道，对动员中阿民间友好力量、增进中阿传统友谊、促进新时期中阿互利合作发挥着不可替代的重要作用。在民间交流方面,中阿友好大会是中阿民间交流的一个代表。目前,中国和阿拉伯国家友好大会已召开5次会议(见表4-7)。

表4-7 中阿友好大会一览表

届　次	时　间	地　点	主　要　内　容
首届中阿友好大会	2006年11月28—29日	苏丹喀土穆	通过《中阿民间友好宣言》,决定成立总部在喀土穆的阿拉伯中国友好协会联合会,确定11月29日为"中阿友好日"
第二届中阿友好大会	2008年10月27—31日	叙利亚大马士革	通过阿拉伯中国友好协会联合会章程,并根据章程选出由10人组成的执委会,成立"友好大会后续行动委员会",签署《2008—2010年中国阿拉伯民间行动计划》及新闻公报,对未来两年中阿民间友好交流做出规划和展望
第三届中阿友好大会	2010年10月23—26日	利比亚的黎波里	通过《新闻公报》和《2010—2012中国阿拉伯民间行动计划》。双方共同商定进一步在经贸、文化、教育、地方政府等领域开展实质的交流与合作达成共识。大会期间举办了中阿学者和企业家见面会
第四届中阿友好大会	2012年9月13—14日	宁夏银川	评估《2010—2012年中阿民间行动计划》执行情况,讨论通过《第四届中阿友好大会新闻公报》《2012—2014年中阿民间行动计划》
第五届中阿友好大会	2017年11月6—7日	北京	主题为"民间合作助力中阿共建'一带一路'",通过《第五届中国阿拉伯友好大会宣言》

资料来源:笔者根据历年中阿友好大会相关报道整理而成。

由表4-7可见,这项机制主要由中国人民对外友好协会、中国阿拉伯友好协会、阿拉伯中国友好协会联合会和阿盟秘书处等机构共同轮流主办,以上机构和各个阿拉伯国家对华友好组织代表团、企业和媒体代表出席参加。卡塔尔将承办第六届大会,发挥民间交流平台作用,为中阿实现合作共赢、共同发展作出更大贡献。民间组织和民间人士在深化中阿传统友谊,推动双方务实合作方面发挥了重要作用,有力地增进了双方的民心相通。艾力更·依明巴海总结了中阿民间友好合作的三点展望:一是加强中阿文化交流合作。让中阿悠久的历史和灿烂的文化,作为联系人们心灵的纽带,以此拉近中阿人民心与心的距离。二是加强青年交流,传承中阿传统友谊。青年是国家的希望和友谊的传承者,加强中阿青年交流,为双方青年提供深入了解到对方的机会的渠道,使中阿传统友谊得到传承。三是加强平台建设,打造合作平台。通过资源整合,拓宽合作渠道,打造更多更好的优质合作。① 今后,中阿双方将会通过开展"一带一路"系列文化活动、共同建设"一带一路"友好文库等方式加强两大文明交流互鉴,共同推动人类文明发展进步。2022年5月10日,由中国人民对外友好协会和阿拉伯中国友好协会联合会共同主办的中国—阿拉伯友好组织对话会以视频方式成功召开,并一致通过了《中国阿拉伯国家友好组织关于维护世界公平正义、实现共同发展的宣言》。

(三) 经贸合作

1. 企业家大会

工商界是经济发展与合作的先锋官和主力军,这一交流机制主要在中阿双方的经贸促进机构、商协会和企业家代表之间进行。截至2023年,中阿企业家大会已召开10次会议,如表4-8所示。

表4-8 中阿企业家大会一览表

时 间	地点	会 议	主 题
2005年4月12—13日	中国北京	首届中阿合作论坛企业家大会	以"增进了解,扩大合作"为宗旨,以"中阿经贸关系的现状和前景"及"促进双方相互投资"为议题
2007年6月18—19日	约旦安曼	第二届中阿合作论坛企业家大会	以"深化合作,共享繁荣"为主题,通过《安曼宣言》
2009年4月21—22日	中国杭州	中阿合作论坛第三届企业家大会暨投资研讨会	以"迎接挑战、互利共赢"为主题,探讨金融危机下的中阿双边贸易与投资合作②
2012年1月18日	阿联酋沙迦	中阿合作论坛第四届企业家大会暨投资研讨会	西亚北非形势变化后深化中阿经贸合作,推动中国与海湾国家合作上一台阶

---

① 《第五届中国阿拉伯友好大会在北京开幕》,中阿合作论坛官网,http://www.chinaarabcf.org/chn/ltjz/zayhdh/dwj/t1803474.htm,2020年8月3日。
② 具体是金融危机下的中阿双边贸易、促进中阿中小企业合作、中阿相互投资的现状与前景、中阿金融合作展望等问题。

续表

时　间	地点	会　议	主　题
2013年12月9日	中国成都	中阿合作论坛第五届企业家大会暨投资研讨会	以"深化互利合作,促进共同发展"为主题
2015年5月26日	黎巴嫩贝鲁特	中阿合作论坛第六届企业家大会暨第四届投资研讨会	中阿经贸合作、推动"一带一路"建设,如能源、贸易、投资、基础设施、亚投行、工商界交流机制等
2017年9月6日	中国宁夏银川	中阿合作论坛第七届企业家大会暨第五届投资研讨会、2017中国—阿拉伯国家工商峰会	以"创新合作模式、促进联动发展"为主题,发布《中阿经贸关系发展进程2016年度报告》
2019年4月2日	突尼斯	中阿合作论坛第八届企业家大会暨第六届投资研讨会	在全面合作、共同发展、面向未来的战略伙伴关系下发展新突破,发表《突尼斯宣言》
2021年4月6日	中国北京	中阿合作论坛第九届企业家大会暨第七届投资研讨会	以"携手推进面向未来的中阿经贸合作"为主题
2023年6月11—12日	沙特利雅得	第十届企业家大会暨第八届投资研讨会	以"中阿携手、共创繁荣"为主题

资料来源:笔者根据历年中阿企业家大会相关报道整理而成。

由表4-8可见,在企业家大会中,主导者是中阿的商贸负责部门。例如,中国的主办单位一般是外交部、商务部、中国贸促会和地方省(市)政府等正部级单位;在开幕式上出席的领导则是国家级,如首届会议是全国政协主席贾庆林,后中方出席最高代表一般是全国政协副主席,第七届是由全国人大常委会副委员长张平出席,2012年,国家总理温家宝出席并发表讲话。可见经贸领域交流合作在中阿关系中占有一席之地,也足以显示中国政府对中阿企业家之间交流的高度重视。该机制的主要参与者是中阿企业家和工商界人士,会议盛大之极时有来自中国和阿盟各个成员国的官员和企业家逾千人汇聚一堂。阿方的参与者往往是各国主管经贸的部级官员和阿拉伯工矿发展组织、农业发展组织、通信和信息技术组织、投资者联盟的代表等。参与方主要就中阿经贸和投资现状与前景等议题展开研讨,会后中阿双方企业还进行了分行业对口洽谈。通过两年一度的会议交流,增进双方互相了解、凝聚各方共识。

第四届企业家大会之所以推迟到2012年,是因为西亚、北非地区形势出现了重要变化,即"阿拉伯之春"动荡引发了地区、国家的重大挑战和冲击。作为阿拉伯国家的好朋友、好伙伴、好兄弟,中国高度关注中东形势发展变化,愿意为地区的和平与发展提供力所能及的帮助。推迟不意味着中断,相反中阿关系通过了紧张形势的考验,更加凸显中阿友谊历久弥坚。当年中国还提出了深化中阿经贸合作的一个重大举措,就是建设中国—海合会自贸区。这项工作对中阿关系发展具有里程碑式的重大意义。双方要拿出更大的政治意愿,尽快结束谈判并签署自贸区协定。

2. 能源合作大会

2003—2013年的10年间,中阿贸易额从250亿美元上升到2 390亿美元,增长了近9倍。尤其值得注意的是,能源合作成了中阿经贸合作最重要的组成部分,是中阿经贸共同体的重要关切。中东地区具有全世界原油产量最丰富的资源禀赋和成本优势,与中国的能源需求形成了战略互补,且近年来核电、火电、电网、新能源等诸多领域合作成果丰硕。中阿能源合作大会迄今已召开6届,如表4-9所示。

表4-9 中国—阿拉伯能源合作大会一览表

时 间	地点	会 议	主 要 内 容
2008年1月9—10日	中国海南三亚	首届中阿能源合作大会	以"中阿能源合作的前景和途径"为主题,围绕可再生能源利用、石油天然气领域合作、电力工业发展等议题广泛交流
2010年1月28日	苏丹喀土穆	第二届中阿能源合作大会	签署《中国国家能源局和阿拉伯国家联盟关于中阿能源合作机制的谅解备忘录》
2012年9月17日	中国宁夏银川	第三届中阿能源合作大会	探讨中阿能源合作的前景和加强能源合作的途径。双方强调必须充分开发与利用各种能源,共同保障全球能源安全,促进各自经济社会可持续发展。双方还就可再生能源进行合作,加强石油、天然气和电力行业合作广泛交换了意见
2014年11月17—21日	沙特利雅得	第四届中阿能源合作大会	继续加强油气领域合作,探索和实践在和平利用核能、水电、光能、风能等清洁能源领域合作

续 表

时　间	地点	会　议	主　要　内　容
2016年10月25日	中国北京	第五届中阿能源合作大会	以"能源：中阿合作的基石"为主题，探讨"如何建设能源丝绸之路，推动中阿能源合作""创新完善金融生态，促进中阿金融能源深度融合"等议题
2018年11月5—8日	埃及开罗	第六届中阿能源合作大会	以"'一带一路'的投资机会"为主题，着重探讨在"一带一路"框架下如何进一步推动中阿能源合作
2023年9月19日	中国海南海口	第七届中阿能源合作大会	以"秉承高质量高标准可持续、开创中阿能源合作黄金期"为主题，发布《中阿能源合作回顾与展望》

资料来源：笔者根据历年中阿能源合作大会相关报道整理而成。

能源合作的交流机制的主要是在中阿双方的能源领域政府管理部门官员，相关国际组织、能源企业、学术组织、科研机构之间进行的。最初这个会议的规格一般是副部级，由中国国家发改委副主任，地方政府省（市）委副书记，省（市）长或副省（市）长，中国外交部副部长或部长助理出席。后来，为有效落实2022年12月中国—阿拉伯元首峰会、中国—海合会国家峰会、中国—沙特元首峰会精神，切实推动我国与阿拉伯国家在能源领域的务实合作，会议的级别有所提高。

在全球积极实现碳中和以应对气候变化的背景下，共同构建绿色低碳的全球能源治理格局，已成为普遍共识。未来，能源结构将变得更加多元化。"一带一路"倡议提出后，中阿能源合作进程被进一步推动，旨在落实习近平主席提出的中阿"产能对接行动"，加速中国优势产能与中东能源优势的结合。首先，完善合作机制，打造"共商、共建、共享"平台。要根据形势的发展，与时俱进，不断优化和完善中阿能源大会的合作机制。其次，开拓合作思路、丰富合作内容，拓宽能源合作领域和模式。在合作领域上，中阿双方应从传统油气拓展到电力、新能源和核电等领域，从原油贸易拓展到人人享有可持续能源、提高能效等方面的政策机制建设。在合作方式上，应从工程总承包（EPC）向设计、制造、运维、服务全产业链合作延伸。最后，优化商业环境，鼓励企业投资兴业。消除贸易和投资障碍，为能源项目投资和建设提供制度和法律保障，实现能源项目投融资便利化。

3. 环保合作

"中阿合作论坛"框架下的环境保护合作机制是中阿双方为增进在保护环境领域的合作、促进实现可持续发展而建立的机制,为双方相互借鉴在环境保护方面的经验、寻求潜在合作领域、实现共同发展提供了一个重要平台。

2006年2月8日,论坛框架下首次"中阿环境合作会议"在迪拜举行,双方讨论了共同关心的国际环境问题,回顾了有关环境和可持续发展的联合国大会和首脑会议所取得的成果,并签署了《会议公报》。公报明确了双方在环境领域加强合作的途径,并将环境政策和立法、环境教育宣传、环境影响评价、环境保护产业、城市环境保护、可持续能源使用、生物多样性保护、沙尘暴防治、流域环境管理、废弃物管理和污染控制等作为优先合作领域。同年6月,双方在"论坛"第二届部长级会议上签署了《中华人民共和国政府和阿拉伯国家联盟环境合作联合公报》,标志着中阿双方在环保领域的合作正式启动。同年10月,"中非、中阿环境合作伙伴关系研讨会"在北京举行。2007年,国家环保总局与阿盟共同制订了《中华人民共和国政府和阿拉伯国家联盟环境合作执行计划(2008—2009)》,于2008年5月论坛第三届部长级会议期间正式签署。2022年,首届中国—阿拉伯国家峰会中提出绿色创新共同行动。

二、"一带一路"赋予中阿合作论坛新内涵

2014年6月5日,习近平主席在中阿合作论坛第六届部长级会议开幕式上发表重要讲话,向阿拉伯世界发出共建"一带一路"的邀请。中国倡导中阿大力弘扬丝绸之路精神,坚持共商、共建、共享原则,打造政治互信、经济融合、文化包容的利益共同体、责任共同体和命运共同体,做共建"一带一路"进程中最可靠、最持久的合作伙伴。在《弘扬丝路精神 深化中阿合作》的主旨演讲中,习近平主席提出,中阿共建"一带一路",构建以能源合作为主轴,以基础设施建设、贸易和投资便利化为两翼,以核能、航天卫星、新能源三大高新领域为突破口的"1+2+3"合作格局。自此,中阿关系进入全新的发展阶段。当前,中阿能源合作更加紧密,双方贸易和双向投资稳步增长,经贸合作区和基础设施建设加快推进,产能合作深入发展,核能、航天、可再生能源等领域合作不断取得新的突破,中阿合作论坛的交流机制也有了新的设置。

2014年,中阿合作论坛"十年规划"提出了中阿关系发展的总体目标和推进

方向,确定将经贸、能源、文化、工业、农业、科技、卫生、教育、新闻出版、基础设施、航天、环保、民间交流等15个领域作为重点合作领域。在论坛原有的机制性活动之外,双方将重点建立中阿高官级战略对话、推动中国与海合会自贸区建设、建立中阿荒漠化防治技术培训中心、实施中阿科技伙伴计划等八大合作意向。

2016年后,双方明确以推进互联互通、产能合作和人文交流作为共建"一带一路"的三大支柱,在"一带一路"框架内继续夯实中阿战略合作政治基础,以能源、金融、经贸"三引擎"推动"1+2+3"合作格局取得新突破,做强中阿人文交流。合作领域包括十八大类36个项目,重点是:举办文明对话、企业家大会、能源合作论坛、新闻合作论坛、友好大会、互办艺术节六大机制性活动;召开广播电视、卫生合作、北斗3个合作论坛;启动中阿改革与发展研究中心、中阿翻译联合培养计划、中阿智库联合课题研究三大交流项目;充分发挥技术转移中心、核能培训中心、北斗卫星导航系统落地三大高新项目的引领作用。

2022年12月,首届中国—阿拉伯国家峰会成功召开,习近平主席同阿拉伯国家领导人一致同意全力构建面向新时代的中阿命运共同体,对推动中阿战略伙伴关系发展发挥了重要引领作用,具有里程碑意义。双方发表《利雅得宣言》等重要文件,习近平主席提出中阿务实合作"八大共同行动"。峰会后双方积极落实峰会成果,取得诸多重要进展。这些成果的不断落实,体现了中阿在双边关系发展以及重大地区和国际问题上的战略共识,预示着未来合作的巨大潜力和广阔前景。

(一) 高官级战略政治对话

高官级战略政治对话机制是建立在原有的高官会基础之上,针对重大国际和地区问题,进行战略性的政策沟通、互通有无。中阿间基本形成了每年进行这一机制的惯例,如表4-10所示。

表4-10 历届中阿高官级战略政治对话一览表

时　间	地点	会　　议	主　　题
2015年6月9日	埃及开罗	中阿首次高官级战略政治对话	就共同关心的重大国际和地区问题深入交换意见
2016年5月11日	卡塔尔多哈	第二次高官级战略政治对话	就许多复杂的地区热点问题达成共识

续 表

时 间	地点	会 议	主 题
2017年5月	中国北京	第三次高官级战略政治对话	在共建"一带一路"框架内,继续夯实中阿战略合作政治基础①
2018年7月	中国北京	第四次高官级战略政治对话	深化互信共识、加强战略沟通协作、从战略高度、长远角度来谋划中阿关系发展②
2019年6月18日	阿联酋阿布扎比	第五次高官级战略政治对话	就共同关心的重大国际和地区问题深入交换了意见③
2021年6月22日	视频连线形式	第十七次高官会和第六次高官级战略政治对话	共同筹备好首届中阿峰会,打造志同道合、安宁和谐、发展繁荣的中阿命运共同体,推动中阿战略伙伴关系实现新的跨越
2023年5月29日	中国成都	第十八次高官会和第七次高官级战略政治对话	落实中阿峰会成果、推进中阿各领域务实合作、加强论坛建设等

一般,高官会是由中国外交部、商务部、文化部、贸促会等单位代表以及22个阿拉伯国家外交部、阿盟秘书处主管中阿关系和中阿合作论坛事务的官员与会,作为中阿合作论坛的重要机制性活动,高官会的主要职责是评估过去一届论坛工作计划的执行情况,并商议下一届论坛部长级会议的筹备工作。而高官级战略政治对话是第六届部长会议的成果之一,时间上安排在高官会同期增加了

---

① 外交部副部长张明表示,以能源、金融、经贸"三引擎"推动"1+2+3"合作格局取得新突破,做强中阿人文交流,推进论坛建设发展,携手推动中阿"全面合作、共同发展"的战略合作关系迈上新台阶。
② 外交部部长助理陈晓东表示中方愿与阿方一道,一是进一步加强战略沟通协作,继续从战略高度、长远角度来谋划中阿关系发展,共同推动建设新型国际关系、构建人类命运共同体。二是发出中阿共同维护公平正义的时代强音,中方将继续坚定支持巴勒斯坦人民恢复民族权利的正义事业,推动巴勒斯坦问题得到公正、合理解决。有关各方要努力为中东其他热点问题找到符合当地实际、兼顾各方关切的政治解决办法。三是进一步深化中阿互利共赢合作,以共建"一带一路"为统领,对接中阿发展战略,勇于探索合作新模式,打造合作新动能。四是进一步厚植中阿友好的民意根基,拉紧中阿人民之间相知相交的纽带,丰富中阿人文交流的渠道,不断夯实中阿友好的民众基础,让中阿友谊世代相传。陈晓东指出,中阿合作论坛建设要突出创新发展,坚持双多边互补,更多惠及中阿双方民众。
③ 外交部西亚北非司司长王镝在发言中积极评价中阿关系发展、中阿合作共建"一带一路"和论坛建设取得的成果,赞赏阿拉伯国家在涉疆问题上坚定支持中方立场,表示中方愿同阿拉伯国家加强协调,共同反对恐怖主义和极端主义,加强文明对话和交流;共同反对单边主义和霸凌行径,维护多边主义和多边贸易体制,建设开放型世界经济。阿方表示高度重视发展对华关系,愿在中阿合作论坛框架内同中方携手努力,推进共建"一带一路",加强反恐和去极端化合作,支持多边主义,促进不同文明间的对话。

新的议程机制,旨在国际政治、国家战略层面进行开诚布公的交流,就中阿关系、地区形势及其他共同关心的国际和地区问题进行磋商。所以,2015年第一届高官级战略政治对话召开后的第二天,原有机制高官会召开了第十二次会议。此后,两个议程都是先后进行。

(二) 经贸领域合作

1. 中阿技术转移大会

科技创新在经济发展的动力作用越加成为全球关注的焦点,科技创新合作在"一带一路"建设中具有重要地位。中国在党的十八大召开之后将创新驱动发展列为国家战略,着力打造具有全球影响力的国际科技创新中心,新一轮科技革命和产业变革正在重塑世界经济结构和竞争格局,科技创新日益成为促进经济社会发展的重要手段。在这个背景下,将国际科技合作作为赋能"一带一路"建设的重要引领和支撑,是中阿双方的共识,共同瞄准创新链的各环节,推进全方位、多层次的科技互联互通。中阿技术转移大会迄今已召开5次,如表4-11所示。

表4-11 历届中阿技术转移大会一览表

时 间	会 议	主 要 内 容
2015年9月10日	中国—阿拉伯国家技术转移暨创新合作大会	双方将在共建国家联合实验室、加大实施青年科学家来华工作计划、共建中国—阿拉伯国家技术转移中心、共同开展重大技术示范与推广、积极探索科技园区合作、开展科技创新政策交流与合作6个方面进一步深化中国—阿拉伯国家科技合作。会后还召开了中阿技术转移中心第一次联席会议
2017年9月6—7日	第二届中阿技术转移与创新合作大会	正式启动了中阿技术转移综合信息平台,并进行了共建中阿技术转移分中心、中阿科技创新平台和中阿技术合作3个方面19项科技合作项目的签约
2019年9月5日	第三届中阿技术转移与创新合作大会	作为第四届中阿博览会的重要板块内容之一,对具体路径选择、产业政策制定及相关重大战略问题进行了讨论。会上,中阿双方对10项主推重要技术成果进行了项目发布、10项重点项目签约文本进行了交换
2021年8月19日	第四届中阿技术转移与创新合作大会	提出深化中阿科技创新合作倡议,包括进一步加强科技人文交流合作,继续推进联合研究平台建设,探讨开展创新创业合作,深化技术转移合作,携手构建国际科技创新治理体系

续　表

时　间	会　议	主　要　内　容
2023年9月22日	第五届中阿技术转移与创新合作大会	作为第六届中阿博览会的重要板块,以"中阿科技合作,共享创新未来"为主题,大会签约了8个重要合作协议

作为中国—阿拉伯国家博览会重要板块,这一机制由科技部和宁夏回族自治区人民政府共同主办,参加者是来自中国和有关阿拉伯国家的政府科技主管部门、开发区、高等教育和科研机构及企业界人士以及专家学者代表。目前,中国已与多个阿拉伯国家在风能、太阳能利用、节水农业等领域建立了紧密的科技合作关系,为合作发展提供了机制保障。

中阿双方愿意以科学研究合作增强战略互信,以产业技术合作加强经济融合,以科技基础设施共建推动互联互通,以科技园建设聚集创新资源,以人员交流和知识流动共享发展理念,以重大科技项目合作应对共同发展挑战,打造各具特色、优势互补、共同进步的创新共同体。

2. 北斗合作论坛

"一带一路"倡议提出后,为充分利用中阿合作论坛部长级会议的合作平台,中阿在基础设施、能源、高科技等各领域合作加速,中国高速铁路、北斗卫星导航系统及核电等领域同阿拉伯国家的沟通合作日益紧密,这些既是代表着中国先进科学技术的三张名片,也是中阿合作的新兴领域。中国铁路通信信号股份有限公司董事长周志亮对记者说:"3年前我们带着中国的高铁技术到阿拉伯国家来推广时,他们对中国的高铁完全不了解。如今,阿拉伯国家对中国技术、中国品牌的认知度已经发生质的飞跃,开始争相与我们对接合作意向,这便是近几年中阿合作发展所带来的实实在在的成果。"借助中阿合作论坛部长级会议这一重要平台,更多阿拉伯国家逐渐了解中国基础设施建设、核电和导航领域高端技术,推动中阿战略合作大局。"这不仅是中阿合作的内在需求,也是中国企业在'走出去'战略的引导下彰显中国实力、树立中国品牌的必经之路。"①

---

① 《共绘合作蓝图　凝聚发展大计——各方期待中阿合作论坛新成果》,中阿合作论坛官网,http://www.chinaarabcf.org/chn/ltjz/ggjzlzzdh/derc/t1803605.htm,2020年8月3日。

北斗卫星导航系统是国家重要的时空基础设施,2018年12月27日,中国的北斗系统开始提供全球服务。目前,北斗全球服务精度优于10米,可用性在95%以上。中国最为机制化的北斗系统海外合作服务体现在中阿合作中。中阿北斗合作论坛机制作为中阿合作论坛框架下的多边平台机制,有力促进中阿卫星导航领域交流合作。一般由中阿合作论坛中方秘书处、阿拉伯国家联盟秘书处、中国卫星导航系统管理办公室、阿拉伯信息通信技术组织联合主办,来自阿盟成员国和国际组织的阿方代表和中国外交部、商务部、工业和信息化部、国家互联网信息办公室等相关政府部门、科研院所以及北斗企业的领导或代表出席参加。

2017年5月24日,第一届中阿北斗合作论坛在上海召开,中阿双方签署了《第一届中阿北斗合作论坛声明》并讨论北斗系统服务性能、北斗/GNSS中心、应用技术、应用解决方案、教育培训等议题,将加强中阿卫星导航交流合作,共同研究卫星导航在智能交通、国土测绘、精准农业、公共安全等领域中的应用技术和解决方案,并且根据阿方发展的优先领域和需求,全面带动北斗系统落地阿拉伯国家,促进北斗系统服务于阿拉伯国家经济社会发展。

2019年4月1—2日,第二届中阿北斗合作论坛在突尼斯市召开,这里也是中阿北斗/GNSS中心——中国北斗的首个海外中心所在地。会议研讨了北斗与地理信息、精准农业、教育培训能力建设培训、产品与应用系统体验等议题并发布了《第二届中阿北斗合作论坛联合声明》,在后续将在应用产业化、教育培训、测试评估、技术研发、北斗增强系统等领域继续开展合作达成共识。

2021年12月8日,第三届中阿北斗合作论坛在北京以"线上+线下"方式成功举行。论坛以"应用北斗,共享共赢"为主题,双方共同签署《中国—阿拉伯国家卫星导航领域合作行动计划(2022—2023)》,发布《中阿联合北斗测试评价结果》。在北斗三号全球卫星导航系统正式建成开通后,此次论坛是展示5年来中阿北斗合作成果、总结合作经验、制订行动计划,务实推动中阿卫星导航合作进入新阶段的重要平台。

2023年10月25日,第四届中阿北斗合作论坛在埃及亚历山大港成功举办。会议代表围绕北斗在交通运输、油气安全、交通铁路建设等领域应用开展深入研讨。近年来,中阿北斗合作机制不断夯实,测试评估技术交流不断深化,应用推广合作持续发展,培训交流活动稳步推进,中阿北斗合作结出累累硕果,展现勃勃生机。下一步,将持续深入挖掘北斗在交通运输、精准农业等领域应用潜力,推动北斗更好地满足阿拉伯国家经济社会发展对定位、导航、授时等时空信息服务需求。

(三)人文交流

中阿人文交流机制在"一带一路"倡议提出后,领域拓展到城市合作、妇女合作、医疗卫生合作等多个新的领域,同时在官员交流和人才培养方面也有了新的机构和制度。比如,在城市合作方面,除了传统的缔结"友好城市"项目,还定期召开城市论坛,如2014年6月17日,首届中国阿拉伯城市论坛在"海上丝绸之路起点"泉州召开,主题是"丝路起点,合作新篇"。2018年11月8日,全国人大常委会副委员长、中国阿拉伯友好协会会长艾力更·依明巴海在摩洛哥马拉喀什出席了由中国人民对外友好协会、阿拉伯城市组织及摩洛哥内政部主办的"第二届中国阿拉伯城市论坛"。其他具体的人文交流有如下新机制。

1. 妇女论坛

这一论坛之前中阿间已经召开过三届峰会针对妇女参政议政、培养女性领导力和女性企业家的贡献等主题进行过交流。该机制国内的主要发起单位是全国妇联。妇女同胞的经验分享、凝聚智慧、积蓄力量、增进共识,可以助力"一带一路"建设和中阿合作绽放独特的魅力和光彩,进一步彰显女性作用、焕发女性风采。因为妇女力量不仅是经济发展的重要源泉,也是社会风俗变革的重要主体。尤其是不同宗教文化的妇女地位问题,交流沟通是促进妇女获得权益日臻进步完善的有力路径之一。这一机制主要由中国和阿拉伯国家的妇女机构和妇女组织领导人、阿盟妇女事务负责人、学术界和企业界代表、阿拉伯国家驻华使馆及阿盟驻华机构代表参加。

2015年4月28日,首届中阿妇女论坛在阿联酋召开。同年9月12日,"2015中阿博览会——妇女论坛"在宁夏开幕,主题是"凝聚女性力量,共建丝绸之路"。

2017年9月19日,第二届中阿妇女论坛在北京召开。分享了关于贫困弱视妇女扶持、绿色农业、跨境电子商务、妇女培训、可持续发展等方面的信息。

2019年12月19—20日,第三届中阿妇女论坛在沙特利雅得举行。与会者就"非营利领域倡议与妇女赋权""妇女与投资""妇女在中阿文化中的地位""妇女在数字化和技术领域的能力建设""中阿妇女伙伴关系前景"等议题深入对话并通过《第三届中阿妇女论坛宣言》。[①]

2022年7月21日,第四届中阿妇女论坛在北京举行,以"妇女教育与科技创新"为主题,双方愿为推动教育与科技创新领域的性别平等和妇女发展,构建更加紧密的中阿命运共同体作出新的贡献。

综上可见,女性的个体独立和生活实践作为文化传承与创新的重要载体,其文化认同是"一带一路"精神传播的重要依托、女性组织是促进民心相通的重要力量,为中阿命运共同体增添了新的有力抓手。

2. 卫生合作论坛

2015年9月10—12日,中阿博览会首届卫生合作论坛召开。这一机制的主要发起单位是国家卫生健康委员会和阿拉伯国家的卫生健康负责部门。设有开幕式及主旨演讲、卫生合作研讨会、学术交流大会、中阿健康产业博览会暨健康产业论坛四项内容。阿盟秘书处官员艾哈默德·希卜里表示,综合多种因素,阿盟各国在公共卫生方面比较薄弱,问题也较为突出,期望与中国开展更多医疗卫生领域合作。因此,在卫生合作研讨会上,中阿医疗健康合作发展联盟得以成立,通过《联盟章程》,签署《联盟备忘录》。同时,组织院长论坛,开展中阿医疗机构之间医学教育互动、医疗服务人才交流、医疗技术合作、联合举办医疗机构等研讨,形成合作成果。在学术交流环节,中阿双方分别就传染病防控、包括糖尿病、高血压病、冠心病等在内的慢性非传染性疾病防治、传统医药、眼科医学发表主旨报告,加强交流。此外,聚焦"健康话题",举办中阿健康产业博览会,展示中阿各国高端精品医疗设备、器械及医药,搭建中国与阿盟各国现代医药、传统医药产业、产品商贸互动路径和平台。

2019年8月19日,第二届中阿卫生合作论坛在京召开,研讨了中阿卫生政策研究与交流、重大疾病防控、传统医药合作、医疗机构间的技术交流等议题,通过了《中国—阿拉伯国家卫生合作2019北京倡议》,表示双方将加强健康战略、政策、行动和项目对接,携手推进"中阿健康丝绸之路"建设。国家卫生健康委员会主任马晓伟指出:"中阿双方要以实现联合国可持续发展议程为目标,开展全面和深入的合作,推动中国和阿盟国家实现遏制和消除重大传染性疾病,维护卫生安全,加强卫生体系建设,实现高质量和可持续的全民健康覆盖。特别是要加

[①] Ye Shan, Zhang Xiaolan Heads Delegation to Third Arab-China Women's Forum, http://www.womenofchina.cn/womenofchina/html1/20023/7050-1.htm. December 25, 2019.

强双方公共卫生机构在疾病监测、预警和应急机制建设和能力建设方面的合作，促进突发公共卫生事件的信息通报、信息共享，开展实验室能力建设，提高共同应对地区和全球突发公共卫生事件、维护卫生安全的能力。"[①]

3. 中阿图书馆与信息领域专家会议

2015年4月29日，首届中阿图书馆与信息领域专家会议在埃及开罗的阿拉伯国家联盟总部召开。会议主题是"建设中阿信息社会"，参会人员有中国国家图书馆、首都图书馆等中方图书馆、阿拉伯国家图书馆馆长、负责人、专家学者。双方主要研讨中阿双方在文化、图书、信息方面的交流合作。中国国家图书馆接受了阿盟图书馆和约旦、巴林、埃及等国图书馆一同捐赠的总计5 000余册介绍阿拉伯国家历史文化的阿语图书，还与阿盟秘书处签署了包括双方技术交流、数据库建设等内容的合作备忘录。

2017年5月24日，第二届中阿图书馆与信息领域专家会议作为文化部"丝绸之路系列文化论坛"活动之一在北京召开。围绕"中阿图书馆资源的共知共建与共享"主题，双方介绍"中阿数字图书馆"合作项目进展，网站以展示中阿双方优质数字资源为主要内容，中国国家图书馆首批导入了300多种中国古代和现代文献、视频、音频、图片等资源。与会代表围绕各馆在文献资源建设、信息资源组织揭示、图书馆建设发展等方面的情况作了交流；就各馆在信息社会中，如何推动共知、共建和共享，促进图书馆与信息技术的关联发展等问题进行了探讨。

2018年7月，中阿电子图书馆门户网站正式上线发布。2019年6月11日，第三届中国与阿拉伯国家图书馆及信息领域专家会议在科威特国家图书馆举行，致力于"从中阿图书馆的信息化未来中相互受益"，增进双方共享先进的经验和理念。2021年9月1日，"第四届中国与阿拉伯国家图书馆及信息领域专家会议"在浙江杭州以视频会议形式举行，主题为"疫情常态化条件下图书馆的区域性交流与合作"。2023年12月5—6日，第五届中国与阿拉伯国家图书馆及信息领域专家会议在沙特阿拉伯王国首都利雅得举行，主题是"信息环境变化下的图书馆服务转型"。

本机制增强了中国和阿拉伯国家文明交流与互鉴的发展理念，促进中阿双方图书馆及信息领域继续在"一带一路"倡议下开展集体合作，共同推进各国图

[①]《第二届中阿卫生合作论坛在京举办》，中国政府网，http://www.gov.cn/xinwen/2019-08/16/content_5421752.htm，2020年9月1日。

书馆事业实现高质量发展。

4. 人力资源培训

人力资源培训是"中阿合作论坛"框架下的一项重要合作内容,主要目的是通过培训加强相互了解,增进友谊,不断拓宽、深化在各个领域的交流与合作。中国政府一贯重视与阿拉伯国家开展人员交流与合作,并通过举办各类官员研修班和技术培训班加强经验交流和人才培训工作。阿拉伯国家官员和技术人员来华参加中方为发展中国家举办的各类培训班已经机制化,培训领域涉及经济贸易、政府管理、环境保护、外交、农业等方面。

值得一提的是,我国还创设了新的中阿改革发展论坛机制,分别在2018年、2019年、2022年、2023年,由外交部依托中阿改革发展研究中心联合举办了四届中国—阿拉伯国家改革发展论坛,从战略对接、经济合作、智库交流等方面交流治国理政的理念与经验。通过人力资源开发项目的实施,有利于中国和广大阿拉伯国家进一步加强全方位了解,增进友谊,不断拓宽、深化在各个领域的交流与合作。

综上,2004年,中阿合作论坛首届部长级会议将中阿关系定位为"新型伙伴关系";2006年,第二届部长级会议决定继续建设"平等、全面合作的新型伙伴关系";2010年,在中阿合作论坛第四届部长级会议期间定位为"全面合作、共同发展的战略合作关系";2018年,中阿合作论坛第八届部长级会议宣布建立新时代中阿战略伙伴关系,即"全面合作、共同发展、面向未来的中阿战略伙伴关系"。就具体的国别来看,目前中国已与22个阿拉伯国家中的大多数国家分别建立了不同程度的战略伙伴关系。习近平主席指出,共同打造中阿命运共同体,进而为构建人类命运共同体作出贡献。王毅指出,中阿要以建立战略伙伴关系为契机,增进政治互信;以共建"一带一路"为平台,对接发展战略;以共同、综合、合作和可持续的安全观为引领,维护好中东地区的和平稳定,共同为世界的长治久安作出努力。由此可见,中阿丝路伙伴关系为塑造中阿命运共同体打下了坚实的基础。

第三节　中国—拉共体论坛与中拉命运共同体

拉丁美洲是中国丝路伙伴关系的战略辐射地,是中国以海、陆两条丝路为抓手,以东西南北四线的丝路辐射形成中国与全球的合作空间的重要板块。2011年12月,涵盖拉美和加勒比所有33个国家的"拉美和加勒比国家联盟"成立。在中阿关系快速持续发展的背景下,在中国与拉美国家双边合作不断深化之际,中拉间开展多边合作日益成为中阿各国的共识。因此,拉盟的成立是中国—拉共体论坛(简称"中拉论坛")这一机制形成的重要基础。

一、中国—拉共体论坛的具体机制

(一)政治层面合作机制

中拉部长级会议是在区域及次区域层面加强中国和拉共体成员国互利合作事宜的高层级的合作机制。第一届于2015年1月8—9日在北京召开;第二届于2018年1月19—22日在智利圣地亚哥举行;第三届于2021年12月3日召开,习近平主席发表了视频致辞。

部长级会议原则上每3年在中国和拉共体轮值主席国或中拉双方商定的拉共体其他成员国轮流举行,必要时可召开特别会议。在中拉论坛部长级会议基础上,以及双方商定的时机,双方可探讨适时举行中国和拉共体成员国领导人峰会,作为中拉整体合作的最高形式。首届部长级会议通过了《中国与拉美和加勒比国家合作规划(2015—2019)》这一纲领性文件。第三届部长级会议通过了《中国—拉共体论坛第三届部长会议宣言》《中国与拉共体成员国重点领域合作共同行动计划(2022—2024)》,表明中拉双方致力于推动构建中拉命运共同体、携手应对全球性挑战的明确意愿,制定出未来3年中拉在政治与安全、经济、基础设施、社会人文、可持续发展、国际区域事务等领域的合作路线图。

同样地,高官会是为保障部长级会议顺利开展的协调机制。中拉论坛国家协调员会议(高官会)主要职责为筹备部长级会议,跟踪落实部长级会议成果,并视其技术和财政可行性、可持续性和影响,以及拉共体成员国的能力,制定中拉论坛阶段性工作规划。国家协调员会议原则上每年至少举行一次,由中国和拉共体轮值主席国或中拉双方商定的拉共体其他成员国轮流承办。当该会议在拉共体地区举办时,将于拉共体国家协调员会议期间顺便举办。

另一项机制是中国—拉共体"四驾马车"外长对话会。早在中拉论坛成立之前,中国—拉共体"四驾马车"外长对话机制就已于2012年建立。这是双方就中拉论坛事务及共同关心的国际和地区问题保持磋商的对话沟通机制,通过双方在联合国大会期间会晤或互访等方式举行。

（二）经济贸易合作领域分论坛

1. 农业部长论坛

这一机制旨在全面深化中拉农业互利合作，在农业经贸、农业研发创新等领域开展建设性对话，搭建中国与拉丁美洲和加勒比国家政府部门、科研机构和企业间的农业交流平台。2013年6月8—9日，首届中拉农业部长论坛在北京召开，来自中拉的16位正部长、9位副部长出席，以及农业部门、科研机构、企业及部分国际或区域组织代表。论坛以"互利合作，共赢发展"为主题，总结回顾了中拉农业领域友好合作发展历程，通过了《中国—拉丁美洲和加勒比农业部长论坛北京宣言》，共同探讨并推动《中国—拉丁美洲和加勒比农业合作战略规划》的制定；在优势互补、互利平等，尊重多样性、遵守共识和共赢发展的基础上，推出符合相关国际规范、契合各方需求的合作举措，促进中拉农业合作可持续发展；在互利共赢基础上，通过促进消除关税、非关税壁垒，简化动植物卫生许可审批程序，共同推动农业贸易便利化；共同探讨粮食安全应急措施，保障区域粮食安全；共同合作建立农业科技研发中心和农业生产加工示范园，开展联合研究，示范推广先进实用技术，提高农业生产和加工水平；共同推动农业项目投资；共同举办展销会、博览会、推介会等农产品贸易促进活动；共同举办与农业贸易、农业研发创新和动植物卫生相关的多领域政策和技术研讨培训班；充分利用中国政府设立的5000万美元中拉农业合作专项资金，引导双方农业合作项目的开展；加强在联合国粮农组织、世界粮食安全委员会、世界贸易组织、世界动物卫生组织等国际机构中的对话与合作。[1]

2021年2月25日，第二农业部长论坛以视频会议方式举行，以"携手推进后疫情时代中拉农业合作迈向更高水平"为主题，就后疫情时代中拉农业面临的机遇和挑战，深化农业科技、贸易、投资、粮食安全、人力资源开发等领域合作的路径和方式进行交流，达成广泛共识。论坛通过了核心成果文件《第二届中国—拉美和加勒比农业部长论坛联合宣言》。

2. 科技创新论坛

这一机制主要由中国科技部牵头筹办，是面向拉美地区设立的最高级别科

---

[1]《中拉农业部长论坛情况简介》，中拉论坛官网，http://www.chinacelacforum.org/zyjz/zylyflt/nybzlt/201506/t20150626_6802540.htm，2015年6月26日。

技创新领域论坛。2015年9月16—17日,首届中国—拉共体科技创新论坛在厄瓜多尔首都基多举行,中国科技部部长万钢、厄瓜多尔副总统格拉斯、南美洲国家联盟秘书长桑佩尔、中国驻厄瓜多尔大使王玉林、厄瓜多尔高等教育科技创新国务秘书拉米雷斯以及来自中国、拉共体国家及联合国教科文组织、拉美经委会的200余位代表出席。主题是"创新生态系统"。在会上,中方宣布正式启动"中拉科技伙伴计划"和"中拉青年科学家交流计划"。此外,中厄双方共同为"中国科技创新成果展"剪彩,并为TD-LTE联合实验室揭牌。[①]

2020年9月30日,第二届中拉科技创新论坛以视频会议方式举行,在"在新冠肺炎疫情背景下推进互利共赢的中拉科技创新合作"的主题下,与会代表围绕应对新冠疫情科研合作、疫情背景下相关科技领域发展情况、后疫情时代科技发展趋势及中拉科技创新合作展望等议题,并通过了《中拉科技创新论坛联合声明》。中拉在应对新冠疫情、优化产业结构、促进经济增长等方面具有迫切合作需求,深化科技合作关系、应对共同挑战是中拉科技合作的重要诉求。

3. 企业家高峰会

中拉经贸合作呈现出快速发展的良好势头。目前,中国已成为拉美第二大贸易伙伴,也是很多拉美国家的第一大贸易伙伴。拉美也成为全球对华出口增速最快的地区之一,也是中国重要的海外投资目的地。拉美地区是中国企业境外重要的投资目的地,投资领域从传统的农业、矿业、基础设施领域正在向金融、制造业、服务业、电子商务、航空运输等诸多领域扩展。中国贸促会将充分发挥中国—拉美企业家高峰会的平台作用,大力推动中拉经贸关系的进一步发展。

"中国—拉美企业家高峰会"于2007年11月由中国贸促会倡导创立,是中国首个针对拉美地区的经贸合作促进机制性平台(见表4-12)。2008年,作为促进中拉经贸关系发展的重要渠道被正式写入我国政府发布的《对拉美和加勒比政策文件》。2015年,中国对拉美非金融直接投资达到214.6亿美元,同比增长67.1%,中国企业在拉美地区的投资从能源逐步扩展到制造业、电力、农业等领域,投资方式日趋多元化。2015年,中国—拉共体论坛成立后,这一机制被纳入经贸领域的分论坛。近年来,中拉商贸合作呈现出加速发展、质量提升的良好势头。经过多年的发展,已经成为"中拉务实合作的旗舰品牌"。

---

① 《首届中拉科技创新论坛》,中拉论坛官网,http://www.chinacelacforum.org/zyjz/zylyflt/kjcxlt/201602/t20160205_6802549.htm,2016年2月5日。

表 4-12 中国—拉美企业家高峰会一览表

时　　间	地点	会　议	主　　题
2007 年 11 月 26—27 日	智利圣地亚哥	第一届中国—拉美企业家高峰会	深化中拉经贸合作
2008 年 10 月 19—20 日	中国哈尔滨	第二届中国—拉美企业家高峰会	创新贸易服务，加强区域合作
2009 年 11 月 25—26 日	哥伦比亚波哥大	第三届中国—拉美企业家高峰会	增进信心、战胜危机，推动中拉共同发展
2010 年 10 月 21—22 日	中国成都	第四届中国—拉美企业家高峰会	合作凝聚力量，和谐见证成长
2011 年 11 月 21—22 日	秘鲁利马	第五届中国—拉美企业家高峰会	包容性发展：中拉合作的新篇章
2012 年 10 月 17—18 日	中国杭州	第六届中国—拉美企业家高峰会	加快转型升级，共迎跨越发展
2013 年 11 月 26—27 日	哥斯达黎加圣何塞	第七届中国—拉美企业家高峰会	变革中前行
2014 年 9 月 12—13 日	中国长沙	第八届中国—拉美企业家高峰会	从量变到质变，深挖合作潜力，深化利益融合
2015 年 10 月 13—14 日	墨西哥瓜达拉哈拉	第九届中国—拉美企业家高峰会[①]	新趋势—大机遇：共同前行
2016 年 10 月 14 日	中国唐山	第十届中国—拉美企业家高峰会	在中国经济发展进入新常态、拉美各国经济增长减速背景下的中拉贸易投资新领域、企业合作新模式和商协会服务新内容
2017 年 11 月 30 日—12 月 2 日	乌拉圭埃斯特角城	第十一届中国—拉美企业家高峰会	"一带一路"框架下中拉合作前景、中拉基础设施发展、农业贸易和服务贸易等多项议题
2018 年 11 月 2—3 日	中国珠海	第十二届中国—拉美企业家高峰会	共建"一带一路" 深化中拉合作

---

① 这是中拉论坛正式成立和论坛首届部长级会议后召开的第一届企业家高峰会。

续表

时间	地点	会议	主题
2019年12月9日	巴拿马城	第十三届中国—拉美企业家高峰会	深化"一带一路"国际合作,实现中拉共同发展繁荣
2021年11月16日	中国重庆(线上线下结合)	第十四届中国—拉美企业家高峰会	开放创新,携手共进;发布《中国—拉美和加勒比工商界重庆倡议》
2022年12月14日	厄瓜多尔瓜亚基尔	第十五届中国—拉美企业家高峰会	抓住疫后复苏机遇,构建互联互通世界
2023年11月2日—3日	中国北京	第十六届中国—拉美企业家高峰会	开放创新,共享发展

资料来源:笔者根据历届中拉企业家高峰会相关报道整理。

由表4-12可见,历届高峰会均得到中拉各国政商两界的高度重视和积极参与,拉美和加勒比参会国家和地区达到近30个,规模持续扩大,影响逐年深化。2022年,习近平总书记在第十五届中国—拉美企业家高峰会开幕式上发表书面致辞,高度评价中国—拉美企业家高峰会创立15年来,坚持以服务企业为本,为促进中拉经贸合作、深化中拉人文交流发挥的重要作用,希望双方工商界继续秉持坚韧不拔、勇于开拓的企业家精神,做开放发展的推动者、创新发展的领军者、共享发展的践行者,为推动构建中拉命运共同体作出新的更大贡献。

4. 基础设施合作论坛

中国与拉美加勒比国家基础设施合作论坛是中拉论坛框架下首个基础设施领域合作的专业论坛(见表4-13),也是中拉论坛框架下得到落实的第一个具体成果,为双方开展基础设施合作,实现产业对接和优势互补搭建了重要平台。

表4-13 中拉基础设施合作论坛一览表

时间	会议	主题
2015年6月4日	首届中拉基础设施合作论坛	推进中拉基础设施互利合作
2016年6月2—3日	第二届中拉基础设施合作论坛	共同构建中拉基础设施和产能合作的新未来

续 表

时　间	会　议	主　题
2017年6月1—2日	第三届中拉基础设施合作论坛	拉美地区基础设施互联互通合作需求
2018年6月7日	第四届中国与拉美和加勒比国家基础设施合作论坛	在"一带一路"框架下打造中拉基建合作提质升级的新动能
2019年5月30日	第五届中国与拉美和加勒比国家基础设施合作论坛	共同推进中拉基础设施合作高质量可持续发展
2020年12月2—3日	第六届中国与拉美加勒比国家基础设施合作论坛	创新发展，培育中拉基础设施合作新动能
2021年7月22—23日	第七届中国与拉美加勒比国家基础设施合作论坛	坚持绿色创新引领，携手推进中拉基础设施合作新发展
2022年9月28—29日	第八届中国—拉美和加勒比国家基础设施合作论坛	聚焦高标准可持续惠民生，深化中拉基础设施伙伴关系
2023年6月1—2日	第九届中国—拉美和加勒比国家基础设施合作论坛、第14届国际基础设施投资与建设高峰论坛	绿色转型、数智创新引领中拉设施合作新发展

资料来源：笔者根据历届中拉基础设施合作论坛相关报道自行整理。

由表4-13可见，这一机制由中国商务部主办，中国对外承包工程商会和澳门贸易投资促进局承办。自2015年起，论坛每年在中国澳门举办一届。基础设施是中拉互利合作参与全球价值链的重点和亮点。拉美加勒比地区是中国第二大海外投资目的地和第三大承包工程市场。中拉经贸合作经受住新冠疫情的严峻考验，凸显韧性与活力；基础设施建设是经济社会发展的重要支撑，一直是中拉经贸合作的重点领域和优先方向。中拉双方高度重视，持续深化高质量基础设施合作。一是坚持优势互补，汇聚基建合作新动能；二是坚持互利共赢，探索基建合作新模式；三是坚持创新引领，拓展基建合作新领域。

（三）人文交流合作领域分论坛

中拉人文交流有官民并举的合作机制。比如官方的中拉政党论坛和民间的中国和拉美及加勒比地区民间友好论坛。2016年、2018年、2021年，中共中央对外联络部与拉美和加勒比轮值国家政党机构共同举办了三届中拉政党论坛，分别出台了《中拉政党论坛首次会议声明》《第二届中拉政党论坛声明》等。同时,还有智库交流论坛、青年政治家论坛等具有品牌效应的人文交流创新机制。

中拉智库交流论坛旨在加强中国同拉丁美洲和加勒比国家智库之间的经验交流与知识分享,为双方专家学者加强交流互鉴提供了重要平台,为中拉关系不断深化提供智力支持。中拉智库交流论坛于2010年、2013年、2016年、2017年、2019年、2021年举办了六届,一般由中国人民外交学会、中国国际问题研究基金会主办。该论坛发表了《中拉智库北京共识》等成果。在"一带一路"背景下,产能合作、互联互通逐渐成为中拉经贸合作的新动能、科技创新逐渐成为中拉合作的核心词、人文交流是中拉互学互鉴的基础、合作与发展推动中拉全面合作伙伴关系等人文学术议题交流不断深入。

中拉青年政治家论坛创设于2012年,为中拉青年政治家之间编织起广泛的友谊与合作网络。该论坛一般由中共中央对外联络部、共青团中央或全国青联主办,分别于2013年、2015年、2016年、2017年、2018年举办了五届。参与者是中拉政党青年干部、政府青年官员、青年组织负责人和驻华使节代表等中拉政界、商界、学界等领域青年代表,主要探讨中拉青年合作、青年参与、青年创新创业、可持续发展等议题。此外,中拉青年人文交流项目还包括"未来之桥"中拉青年领导人培训交流营,旨在通过邀请拉美的青年领导人来华研修培训,增进其对中国的感受度和美誉度,为中拉关系拉近"心"与"心"的距离。

二、"一带一路"赋予中拉论坛新内涵

2014年7月17日,国家主席习近平出席在巴西利亚举行的中国—拉美和加勒比国家领导人会晤。会晤由中方倡议,中国国家主席习近平、巴西总统罗塞夫、哥斯达黎加总统索利斯、古巴国务委员会主席兼部长会议主席劳尔·卡斯特罗等出席。习近平主席同与会各国领导人一致决定建立"平等互利、共同发展的中拉全面合作伙伴关系",共同宣布成立中国—拉共体论坛。习近平主席于2016年的贺信中写道:"当前中拉关系正处在新的历史时期。以中拉论坛成立为标志,中拉整体合作顺利起航,中拉携手推进平等互利、共同发展的全面合作伙伴关系,共建中拉命运共同体,为双方各领域合作开辟了广阔前景。"习近平主席提出共同建设"新时代平等、互利、创新、开放、惠民的中拉关系",构建携手共进的中拉命运共同体,得到拉美和加勒比地区各国积极响应。

2014年,习近平主席访问拉美,在题为《努力构建携手共进的命运共同体》主旨讲话中提出中拉合作新倡议,即中拉经贸合作"三大引擎"和"六大区域"的中拉"1+3+6"合作新框架。"1"是"一个规划",即以实现包容性增长和可持续发展为目标,制定《中国与拉美和加勒比国家合作规划(2015—2019)》;"3"是"三大引擎",即以贸易、投资、金融合作为动力,推动中拉务实合作全面发展,力争实现10年内中拉贸易规模达到5 000亿美元,力争实现10年内对拉美投资存量达到2 500亿美元,推动扩大双边贸易本币结算和本币互换;"6"是"六大领域",即以能源资源、基础设施建设、农业、制造业、科技创新、信息技术为合作重点,推进中拉产业对接。[①]

中拉"3×3"的产能合作模式(即共同建设物流、电力、信息三大通道;遵循市场规律,实行企业、社会、政府三者良性互动的合作模式;围绕中拉合作项目,拓展基金、信贷、保险三条融资渠道),为深化中拉经贸合作明确了方向和目标,对中拉经贸合作体制升级正在发挥着非常重要的作用。中拉间相似的历史遭遇、相近的发展阶段和发展中国家的共同属性,使中拉命运紧密相连。拥抱"一带一路"倡议,推动中拉间发展战略对接,正成为越来越多拉美国家的共识。拉美是21世纪海上丝绸之路的自然延伸,拉美国家广泛参与中拉合作论坛机制,充分证明了"一带一路"倡议的开放性、国际性和包容性。加强基础设施建设、推动跨国跨地区互联互通,是中拉双方拉动各自经济增长,实现中拉贸易合作转型升级的重要抓手。"一带一路"倡议为中拉加强基础设施等领域合作,提升互联互通水平扩展了新视野。

2018年1月,习近平主席向在智利首都圣地亚哥举行的中拉论坛第二届部长级会议致贺信,引领中拉双方就共建"一带一路"达成政治共识。2021年12月3日,习近平主席在视频致辞中对中拉论坛给予高度评价,指出双方本着加强团结协作、推进南南合作的初心,将论坛打造成双方互利的主要平台,推动中拉关系进入平等、互利、创新、开放、惠民的新时代。中拉都面临着推动疫后复苏、实现人民幸福的时代新课题。欢迎拉方积极参与全球发展倡议,同中方一道,共克时艰、共创机遇,共同构建全球发展命运共同体。拉美和加勒比国家欢迎全球发展倡议,认为这是继"一带一路"倡议后,中方提供的又一重要全球公共产品,

---

① 《共同构建"1+3+6"合作新框架》,中国共产党新闻网,http://cpc.people.com.cn/n/2014/0719/c87228-25301421.html,2014年7月19日。

将为包括拉美在内的发展中国家实现《2030年可持续发展议程》带来新机遇。[①]

正如杨洁篪在中拉智库论坛的致辞,中拉传统友谊深厚,人民心心相通,合作意愿强烈。近年来,在双方的共同努力下,中国同拉丁美洲和加勒比地区的关系进入全面快速发展轨道,双方为建设平等互利、共同发展的全面合作伙伴关系,携手推动构建全球发展命运共同体建立了多种渠道和形式的对话机制,合作日益深化。这不仅符合双方的根本利益,也顺应和平发展的时代潮流:共谋发展,共担责任,支持世界多极化和国际关系民主化,推动全球经济的开放、交流、融合。中国正同拉美和加勒比国家一道,积极构建政治上真诚互信、经贸上合作共赢、人文上互学互鉴、国际事务中密切协作、整体合作和双边关系相互促进的中国—拉美和加勒比关系"五位一体"的新格局,推动中国—拉美以及加勒比地区的全面合作伙伴关系实现新发展。

小　结

广大亚非拉国家与中国作为发展中国家,既是丝路天然伙伴,又是新时代中国特色大国外交构建丝路战略合作伙伴的主要对象。本章以与亚非拉伙伴的整体外交合作机制为主要研究对象,旨在梳理中非、中阿、中拉丝路战略合作伙伴的现状与丝路命运共同体的建构路径,即"建设更加紧密的中非、中阿、中拉命运共同体,厚植同广大发展中国家团结友谊"。

中非合作论坛的丝路伙伴合作机制包括部长级会议、多边首脑峰会等,"一带一路"赋予中非"四六一"框架、"10+8"行动等新内涵;中阿合作论坛的丝路伙伴合作机制包括部长级会议、高官会、高官级战略政治对话的等政策沟通机制,文明对话研讨会、互办艺术节、新闻合作论坛、民间交流等人文合作机制和企业家大会、能源合作大会、环保合作等经贸机制。"一带一路"赋予其夯实中阿战略合作政治基础,以能源、金融、经贸"三引擎"推动"1+2+3"合作格局的新内涵。中国—拉共体论坛的丝路伙伴合作机制包括部长级会议、高官会、拉共体"四驾

[①]《中拉共谋发展、共创未来的一次盛会——外交部副部长马朝旭介绍中拉论坛第三届部长会议》,外交部官网,http://new.fmprc.gov.cn/web/wjbxw_673019/202112/t20211204_10462412.shtml,2021年12月4。

马车"外长对话会等政治机制,农业部长论坛、科技创新论坛、企业家高峰会、基础设施合作论坛等经贸机制,和中拉政党论坛、民间友好论坛、智库交流论坛、青年政治家论坛等人文机制。"一带一路"开启中拉经贸合作"三大引擎"和"六大区域"的中拉"1+3+6"合作新框架。

以上三大论坛等创新性平台,为中国与亚非拉国家政治、经济、安全、人文等领域的深化合作开辟了新空间,为增进双方战略合作互信通过了制度保障,为双方建立长期友好关系奠定了基石。通过三大论坛的丝路伙伴合作机制创新实践,中国丝路伙伴关系外交的机制建设取得了长足进步,尤其在履行价值沟通、增信释疑、培养共识等方面发挥了积极作用。

第五章
中国特色丝路伙伴关系的综合评估

第一节 新时代中国丝路伙伴关系的特性归纳

一、中国特色丝路伙伴关系的古今同构性

通过两千多年中外文明丝路交往史的历史溯源,并且"把中国丝路发展与整个人类文明史的发展结合起来,在这个过程中,看到中国丝路发展的一个显著特点,中国丝路目的不是为了对别国的侵略和掠夺,而是为了经贸合作、文化交流。经贸是双方的,文化交流是相互的,所以中国的丝路,既促进了我国与世界各国经济合作共同发展,又促进了与各国的文化交流。中国的丝路发展史,是世界人类文明发展史的重要组成部分,对人类社会文明史的发展发挥了巨大作用"。[①]在丝路外交史上,研究发现中华文明与丝绸之路命运与共:国家繁荣→丝路通畅→文明交往频繁→中华文明昌盛,国家衰败→丝路荒芜→文明交往稀疏→中华文明衰微。反之,亦然(见图 5-1)。凸显"国强、路畅、交往密、文明盛"的这一特有的中华文明成长规律,陆海丝路的相继衰芜,中亚、波斯和阿拉伯文明也遭欧洲文明的冲击,不仅使中外文明交往丧失了有力的交通支撑,还折射出人类文明在近代交替与震荡的历史事实。

海陆丝绸之路上的中外文明交往已积累了宝贵的"中国经验":和平性、互惠性、包容性为主的交往特征、官民并举的交往态势、丝绸之路为主的交往途径、

[①] 张海峰:《建立"丝路学"的新构想——把丝路研究作为一个学科建立起来将研究向前推进一步》,《海洋开发与管理》1997 年 4 期。

第五章 中国特色丝路伙伴关系的综合评估

国家繁荣 ← 丝路通畅 ← 文明交往频繁 ← 中华文明昌盛

国家衰败 ← 丝路荒芜 ← 文明交往稀疏 ← 中华文明衰微

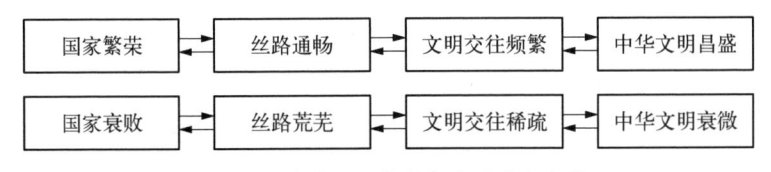

图 5-1 中华文明与丝绸之路命运与共

郑和等伟大先驱者所践行的和平外交思想,以及中华文明在丝路交往中成长,并因绵延不断的丝路支撑而成为唯一没有断层的最古老的文明等。这些不仅对中国和平外交实践与理论建设具有切实指导意义,还对全球化时代多元文明并存具有一定借鉴价值。

首先,丝路外交的历史智慧传承到新中国成立之后的结伴不结盟外交实践。周恩来说:"中国革命的胜利,人民力量的发展,是各国人民所关心的。看到中国的胜利,一些殖民地半殖民地国家的人民会受到鼓舞,掀起民族独立运动的高潮。世界形势的发展,有利于我们开展人民外交。现在我们通过和平运动,与各国人民广泛交往,和一切反对帝国主义的人做朋友,这就不仅突破了美帝国主义对我们的包围和封锁,而且反过来对美帝形成了反包围。美国想在外交上孤立我们,我们则在人民运动中孤立了他们。这就是我们开展人民外交的重大意义。同时,我们在人民外交中得到了锻炼,增加知识,开阔眼界,看到了世界人民前进的步伐。"在新中国人民外交思想的指导下,中国人民保卫世界和平大会、中苏友好协会、中日友协、中美友协、中印友协、对外文联、国际贸易促进会、对外经济援助委员会等社会团体应运而生,促进了中国与一些尚未建交的国家,尤其是亚非拉伙伴之间开展多方面的民间交往,为新中国与亚非拉伙伴国家之间外交关系的建立和发展发挥了巨大的作用。[1]"有人称赞周恩来同志不但能广交朋友,而且还能把敌手争取过来,在他逝世后全世界向他致敬,没有听到人唱反调,这确是罕见的事。"周恩来开创了新中国外交与人民大众的结合,使外交走出了传统的少数外交官等精英活动的狭小舞台,进入人民运动的广阔天地,让国家之间的外交往来与人民之间的外交活动相辅相成,从而使外交体现

---

[1] 1951年世界和平理事会决定以中国为主体,在北京召开一次亚洲及太平洋区域和平会议,简称亚太和平会议。周恩来指示会议可吸收亚洲、澳洲、美洲一些没有与我们建立外交关系的国家的知名人士参加。会议通过了《致联合国书》《告世界人民书》和关于朝鲜问题、日本问题、民族独立运动以及经济文化交流等问题的决议,成立了亚洲及太平洋区域和平联络委员会,主席是宋庆龄,副主席是郭沫若和其他国家的10人。

人民的意志。

其次,对中国特色大国外交具有同构影响。古代丝绸之路对当代的影响之一在于以基本价值观的共同性来衡量的文化亲近性。并且,丝路天然伙伴在前现代的经济往来与文化交流模式对软实力投射具有一定影响。[①] 斯文·赫定在《丝绸之路》中描绘了其艰辛坎坷的丝路旅途、身临其境的忧思及对丝绸古道未来的憧憬:"落后的亚洲也会再次进入文明和发展的新时代。中国政府如能使丝绸之路重新复苏……必将对人类有所贡献,同时也为自己树起一座丰碑!"[②]

进入新时代的中国特色大国外交,以其缓缓铺陈的共建"一带一路"国际合作,再次激活了历史上以和平合作、互学互鉴的"丝路精神"来打造人类命运共同体,使得斯文·赫定的预言得以印证。表明中华文明也将复兴于丝路,这是由于丝路命运与中华文明命运互为因果并形成共构关系使然。同构性是指世界上一切事物都具有相同或相类的系统结构。据此,笔者发现,丝路外交、新中国外交、中国特色大国外交也具有着同构性(见图5-2)。

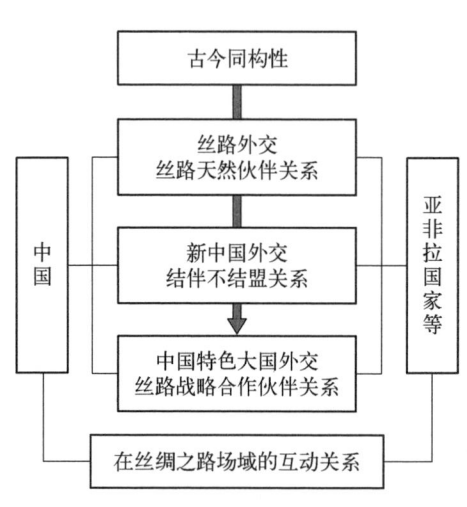

图5-2 中国特色大国外交的古今同构

图5-2展示出在中国与丝路沿线国的互动历史中,在丝路外交中形成了丝路天然伙伴关系,在新中国外交中形成了结伴不结盟关系,以及在中国特色大国外交的实践中形成了丝路战略合作伙伴关系。

此处,需要对丝绸之路场域的互动关系作个说明。丝路学研究范畴内,时间跨度数千年;空间范围是指起点在中国,扩散于全球而形成的东、西、南、北四线合围的中外经济、人文、安全三支柱的交流合作空间,亦即"中国与世界关系"是核心议题。但是在图5-2中,笔者将"丝路伙伴关系"的互动对象限定在"亚非

---

① Lisa Blaydes, Christopher Paik, Trade and Political Fragmentation on the Silk Roads: The Economic Effects of Historical Exchange between China and the Muslim East, *American Journal of Political Science*, vol. 65, issue 1, 2020, pp. 115–132.

② [瑞典]斯文·赫定:《丝绸之路》,新疆人民出版社2010年版。

拉国家等"：一是基于中国古代丝路外交的历史渊源,中国与历史上的亚非国家有着直接互动；二是从现代语境下中国与亚非拉国家同属发展中国家,有着曾经与殖民主义、帝国主义、霸权主义抗争求独立相似的命运背景和求发展、求和平、求合作、求共赢的共同诉求,且都在丝路（"一带一路"）沿线。因此,本书侧重探讨我国外交战略布局涉及周边外交、发展中国家外交和多边外交方面,①在新时代的丝路战略合作伙伴关系。

古代中国外交、新中国外交、中国特色大国外交这三类外交的具体政策、机制、领域、目标、性质、途径及成效如表5-1所示。

表5-1　古代中国外交、新中国外交、中国特色大国外交同构性分析表

类型	政策原则	机制	领域	目标	性质	途径	成效
古代中国外交	"宣德化、柔远人"	朝贡制度	经济、人文、安全	结伴交友	伙伴关系	官民双轨	传播经济形象、文明形象；提供公共产品
新中国外交	"和平共处五项原则"	不结盟制度	经济、人文、安全	结伴交友	伙伴关系	官民三轨	传播新中国形象；提供公共产品
中国特色大国外交	"人类命运共同体"	伙伴关系制度	经济、人文、安全	结伴交友	伙伴关系	官民等多轨	传播国家形象、文明形象；提供公共产品

资料来源：笔者搜集相关资料并根据上海外国语大学丝路学团队相关研究成果整理。

如表5-1所示,三种外交均属中国特色的和平外交上千年实践的产物,其同构性主要体现在如下几个方面：

第一,这三个时段外交的目标都是结伴交友,其所缔结的双边关系的性质均属于伙伴关系,所涉及的交往领域主要包括经济、人文与安全等,烙有商旅、教旅和学旅"三轨并存"的丝路交往模式的影响之印,以及经济互惠、人文包容、安全合作的"丝路精神"的传承与弘扬。因此,以结伴交友为目标导向的中国特色大国外交,"一带一路"盘活了"丝绸之路"这一公共产品所蕴含的历史资源优势,还

---

① 本书不侧重讨论中国与大国关系,而是关注"周边是首要,发展中国家是基础,多边是重要舞台",而这些国家恰好在丝绸之路场域,故本书统以"亚非拉国家等"概称。关于这一称谓的严谨性论述,详见附录。

"一带一路"朋友圈：中国特色丝路伙伴关系研究

使中外上千年丝路和平交往所缔结的"传统友谊"发挥了务实性作用,并在弘扬经济互惠、文明互鉴与安全合作的丝路精神的实践中彰显出中国特色的全球治理模式。

第二,丝路外交属于双轨外交,即由使节往来、贡赐贸易等组成的官方外交与商旅、教旅和学旅"三轨并存"的民间外交组成;新中国外交属于三轨外交,周恩来曾界定"中国的外交是官方的、半官方的和民间的三者结合起来的外交"。周恩来的"人民外交"即为典型的三轨,并在长达26年中,以决策人、指挥者、实践家三位一体的身份,以异乎寻常的精力、才能和智慧,为新中国的外交事业做出了最全面、最杰出的贡献;[1]注重缔结丝路伙伴关系的中国特色大国外交属于典型的多轨外交,通过外交、专业的冲突解决方式和政治倡议、商业、个人参与、提供资源与信息等多重方式创造和分享共同利益。内涵丰富、形式多样的多轨外交是中国特色大国外交的重要手段,是交友结伴外交历史与现实成功对接的产物。

第三,起步于丝路上的中国外交成效显著,影响深远,不仅传播了丝绸、瓷器等商品形象、四大发明等科技形象、路畅国盛的安全形象,还传播了"协和万邦"的文明形象。"对于无意识心灵而言,文明的形象可能比任何地区性国家更具魅力,而文明在最终成为大一统国家组成部分之前,往往在政治上表现为地区性国家……大一统国家一经确立,即便日后像它取而代之的地区性国家一样丧失了功能和力量,几乎成为沉重不堪的负担,往往仍然能够在数代人乃至数个世纪里继续控制原有臣民乃至现实破坏者的心理。"[2]

第四,三类外交均为世界提供了公共产品。中国的发展已到由"给世界提供商品"向"为国际社会提供更多公共产品"的瓶颈发展阶段,在"贡献中国智慧、提出中国方案、体现中国作用"的具体实践中构建多元、民主的国际话语体系、以贡献公共产品的方式深化文明交往中的价值沟通,如"丝绸之路""朝贡体系""协和万邦""郑和文化"等,如"和平共处五项原则""睦邻友好""坦赞精神""韬光养晦""劝和促谈""和平发展""和谐世界""负责任大国"等,"中国梦""丝绸之路经济带""21世纪海上丝绸之路""命运共同体意识""新型国际关系""正确义利观"

---

[1] 叶自成:《新中国外交思想:从毛泽东到邓小平——毛泽东、周恩来、邓小平外交思想比较研究》,北京大学出版社2001年版,第35页。

[2] [英]阿诺德·汤因比:《历史研究》,郭小凌等译,上海人民出版社2005年版,第871页。

"丝路精神"等公共产品的提供,使得"中国方案"已成为全球治理中不容忽视的重要组成部分。[1]

二、中国特色丝路伙伴关系的特征

中国特色大国外交以共建"一带一路"国际合作和拓展全球伙伴关系网络为鲜明标志,共建"一带一路"国际合作成为践行伙伴关系的最佳平台。尽管这两项政策先后提出于不同历史时期(相隔20年),但在新时代两者契合对接、成功联手,成为共同服务于"两个构建"外交总目标的有力举措。因为两者在愿景目标、价值理念、战略布局等方面高度耦合,故为本书的研究主旨概念"丝路伙伴关系"注入了新时代的有机内涵。那么,新时代中国的丝路伙伴关系应该怎样界定它的所"新"之处?

从文末附录《中国的丝路伙伴关系国家一览表》可知,在我国的183个建交国里,153个国家参与了共建"一带一路"国际合作,110个国家[2]与我国建立了不同程度的伙伴关系。由于"一带一路"是个更具包容性的综合性倡议,伙伴关系是基于涉及国家外交战略的政治考量,故前者的参与国数量更多。那么新时代中国的丝路伙伴关系的范畴是否就是为两者的交集?这个狭义定义显然是陷入了"诉诸理性"的"精确主义"。正如前文在讨论"关系"理论时,笔者已经陈述整体性思维的重要意义,无论是在探讨中非、中阿、中拉三大论坛的整体性外交的合作机制,还是重视国别之上区域组织与国际组织的主体地位,都有所体现。

既然"丝路伙伴关系"是不同于外交辞令而建构的政治文化概念,加之实践中,新时代丝路伙伴关系的形式并不拘泥于字眼,是个极具包容性的范畴,既可以是涵盖政治、经济、安全、人文的全方位不同层级的伙伴关系,也可以是某一特定合作领域,如贸易伙伴关系、"一带一路"能源合作伙伴关系、全球互联互通伙伴关系、全球价值链伙伴关系等。如果将视野放宽至此,可以发现中国的丝路伙伴关系成绩斐然:我国已成为全球120多个国家和地区的最大贸易伙伴,贸易

---

[1] [俄]尤里·塔夫罗夫斯基:《北京集纳山川大洋——"中国梦"战略得到两个新外交构想的补充》,俄罗斯《独立报》2013年11月15日。
[2] 笔者根据中华人民共和国外交部网站整理。值得注意的是,非洲国家整体以非盟与中国建立全面战略合作伙伴关系。另外,美国、日本、朝鲜、菲律宾、土耳其等国没有统计入列。

"一带一路"朋友圈：中国特色丝路伙伴关系研究

伙伴数量由1978年的40多个发展到2018年的230多个；[①]截至2023年12月，中国已建立126对各种形式的伙伴关系，已经同153个国家和32个国际组织签署了230余份共建"一带一路"合作文件。中国的"朋友圈"越来越大，"伙伴网"覆盖全球……由此，可以界定，新时代的丝路伙伴关系是指中国与有重大战略利益关切且秉持"丝路精神"内涵进行合作的行为主体之间的互动关系。再缩小些，可指中国和"一带一路"沿线国以"结伴不结盟"的原则，不冲突、不对抗、不针对第三方，谋求经济互惠、文明共享与丝路安全等共同利益的伙伴关系。它具有以下特征：

(1) 价值理念方面，丝路不仅是一个场域，也不仅是沟通渠道，更是一个"公共产品"的代名词，意味着中国将"为国际社会提供更多公共产品"的责任担当。既有互联互通、商贸金融等实体有形的公共产品，还有蕴含着"丝路精神"等意识方面无形的公共产品。"本着相互尊重、相互信任态度，平等协商、求同存异、管控分歧、扩大共识"同舟共济的伙伴精神，对周边国家的"亲诚惠容"理念以睦邻友好、守望相助，对发展中国家的"真实亲诚"理念和正确义利观，都可统摄于秉持和平合作、开放包容、互学互鉴、互利共赢为核心的"丝路精神"。它秉持"要重义轻利、舍利取义"互惠型的经济观，尊重世界文明多样性，"三个超越"包容型的人文观，以及共建、共享、共赢的"共同、综合、合作、可持续的"合作型的安全观。

(2) 交往定位方面，可以看到外交部门对我国各式各样伙伴关系的前缀集中在以下4种：一是"全面"，指合作领域不仅包括政治、经济、军事领域，还包括文化、生态、社会等领域；二是"战略"，指双方的合作具有全局性、长期性和稳定性，超越意识形态和社会制度的差异，不受一时一事的干扰，也不针对第三方；三是"友好"，强调双方传统的良好政治关系；四是"合作"，强调双方在政策上相互配合相互支持，致力于消除冲突与分歧。"战略伙伴关系的实质和重要内容"就是"在涉及国家主权、领土完整、安全稳定等重大核心利益问题上，坚定相互支持"，因此新时代的丝路伙伴关系具有高度的战略性；而且，以中国为首的新兴大国主导下的结伴体系与美欧结盟体系并存，已对国际体系转型产生了重要影响。

---

① 《商务部召开2020年商务工作及运行情况新闻发布会》，中华人民共和国商务部，http://www.mofcom.gov.cn/xwfbh/20210129.shtml，2021年1月29日。

(3)互动方式方面,中国与丝路伙伴的互动不是武力威胁、暴力冲突,而是多轨外交并举、实实在在的和平发展、互利合作。与传统同盟关系对高级政治,即安全领域的高度重视不同,新时代的丝路伙伴关系则是出于经济—人文版的战略设计,政策沟通、设施联通、贸易畅通、货币流通、民心相通这"五通"以点带面,从线到片,逐步形成区域的大合作。前四通关乎经济合作,第五通涉及人文交流,是前四通的基础与保障,体现了由易到难、循序渐进的战略推进路径。当然,在全方位合作领域中,中国与丝路伙伴也强调对安全领域尤其是非传统安全的全球治理难题谋求解决之道,"倡导文明宽容,防止极端势力和思想在不同文明之间制造断层线";通过与丝路伙伴在多领域的切实合作形成"利益共同体""责任共同体""命运共同体"。

(4)合作领域方面,涉及丝路安全合作、经济合作和人文交流合作等全方位。包括但不限于交通、能源、通信网络等基础设施互联互通,投资与贸易便利化合作,能源资源生产、运输和加工等合作,亚洲基础设施投资银行和丝路基金等金融合作领域,文体旅、科技领域等人文交流合作,生态环境合作,海洋、太空、网络空间等新兴领域合作,安全领域合作等。总之,这项合作议程是开放性的,"海陆空天电网"皆是丝路伙伴的合作内容。

(5)交往对象方面,中国的丝绸之路从古至今都是包容开放的,源起中国,向四周呈网状辐射,延长至整个世界。无论是古代丝绸之路沟通着的天然伙伴,抑或是当代"一带一路"连接起来的战略合作伙伴,合作对象或古或今都受惠于此。目前,中国的丝路伙伴遍布世界各大洲,在亚非拉、大洋洲、中东欧发展中地区最为集中,而北美和西欧国家则参与者寡。中国作为最大的发展中国家,不仅通过与丝路伙伴国双边关系开展合作,更重视统筹协调多边关系,实现了对重要的发展中地区——非洲、中东、东南亚、中亚和拉美整体外交的全覆盖。[1]

(6)关系实质方面,丝路伙伴关系与西方传统现实主义的同盟关系以及西方大国主导的排他性的伙伴关系有着"质"的区别,具有四个鲜明特征:一是和平合作,以共赢理念而非零和思维处理国家间交往,注重寻求各国共同利益汇合点;二是平等相待,尊重各国主权独立和领土完整,尊重彼此核心利益和重大关

---

[1] 张春:《中国对发展中地区整体外交研究》,《国际展望》2018年第5期,第24页。

切,尊重各国人民自主选择的社会制度和发展道路;三是开放包容,致力于在交流互鉴中取长补短,在求同存异中共同前进;四是共赢共享,旨在通过合作做大利益蛋糕,分享成功果实,实现共同发展繁荣。[①]

以上六个方面作为新时代的丝路伙伴关系的鲜明特点,分别对应着三个"关键词",各自可以聚焦于"丝路""战略""合作"中。据此,新时代的丝路伙伴关系可界定为"丝路战略合作伙伴关系",这是丝路伙伴关系在现代化语境下的中国特色的表达。丝路战略合作伙伴关系的构建旨在推动"建立以合作共赢为核心的新型国际关系",为推动国际体系和全球治理改革作出"中国贡献"。中国的这一重要实践,为各国之间探索相处之道提供了新的选择,受到各方的普遍欢迎和认可。下一步,我们将进一步扩大同各国利益的汇合点,不断提升伙伴关系的含金量,为构建新型国际关系创造条件,增添动力。[②] 中国特色丝路伙伴关系因其如丝绸般柔和绵软、开放包容、海纳百川,跳出了传统现实主义的窠臼,既结合了自由主义侧重共同利益、有效制度,又融合了建构主义对规范、认同的重视,走出了一条符合古今中国外交传统的更具弹性的合作关系新路。

中国特色丝路伙伴关系不仅有着深厚的历史意义,也焕发着时代价值:

第一,它是中国与广大发展中国家共赢发展的新路径。改革开放以来,我国现代化建设日新月异,与外部世界的联系愈益广泛。但是,在不断释放无限发展潜能并努力展现创造力的过程中,我们越来越紧迫地感受到国内资源相对不足与市场规模有限的压力,感受到我们与广大发展中国家互联互通滞后、务实合作不足的制约。打造丝路伙伴关系,一方面会帮助和带动参与合作的发展中国家尽快改善基础设施、经济状况和民生福祉,加快现代化发展进程,另一方面有助于我们发挥产能优势、资金优势、技术优势乃至管理优势,与发展中国家共同开发国际市场、共同调动国际资源,共同提高参与国际经济运转,实现中华民族与广大发展中国家联动发展、共赢发展,进而与整个世界实现良性互动。

---

① 《王毅:中国提倡的伙伴关系具有四个鲜明特征》,人民网,http://world.people.com.cn/n1/2017/0320/c1002-29157063.html,2017年3月20日。
② 《外交部部长王毅在2017年国际形势与中国外交研讨会开幕式上的演讲》,转引自王畅:《丝路伙伴关系研究:理论与实践》,《新丝路学刊》总第9期,社会科学文献出版社2020年版,第137页。

第二,它是共商共建共享原则指导下的全球治理新范式。长期以来,由于国际力量对比严重失衡,西方国家主导世界政治经济秩序,把控国际行为规则制定权,国际经济秩序严重扭曲,广大发展中国家被排除在全球治理之外。打造丝路伙伴关系,坚持以"共商""共建""共享"为基础,共同协商合作项目,共同开展项目建设,共同享有合作成果。作为合作主导方,中方不向伙伴方提出任何前提条件,不附带任何政治要求,不把我们的意愿和主张强加于人。双边合作与多边合作相互补充,多种合作形式与内容相辅相成。这种相互尊重完全平等,既不强人所难也不勉为其难的新合作范式,具有很强的开放性、透明性、包容性和互利性,既符合时代潮流,也符合发展中国家的利益和需求。

第三,它是利益诉求相互对接不同文明互学互鉴的新创举。人类社会是由拥有不同发展理念并处于不同发展阶段的民族国家构成的矛盾统一体。打造丝路伙伴关系,目的是要通过各类基础设施互联互通、货物贸易与服务贸易充分发展,同时全面开展政策沟通与民心相通等人文交流与合作,最大限度地将不同国家的发展战略、项目规划与质量要求结合起来,实现理念对接、标准对接、规则对接和管理方式对接,事实上拉近了合作伙伴国的距离。这种超越意识形态分歧、超越社会制度差异、超越地缘政治纠纷,也超越社会发展鸿沟的互利务实合作,前所未有地推动和促进了拥有不同文明背景的各国人民相互学习、彼此借鉴,创造性开启了人类文明开放包容兼收并蓄的新发展阶段。[1]

第二节 中国特色丝路伙伴关系的绩效评估

伴随着通过丝路战略合作伙伴关系"中国与世界"的互动,中国特色大国外交的体系化和主动性不断加强、碎片化和被动性不断减弱,其成效首先体现在中国的大国形象的改善与提升,还表现在外交实践中我们的"朋友圈"越做越大、"一带一路"越走越宽。事实上,丝路伙伴关系对中国特色大国外交绩效与其在对象国的形象呈正相关,不同国家与中国双边关系的好坏对该国民众对中国的

---

[1] 参见于洪君在首届"一带一路"高质量发展学术论坛上的主旨演讲:《推动"一带一路"高质量发展,讲好"一带一路"的真实故事》。笔者记录。

评价有直接影响。[①]

一、对中国特色大国外交国家形象评估

(一) 丝路伙伴对中国整体形象认可度稳步提升

中国整体形象包括中国政治、中国外交、中国文化与科技形象等。对中国形象评价的几个维度包括"历史悠久、充满魅力的东方大国""全球发展的贡献者""积极参与全球治理的负责任大国""倡导和引领地区共同发展的负责任大国""国家治理良好、社会和谐稳定的文明国家""亲和而有活力的开放国家""流失传统的现代化国家""追求地区或领导权的国家""国家和社会治理不够稳定的国家""比较保守的发展中国家"。近几年的民调里,前 5 个最为集中。根据 2019 年民调报告显示,在海外受访者眼中(接近 6 成),中国最为突出地展现出了一个历史悠久、充满魅力的东方大国形象,且发展中国家对这一形象地认同率要高于发达国家的受访者;同时,近半数受访者认为,中国是"全球发展的贡献者"。总体来说,海外受访者对中国人持正面的评价,中国人的勤劳和集体主义是公认的最大特点。本书通过当代中国与世界研究院与凯度集团合作开展的 7 次中国国家形象全球调查(2013—2019),对中国特色大国外交的民间成效进行总体性评估。

图 5-3 展示了国际社会对中国整体形象的认可程度,发生了由浅到深、从存在隔阂到民心相通的变化过程。由图 5-3 可知:中国特色大国外交自 2013—2019 年开展以来,中国整体形象保持稳定向好,海外受访者对中国的整体印象不断攀升,从最初的 5.1 分逐渐提升至 6.3 分(满分为 10 分),较党的十八大之前的国家形象提升了 1.2 分;海外发展中国家与发达国家对中国整体形象存在着分歧,但总体上发展中国家对中国的好感度要高于发达国家。其中,发达国家对中国的整体形象评分在 2016—2017 年稍高,但整体分数不及 6 分;发展中国家,即丝路合作伙伴对中国的好感度较高,呈现持续上升趋势,在 2019 年得分达 7.2 分。

2012 年,人们普遍对中国政治缺乏了解,对中国的形象总体上仍相对模糊。

[①] 仅以 2014 年的中俄关系和中日关系为例,当年中俄关系发展迅速,两国在多个领域开展了密切合作;相应地,俄罗斯民众对中国整体形象以及对中国政治、经济、军力、科技发展的看法方面都较为积极。而中日关系在 2014 年继续趋冷,日本受访者对中国的评价也在持续下降,对中国发展特别是军力建设的信任感继续走低,对中国所提的国际倡议和主办的国际活动表现消极。

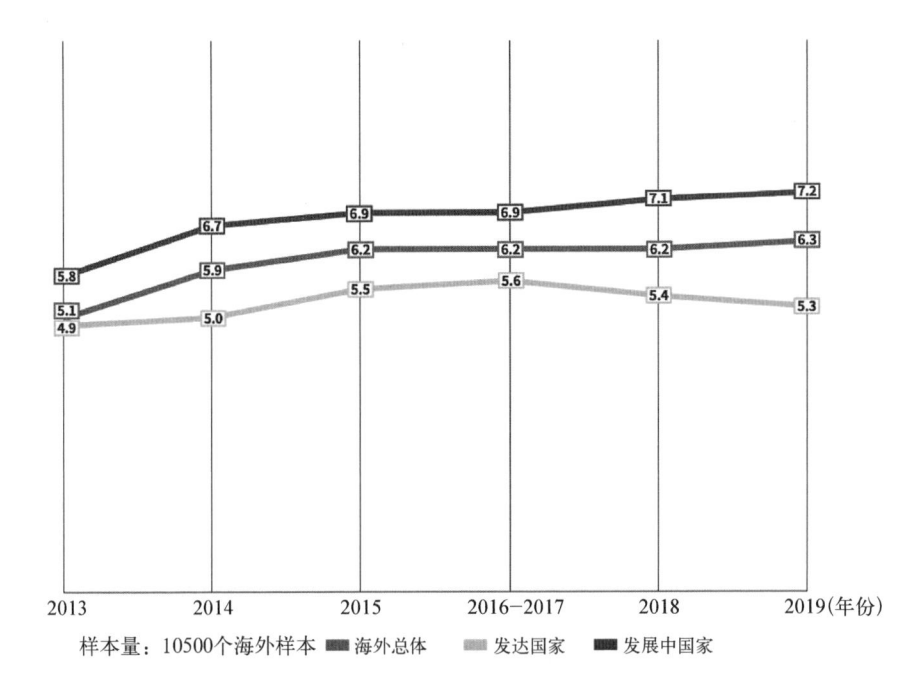

图 5-3　国际社会对中国整体形象的认可程度变化图（2013—2019）（1—10 分）

资料来源：当代中国与世界研究院（ACCWS）。全球调查样本在涵盖了亚洲（中国、日本、韩国、印度、印度尼西亚、沙特阿拉伯、土耳其）、欧洲（英国、法国、德国、意大利、俄罗斯、西班牙、荷兰）、北美洲（美国、加拿大、墨西哥）、南美洲（巴西、阿根廷、智利）、大洋洲（澳大利亚）、非洲（南非）等 22 个国家不同区域的公民。访问样本共计 11 000 个，每个国家 500 个样本。

在复合相互依存的全球化背景下，发达国家一方面需要同中国在多方位、多领域合作，另一方面又摆出对中国或敌视或暧昧的态度。以美国及其盟友对中国企业不甚友好为例，美国政府处心积虑阻止三一重工关联公司等企业收购美国风电项目、阻止华为等中国高科技企业收购项目，澳大利亚、拉丁美洲一些国家也出现了限制中国企业收购的行为。不仅是在发达国家的口碑中拿到"低分"，在与我们有着传统友谊的丝路伙伴国（即发展中国家）那里，我们也"失了分"，以 2012 年发展中国家对中国的负面评价较多为例。根据调查，发展中国家民众认为"中国进行不公平的国际贸易活动"比例高达 32%，高于发达国家的 26%。对中国持排斥态度的发展中国家民众占 23%，远高于发达国家的 13%。这些负面形象由于全球舆论交替传播而被放大，不但影响中国全球形象提升，也影响中国全球范围内的利益拓展。[①]

---

① 于运全、袁林：《构建与我国际地位相称的全球性国家形象》，《红旗文稿》2012 年第 24 期，第 21 页。

这些问题引起了党的十八大的重视,由此开始以中国特色大国外交的新路来结交丝路战略合作伙伴、开展新型国际关系。2019年,海外受访者对中国发展道路模式的认识逐渐有所提高,他们看到了中国发展道路和模式的积极影响。约7成的受访者(发展中国家79%)认为与中国的外交关系具有重要意义。[①] 2019年,新中国成立70年来的成就获得海外民众高度肯定,特别是自20世纪70年代后期实行改革开放以来,中国为全球发展作出了重大贡献,得到了海外受访者的认可,并且他们预期中国的国际地位和全球影响力将会持续增强,将会引领新一轮全球化并作出全球治理的贡献。调研显示,发展中国家受访者对中国未来发展形势持有的乐观态度明显高于发达国家。这一中国形象的变化过程,无疑展现出中国特色大国外交通过构建丝路战略合作伙伴关系重新"拿分"的可喜成绩,但同时也暴露出整体认知程度依然偏低的窘状,意味着赢得民心的大国外交之路任重而道远。

(二) 对中国科技、经济、文化领域的全球治理能力较为认可

表5-2基于2016—2019年的海外受访者民意调查,对中国特色大国外交中积极推进全球治理及其在各领域治理能力的表现进行绩效评估。

表5-2　中国全球治理表现认可度评估　　　　　　单位:%

领域	年份	海外平均数	发达国家	发展中国家	18—35岁的海外受访者	36—50岁的海外受访者	51—65岁的海外受访者
科技	2019	66	54	81	69	68	64
科技	2018	63	53	75	65	62	62
科技	2016—2017	65	55	76	67	64	63
经济	2019	63	50	76	63	65	59
经济	2018	60	51	73	60	60	61
经济	2016—2017	64	55	74	65	64	63

---

① 《中国国家形象全球调查报告(2019)》,http://www.accws.org.cn/achievement/202009/P020200915609025580537.pdf。

续 表

领域	年 份	海外平均数	发达国家	发展中国家	18—35岁的海外受访者	36—50岁的海外受访者	51—65岁的海外受访者
文化	2019	57	48	66	57	58	54
文化	2018	53	45	63	53	52	55
文化	2016—2017	57	48	66	59	56	54
安全	2019	40	30	52	44	40	33
安全	2018	36	28	45	39	36	33
安全	2016—2017	44	34	54	48	42	38
政治	2019	39	27	52	42	41	33
政治	2018	36	26	48	38	36	34
政治	2016—2017	44	33	55	47	43	38
生态	2019	32	24	42	36	34	23
生态	2018	29	21	38	31	28	24
生态	2016—2017	34	25	45	42	32	26

数据来源：笔者根据2016—2019年当代中国与世界研究院(ACCWS)民调报告制成。

由表5-2可见，对比2018年数据，2019年海外受访者对中国参与全球治理各领域的表现认可度均有提升。在中国参与全球治理的领域中，海外受访者最为认可的三个领域为科技(66%)、经济(63%)和文化(57%)，与2018年调查结果科技(63%)、经济(60%)和文化(53%)的前三名保持一致，而且认可度有小幅上升，且受访者对中国在文化和安全领域的全球治理表现认可度提升幅度最大，平均上升4个百分点。

事实上，中国国内治理的认可度也在稳步提升。中国的技术创新能力在海外受访的所有年龄组中都赢得了较高的评价，高铁等中国制造创新是中国最著名的技术成就。中国正在成为越来越多国家的最大贸易伙伴，中国经济保持高速增长，海外人士对中国参与全球治理的各个方面抱有更高的期望。发展中国家对中国在全球治理各领域表现的认可均高于发达国家。分年龄来看,海外年轻受访者对中国参与全球治理的科技、安全、政治、生态领域的评价较高,而且超过五成的海外受访者期待中国在经济和科技领域发挥更大作用。可见,中国参与全球科技、经济和文化治理的积极程度得到了国外尤其是丝路伙伴的肯定。

(三) 丝路伙伴更为认可文明交流互鉴的价值

中国特色大国外交凸显用"文明力量"应对全球性挑战,以助力构建"人类命运共同体"的中国特色文明理念,形成了中国特色的文明交往观。这一价值理念得到了丝路伙伴的高度认同。丝绸之路是鉴证中华文明成长兴衰及其与域外文明交流互动的"文化土壤",传承丝绸之路共有认知的历史记忆、汲取"丝路精神"进行文明交流互鉴,是丝路伙伴的基本共识。

在海外受访者对文明交流互鉴理念的认知调研中(如图5-3所示),超七成的受访者认可中国提出的文明交流互鉴主张对个人、国家和全球治理带来积极意义。发展中国家受访者对文明交流互鉴的积极影响认可度远高于发达国家。分年龄来看,36岁以上受访者更加认可"文明交流互鉴"对个人、国家和全球治理带来积极意义。文明是多彩的、平等的、包容的,尊重世界文明多样性始终是

	海外总体	发达国家	发展中国家	海外18—35岁	海外36—50岁	海外51—65岁
"文明交流互鉴"对个人的积极意义	72	56	78	70	73	73
"文明交流互鉴"对国家的积极意义	70	58	75	68	73	69
"文明交流互鉴"对全球治理的积极意义	71	57	76	68	73	73

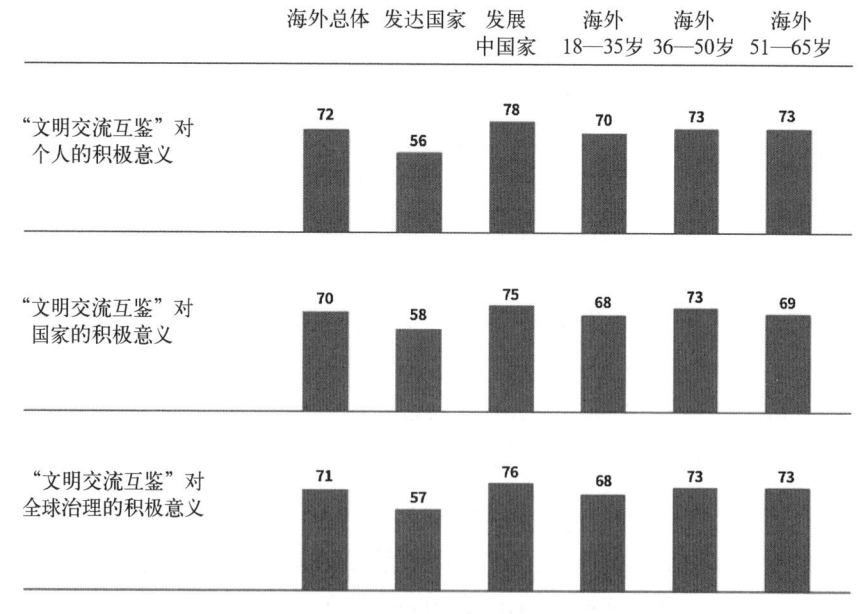

图5-3 海外受访者对文明交流互鉴理念的认可度(单位:%)

资料来源:《中国国家形象全球调查报告(2019)》。

人类克服诸种挑战和风险、超越各类"鸿沟"和"赤字"的永恒价值底蕴,中国特色大国外交倡导的文明交流、文明互鉴、文明共存具有重要的现实意义,具体如图5-4所示,表现在以下几个方面。

	海外总体	发达国家	发展中国家	海外18—35岁	海外36—50岁	海外51—65岁
有助于应对当前面临的全球性挑战	56	47	60	53	58	60
是推动人类社会进步和世界和平发展的重要动力	51	42	55	51	53	50
有助于构建和平安宁、共同繁荣、开放融通的美好世界	51	39	56	50	50	56
顺应了人类历史和文明发展大趋势	49	40	53	48	48	54
对于构建人类命运共同体具有重要意义	49	41	53	48	53	45
符合各国人民根本利益	46	37	49	45	44	50

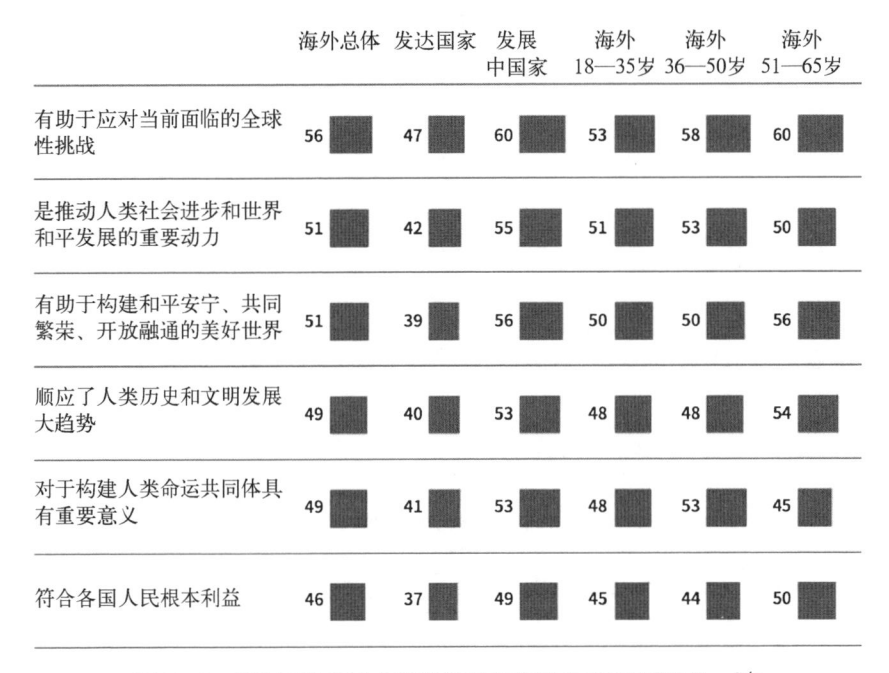

图5-4 海外受访者对文明交流互鉴作用的认可度(单位:%)

资料来源:《中国国家形象全球调查报告(2019)》。

海外受访者普遍认可"文明交流互鉴"对全球发展和人类社会进步的积极作用。了解"文明交流互鉴"的受访者认为这一主张"有助于应对当前面临的全球性挑战"(56%),"是推动人类社会进步和世界和平发展的重要动力"(51%),"有助于构建和平安宁、共同繁荣、开放融通的美好世界"(51%)。发展中国家民众积极评价"文明交流互鉴"的比例高于发达国家。

这意味着丝路伙伴关系有着深刻的文明认同基础,相比较现实政治、物质往来,丝路伙伴拥有高度的"文化自信",这"是更基础、更广泛、更深厚的自信,是更基本、更深沉、更持久的力量"。这一调查结果有力地回击了西方霸权语境下的"文明冲突论"和"文明优越论"。只有超越二元对立、零和博弈的陈旧思维,才能充分发挥不同文明的潜能和优势,各尽其能、各施所长,以"三个超越"让文明交流互鉴和共商共建的成果更多更公平地惠及各个文明,推动不同文明构建并形成利益共同体和命运共同体。

二、对"一带一路"国际合作的绩效评估

（一）丝路伙伴更为认可"一带一路"国际合作

"一带一路"在全球落地开花表现在国际合作的伙伴不断增加。截至2023年12月，中国已经同153个国家和32个国际组织签署共建"一带一路"合作文件，具体国家和国际组织如文末附录《中国的丝路伙伴关系国家一览表》所示。由此可见，在中国的积极运筹下，"一带一路"倡议提出后逐渐由理念深入现实，由倡议转为实践，不仅表现在"一带一路"的朋友圈已经扩展到越来越多的国家，还体现在"一带一路"的国际认同越来越强，世界影响越来越大。

笔者通过2016—2019年海外受访者对中国"一带一路"倡议的认可程度，对中国特色大国外交倡导共建"一带一路"国际合作进行绩效评估，如表5-3所示：

表5-3　海外受访者对中国"一带一路"的认可程度(2016—2019)　　单位：%

主 体	海外总体			发达国家			发展中国家		
年 份	2019	2018	2016—2017	2019	2018	2016—2017	2019	2018	2016—2017
对个人的积极意义	44	39	41	28	27	29	61	53	56
对国家的积极意义	43	43	42	29	31	34	58	56	51
对地区和全球经济的积极意义	54	55	53	39	47	45	69	66	62

主 体	海外18—35岁			海外35—50岁			海外51—65岁		
年 份	2019	2018	2016—2017	2019	2018	2016—2017	2019	2018	2016—2017
对个人的积极意义	48	42	46	46	38	42	33	35	34
对国家的积极意义	48	44	47	45	44	43	32	38	34
对地区和全球经济的积极意义	57	56	54	55	55	54	47	55	51

资料来源：笔者根据2016—2019年当代中国与世界研究院(ACCWS)民调报告制成。

2019年"一带一路"的海外认知度继续提升。不可否认,中国提出的共建人类命运共同体的倡议对个人、国家和全人类都有积极的影响,但相对而言,"一带一路"对全球和区域经济的积极影响更加引发关注,在国际事务中的表现和影响力得到了更高重视。在对"一带一路"有所了解的受访者中,有过半数(54%)的受访者认可其给地区和全球经济带来的积极影响。2019年"一带一路"对个人层面的积极意义认可度较2018年提升。整体而言,发展中国家(丝路伙伴和受益国)的民众比发达国家民众对"一带一路"的知晓度、认可度都更高,且更多发展中国家受访者认可"一带一路"对个人产生的积极影响,较2018年提升8个百分点,达到61%。从年龄上来分析,海外年轻群体对"一带一路"评价更为积极。具体到"一带一路"在哪些方面发挥积极作用?调查结果如图5-5所示。

	海外总体	发达国家	发展中国家	海外18—35岁	海外36—50岁	海外51—65岁
有助于沿线国家和地区的基础设施互联互通建设	42	32	52	39	42	45
有助于沿线国家和地区的投资贸易合作	40	29	52	40	39	40
"一带一路"是有广阔前景的全球性公共产品	36	24	49	38	38	31
有助于沿线国家政府间的沟通与协调	33	21	45	33	33	31
有助于沿线国家和地区人民间的友好往来与合作	33	19	47	33	34	30
有助于区域内金融合作和资金融通	32	20	45	34	32	31

图5-5　海外受访者对中国"一带一路"意义认可度(2019)(单位:%)

资料来源:《中国国家形象全球调查报告(2019)》。

从2019年的设施联通和贸易畅通是"一带一路"受认可最为集中的领域。在对"一带一路"有所了解的海外受访者中,四成以上的人认为共建"一带一路""有助于国家和地区的基础设施互联互通建设"(42%)和"有助于沿线国家和地区的投资贸易合作"(40%)。"一带一路"作为"有广阔前景的全球性公共产品"

(36%)的形象认可度也较高。同样地,发展中国家比发达国家对"一带一路"倡议的评价更为积极。分年龄来看,18—35岁海外受访者更认可"一带一路""建设进展和成效超出预期"以及"惠及本国人民和我本人的生活"。遗憾的是,事实上受制于该调查样本选取国家、受访人数等限制,笔者不能完全展示境外民众对"一带一路"的认知状况,但是从现有的数据来看,即使是"好评集中"的领域,认可人数的百分比也依然没有过半数。这意味着中国特色大国外交远没有达到"深入人心"的境界,仍需要行稳致远。

(二)中国在"一带一路"的贡献得到认可

新冠疫情自2020年初暴发以来在全球肆虐,不仅给全球人民的生命健康安全带来挑战,也使得世界经济发展中的不稳定不确定因素明显增多。在"一带一路"建设方面,虽然疫情对高质量推进"一带一路"建设带来新挑战,但得益于中国经济的迅速恢复和主动对外开放,以及过去7年打下的良好基础,共建"一带一路"合作呈现十足韧性。

在针对部分丝路伙伴——亚洲(泰国、马来西亚、印度尼西亚、巴基斯坦、沙特阿拉伯、哈萨克斯坦),欧洲(俄罗斯、意大利、塞尔维亚),非洲(肯尼亚、埃及),南美洲(智利)等不同区域的公民的调研中,"一带一路"沿线国家受访者普遍认可本国和中国双边关系的重要性,肯定中国经济发展给本国与全球带来积极影响。双边关系的健康稳定发展,是增进中国与相关国家共建"一带一路"的有力基础。在受访的12国民众中,受访者普遍认可本国同中国关系的重要性。平均而言,有近七成(69%)的受访者认为本国与中国的关系重要;其中认为"与中国关系非常重要"的比例占30%。分国家来看,对本国与中国关系重要性给予最积极肯定的是巴基斯坦,有83%的受访者认为同中国关系重要;其他认为与中国关系重要的国家依次是泰国(82%)、印度尼西亚(77%)、沙特阿拉伯(76%)、埃及(72%)和马来西亚(71%)。此外,中国经济发展带来的积极国际效应成为共识。超七成受访者认可中国经济发展给全球和地区经济发展带来积极影响,其中泰国受访者的积极评价高达90%。[1]

---

[1]《2020年度中国企业海外形象调查分析报告——以"一带一路"沿线12国为调查对象》,2020年7—9月,中国外文局中国报道杂志社、当代中国与世界研究院联合国际知名调查机构凯度集团(Kantar)进行的民调。访问样本从Kantar全球样本库中抽样选取。每个国家500个样本,共计6 000个。男女比例为1∶1,受访者年龄为18—65岁。本次调查遵循定量研究方法,采用在线问卷填答的方式,严格执行在线调查的国际标准。

2013—2019年,中国与"一带一路"沿线国家货物贸易累计总额超过了7.8万亿美元,对沿线国家直接投资超过1 100亿美元,新签承包工程合同额接近8 000亿美元,一大批重大项目和产业园区相继落地见效,有力促进互利共赢、共同发展。但新冠疫情发生以来,对世界经济的冲击较大,国际贸易和投资更加低迷。商务部副部长王炳南表示,"一带一路"的经贸合作也受到了一些影响。部分境外项目在人员流动、物资保障等方面遇到了一些困难,疫情防控的压力也很大。面对这种复杂的情况,中国与共建国家守望相助、同舟共济,努力降低疫情的影响。

尽管受到新冠疫情冲击,但中国企业与沿线国家的合作并没有受到太多干扰,甚至呈现逆势上升的趋势。总体而言,"一带一路"经贸合作总体保持平稳,共建"一带一路"的影响力、感召力在不断提升。2020年前三季度,中国与"一带一路"沿线国家贸易进出口总额9 634.2亿美元,中泰铁路、雅万高铁、巴基斯坦拉合尔轨道交通橙线项目等重大项目取得重要进展。2020年上半年,中国企业在"一带一路"沿线对54个国家非金融类直接投资571亿元人民币,同比增长23.8%,主要投向新加坡、印度尼西亚、老挝、柬埔寨、越南、马来西亚、泰国、哈萨克斯坦和阿联酋等国。

调查显示,这些国家的多数受访者认为中国企业拉动了本国经济发展,主要在以下方面起到了积极作用:带来先进的技术(42%)、带来新的资金投入(40%)、提供了新的就业机会(40%)。分国家来看,泰国、马来西亚、印度尼西亚、沙特阿拉伯、肯尼亚和智利受访者较其他国家受访者更认可中国企业对本国经济发展所起的积极作用。沿线国家最期待本国同中国企业合作的领域依次是科技、加工制造、基础设施建设,选择比例分别是50%、38%和36%。相比之下,周边国家(泰国、印度尼西亚、马来西亚、俄罗斯、巴基斯坦、哈萨克斯坦)比其他国家(沙特阿拉伯、意大利、塞尔维亚、智利、埃及、肯尼亚)更认可中国企业提供的质优价廉产品(选择比例分别是41%和32%)和推动产业结构调整升级(选择比例分别是30%和23%)。

在全球抗疫期间,中国向"一带一路"沿线国家提供力所能及的物资和技术援助,已向150多个国家和国际组织提供280多批紧急抗疫物资援助。中国企业积极响应"健康丝绸之路"的号召,通过多种方式助力沿线国家抗疫,涌现了众多感人事迹。

"一带一路"朋友圈：中国特色丝路伙伴关系研究

调查显示，"一带一路"沿线国家民众对中国企业海外抗疫表现的总体印象较好。平均有70%的受访者对中国企业助力当地抗击新冠疫情的表现给予了积极评价。分国家来看，泰国对中国企业的抗疫表现总体印象最好，认可比例高达87%；其次是印度尼西亚，认可比例为82%；排在第三位的是沙特阿拉伯，认可比例为81%。受访者对中国企业采取的抗疫举措印象最深刻的是"把企业员工生命健康放在第一位"（60%）、"采用灵活的管理办法"（57%）、"公正平等地对待员工"（55%），认为中国企业面对疫情"承担起企业的社会责任"（56%），体现出了"社会担当"（57%）。在履行社会责任、推动对象国可持续发展方面，受访者也对中国企业给予了积极评价。

调查显示，"一带一路"沿线国家受访者对中国企业助力本国减贫评价认可度较高的方面是："改善本国基础设施"（56%）、"为本国教育、医疗、卫生发展提供支持"（55%）。分国家来看，泰国、印度尼西亚、巴基斯坦、沙特阿拉伯、塞尔维亚和埃及受访者对中国企业助力本国可持续发展的评价整体高于其他受访国家，超过六成的受访者对中国企业在"为本国教育、医疗、卫生发展提供支持""同本国的合作中，积极探索可持续发展路径，增强本国发展动力""改善本国基础设施"方面给予积极评价。

以上实绩表明，中国特色大国外交以及丝路战略合作伙伴关系的开拓卓有成效。究其原因，得益于党中央在外交事业角色定位的强化和日益增强的顶层设计、统筹协调能力。以国内完善的政策支持和细致全面的推进举措为例，"一带一路"倡议提出10年来，整体上四梁八柱式的基础在多领域日趋完善。首先，就体现在顶层设计上：其一，国内政策体系日趋完善。"一带一路"已融入中央、部委、地方各级层面的工作报告，已贯穿于中国国内外政策的血脉和细胞中。中央高层起到了引领"一带一路"战略对接的作用，高层访问为共建"一带一路"提供了强大政治推动力。除了主场外交、首脑外交等高层关切外，中央层面制定发布了多部政策宣言，向世界彰显作为负责任大国共建"一带一路"的主张和决心。其二，在国家各部委层面，健全、完善了"一带一路"建设中的具体政策。目前，国家各部委近几年都出台了相关政策，显现出三个主要特点：政策内容的全面性、政策制定的专业性、政策制定的协调性。地方政府落实了"一带一路"的政策体系。诸多地方政府的工作重点突出与"一带一路"的协同度和政策规划的专业性，也有不少地方还强调了保障性政策的作用。①

除了政策制定,国家相关机构还提供较为综合全面的专业服务。例如,2019年11月,全国工商联发布《"一带一路"沿线中国民营企业现状调查研究报告》,为在海外投资的企业提供了客观分析和面上参考;国家开发银行和联合国开发计划署研究团队发布《融合投融资规则促进"一带一路"可持续发展》报告,提炼出"一带一路"投融资规则框架,供各界就与投融资活动直接相关的环境保护、社会发展、规划对接、项目全生命周期财务可持续、债务可持续、公开透明采购、风险管控、项目效果评估等方面参考。

第三节 中国特色丝路伙伴关系的因应之策

一、直面"百年未有之大变局"新挑战

(一) 中国与世界关系面临新变局

在 2018 年 6 月召开的中央外事工作会议上,习近平总书记指出,"当前中国处于近代以来最好的发展时期,世界处于百年未有之大变局,两者同步交织、相互激荡",明确强调,把握国际形势要树立正确的历史观、大局观、角色观。《新时代的中国与世界》白皮书指出:"大变局深刻复杂、变乱交织,各种新旧因素、力量、矛盾相互叠加碰撞,大国关系、国际秩序、地区安全、社会思潮、全球治理深刻重塑,国际局势不稳定性不确定性日益突出,治理赤字、信任赤字、和平赤字、发展赤字越来越大,世界面临重新陷入分裂甚至对抗的风险。"②

1. **全球经济版图正在重塑,世界权力出现根本转移**

21 世纪以来,一大批新兴市场国家和发展中国家快速发展,世界多极化发展加速,国际格局日趋均衡,国际潮流大势不可逆转。国际领导力继百年前再次出现洲际式转移,也是近代以来,世界权力首次开始向非西方世界转移扩散。③世界经济中心向亚太转移,出现"东升西降"的现象,但"西强东弱"还没有发生根本改变。西方发展经验在非西方世界出现"水土不服"。这一趋势反转表现为西

---

① 可参见文末附录。
② 中华人民共和国国务院新闻办公室:《新时代的中国与世界》,人民出版社 2020 年版。
③ [美] 约瑟夫·奈:《美国世纪结束了吗?》,国防大学出版社 2015 年版,第 71 页。

方中心世界的没落,也可以说是非西方世界的全面崛起。进入21世纪后,世界权力的重心明显向亚太移动,亚欧大陆将重新成为人类历史舞台上的要角。

2. 国际格局发生巨大变迁,世界进入动荡变革期

国际格局,是指主要政治力量形成的一种相对稳定的力量对比态势。冷战结束后,世界格局由"两极格局"进入"一超多强"的政治多极化。美国特朗普政府肆无忌惮地破坏现行国际规则,试图以不平等的双边关系取代现有国际政治经济秩序。西方出现了自工业革命以来的第一次全面颓势,[①]老牌强国云集的欧洲已陷入老龄化深渊,深受难民问题和债务问题之困,增长乏力日渐暮气。新兴国家集体崛起,全球政治出现大觉醒,西方发展经验在非西方世界出现"水土不服",各国根据国情走自己道路之风日盛。非国家行为体作用上升,成为重塑国际格局的一个新的重要变量。

3. 全球化进程遭遇停摆,逆全球化风潮引发挑战

美国选举暴露出的社会撕裂、欧洲右翼势力的上台等都难掩逆全球化风潮的重重危机。目前,全球诸多严重挑战,比如叙利亚难民、国际恐怖主义、朝核危机等,都与美国错误的政策实施息息相关,其"贸易保护主义"和"新保守主义",更加凸显出反全球化和孤立主义的倾向,都致力于打造一个将中国孤立而分裂的世界,而不是一个合作共赢的世界,对未来发展带来巨大的不确定性。就此而言,西方某些大国已经不再是世界问题的解决者,而是问题本身。

4. 国际竞争日益激烈,科技创新特别是颠覆性技术的变量难测

世界力量对比变化加深美国的危机感,把中国和俄罗斯两国确定为"主要战略竞争对手",[②]重点施压围堵中俄,导致中美、美俄战略博弈加剧。在激烈的国际竞争中,要素的比拼前所未有。科学和技术始终是影响人类命运和大国关系的重要变量,第四次工业革命催生"智能时代"来临,人工智能、机器人技术、虚拟现实、大数据、量子科技以及生物技术等蓬勃发展,将深度改变人类生产和生活方式,对国际格局的发展产生重要影响。

此外,还要看到"百年未有之大变局"复杂的呈现形态:既有可以预见之变,又有出乎意料之变;既有突变,又有渐变;既有黑天鹅,又有灰犀牛;既有顺应大势之变,又有悖逆潮流之变;既有一路向前之变,也有曲折反复之变;既有于我有

[①] 朱云汉:《高思在云:中国兴起与全球秩序重组》,中国人民大学出版2015年版,第3—9页。
[②] US White House, National Security Strategy of the United States of America, Dec. 2017.

利之变,也有于我不利之变;既有主动求索之变,也有被动面对之变;既有进退裕如之变,又有进退失据之变;既有尚未成型之变,又有制度完善之变……今日之中国,不再是一个羸弱的以天朝上邦而自命的古老国家,而是执技术之牛耳、敞开放之胸怀、秉共享之鸿志,志在成为世界和平的建设者、全球发展的贡献者和国际秩序的维护者。如何履行新兴大国应有的责任,打破"修昔底德陷阱"和"金德尔伯格陷阱",是今日中国应对百年变局重要命题。

(二)美日印澳等国联合干涉围堵

1. 美国政府联合日本、印度、澳大利亚对中国进行战略遏制

美国对中国的和平崛起一直充满疑虑。例如1996年3月,美国众议院国家安全委员会召开题为"中国对美国构成的安全挑战",时任委员会主席Floyd Spence在开幕词中明确要求美国必须关注"北京的战略目标""中国领导人设想的地区秩序和世界秩序"等"中国意图"[①]。2010年,美国在《核态势评估报告》中承认中美有"共同利益",又"质疑中国未来的战略意图"。[②] 在美国的影响下,东盟国家大多疑华,新加坡都不例外,李光耀回忆录对此有所披露。[③] 美、日等国的战略焦虑,实为"出于相对衰落状态的大国本能作出的反应,把钱更多地花在'安全'上,从而将用于'投资'的资源调拨出来,以缓解它们的长期困境"[④]。不断有在中美两国间频繁行走的有识之士告诉我们,中美关系的好时候一去不复返了。美国不仅向中国挥起经济贸易的利器,以后还可能会动用更多政治手腕,其中就包括进一步操作权威(威权)主义这类"精神核弹"。

2019年,美国出台"印太战略",将美国、日本、印度、澳大利亚作为"战略四角"。近年来,拉拢印度成为美国"印太战略"的重中之重。美国和印度第三次外长和防长"2+2"对话会在印度首都新德里举行,双方正式签署《地理空间合作基本交流与合作协议》。根据协议,印度将被允许使用美国的卫星和地图数据,以获取重要的地形、航海和航空信息。加上之前美印签署的《后勤交流备忘录协定》《通信兼容和安全协议》及《工业安全附件》,短短3年时间,美印两军就实现

---

① Committee on National Security, House of Representatives, *Security Challenges Posed by China*, Washington: United States Government Printing Office, 1996, p. 2.
② Robert Gates, *Nuclear Posture Review Report 2010*, Washington: Department of Defense, 2010, p. 5.
③ 李光耀:《李光耀回忆录(1965—2000)》,世界书局2000年版,第758页。
④ [美]保罗·肯尼迪:《大国的兴衰》,蒋葆英等译,中国经济出版社1989年版,第10页。

了共享军事基地、通信系统和情报,印度成为达到美国"准盟友"级别。此外,印度还分别与日本、澳大利亚两国签署了军事后勤服务的协议。这些协议都加重了美日印澳"四方安全对话"机制的军事色彩。

印度一直将斯里兰卡等国视为其在印度洋和南亚地区的"后院",因而异常警惕中国和"一带一路"倡议,甚至将其视为中国以"珍珠项链"谋求"包围"印度之举。前印度驻华大使希夫尚卡尔·梅农(Shivshankar Menon)认为,中国通过"一带一路"项目建设,比如利用瓜达尔港在印度洋获得立足点,建立直通阿拉伯海的通道,助力中国海军扩张来加强军事存在。[①] 印度逐步将安达曼-巴科巴群岛从军事角度开放给美日澳三国,事实上造就了一个"第3.5岛链",并且在南海—马六甲海峡和北印度洋形成了一个"三位一体"的军事安排,以堵住中国西出马六甲的重要通道。2020年11月3日,在孟加拉湾由印度海军主办的"马拉巴尔-2020"演习,来自美国海军、澳大利亚海军以及日本海上自卫队的舰艇、飞机和人员也一并参演。这一点尤其需要警惕。[②]

2022年5月23日,美国总统拜登在访问日本期间宣布启动"印太经济框架"(IPEF)。日本首相岸田文雄、印度总理莫迪等框架主要参与国领导人出席了启动仪式,这标志着美国将开始在"印太战略"的经济领域塑造自身主导力量。不论是"重返亚太"还是"印太战略",美国都在尝试扩大自己在印太地区的影响力,并且还想和盟友组建亚洲版的"小北约",以此来制衡中国。对于美国方面试图强化"四国机制"遏制中国的企图,中国外交部发言人此前曾表示,希望有关国家之间的合作是开放、包容、共赢的,能够有利于世界和地区的和平与稳定,成为积极向善的力量,而不是有所企图、针对特定国家。外交部副部长罗照辉2020年9月批评道:"美国拉拢日本、印度、澳大利亚以四国机制组建反华小圈子,显示美国仍在奉行冷战思维。"中美之所以出现"战略互疑",也是双方在长远意图方面长期互不信任所致。因为,"在国家间互动中,由于情资搜集不充分、沟通机制不完备、信息数据不可靠或刻意误导等各种原因,各国往往对别国意图难以进行准确的分析、判断和认定。意图的不确定性是国际政治的基本事实。"[③]与丝

---

① Shivshankar Menon, *The Unprecedented Promises and Threats of the Belt and Road Initiative*, Brookings Institution, April 28, 2017, https://www.brookings.edu/opinions/the-unprecedented-promises-and-threats-of-the-belt-and-road-initiative/.
② 参见对中国社会科学院海疆智库研究员王晓鹏的访谈。
③ 李永成:《意图的逻辑:美国与中国的安全软环境》,世界知识出版社2011年版,第126—127页。

路伙伴对中国特色大国外交较好的反馈相比,西方却不断利用国际舆论优势用"甩锅""追责"等旧伎俩歧视特定族群,用"污蔑""构陷"等新套路来抹黑"中国抗疫模式"。深受疫情重创的美国,面对完胜"上半场"的中国,还不忘一直诋毁中国来推卸责任,足见其对中国乃至丝路伙伴关系的抵触之心。

2. 美国智库对中国的战略意图和"一带一路"经济意图和战略意图的分析总体偏贬义

然而,也有客观中肯之声,如世界银行前驻华首席代表杜大伟(David Dollar)认为,"一带一路"倡议是中国在后金融危机时代应对国内经济下行等问题的重要举措,希望通过"一带一路"倡议促进国内经济增长。[①] 布鲁金斯学会印度项目主任坦维·玛丹(Tanvi Madan)认为,中国提出"一带一路"倡议,通过与亚洲国家在亚太地区及印度洋地区兴建基础设施,重新绘制亚欧大陆版图,这既是经济问题,也是地缘政治问题。多哈中心研究员卡迪拉·佩西亚戈达(Kadira Pethiyagoda)认为,"一带一路"是带有战略意图的经济项目,其战略目标是对抗美国的"亚太再平衡"战略,塑造周边安全环境,保障中国崛起,打破中国被美国盟友所包围、贸易路线被美国切断的现状,瓜达尔港和吉布提新港就是例证。[②] 外交关系委员会高级研究员阿丽萨·艾雷斯(Alyssa Ayres)和亚洲研究项目主任伊丽莎白·易明(Elizabeth Economy)指出,美国在把注意力集中在东亚和东南亚时,中国通过谋划"西进"(March West)成为南亚和中亚地区最重要的投资者、基础设施提供者和多边组织的捍卫者,在亚太地区获得了更突出地位。[③]

从对中国的战略推进来看,美国学者既有客观理性的审视,也有以竞争思维甚至是冷战思维衡量的论断。前者如布鲁金斯全球经济与发展项目高级研究员乔舒亚·梅尔策(Joshua P. Meltzer)认为,"一带一路"倡议作为中国贸易和投资倡议的重要组成部分,中国通过输出其"中国标准"(如高铁),进一步增加在沿

[①] David Dollar, *China's Rise as a Regional and Global Power: The AIIB and the One Belt, One Road*, Brookings Institution, July 15, 2015, https://www.brookings.edu/research/chinas-rise-as-a-regional-and-global-power-the-aiib-and-the-one-belt-one-rod/.

[②] Kadira Pethiyagoda, *What's Driving China's New Silk Road, and How Should the West Respond?*, Brookings Institution, May 17, 2017, https://www.brookings.edu/blog/order-from-chaos/2017/05/17/whats-driving-chinas-new-silk-road-and-how-should-the-west-respond/.

[③] Alyssa Ayres, Elizabeth Economy, and Daniel Markey, Rebalance the Rebalance, *Foreign Affairs*, July 13, 2016, https://www.foreignaffairs.com/articles/china/2016-07-13/rebalance-rebalance.

线地区的出口,通过基础设施建设与亚洲国家建立更高效的贸易联系,有助于促进区域经济一体化和解决全球基础设施需求问题。① 对于"资金融通"的创新方式亚投行的组建,普林斯顿大学米尔班克讲席教授约翰·伊肯伯里(G. John Ikenberry)和澳大利亚国立大学学者达伦·里姆(Darren Lim)认为,狭义上亚投行(AIIB)的建立并不符合布雷顿森林体系制定的标准,还会导致世界银行的重要性和亚洲开发银行(ADB)的地位下降,进而在广义上改变中国与美国在亚太地区的权力平衡。② 伊丽莎白·易明指出,中国国内尤其是西部地区长期受到恐怖主义威胁,而这些地区的稳定对"一带一路"倡议的实施至关重要。中国虽然与美国、俄罗斯等国展开了反恐合作,但"一带一路"项目可能成为恐怖主义新的袭击目标。此外,美国和俄罗斯在中亚地区增加军事力量也会影响中国的安全。③

(三) 丝路伙伴对中国认知仍欠缺

美国兰德公司一项研究显示,关于"一带一路"的普遍担忧集中于以下几点:一是债务陷阱论,认为"一带一路"倡议把合作伙伴国的债务提高到难以承受的水平;二是经济依赖论,并增加合作伙伴国对中国的贸易,可能降低其全球贸易潜力;三是中国中心论,认为"一带一路"是人民币国际化的工具,项目由中国公司承接,旨在形成以中国为中心的基础设施网络,达到中国在世界范围内的战略布局;四是成本高昂论,"一带一路"项目融资成本高、运营收益低,项目缺乏经济性,可能面临破产,是大而无用的"白象工程";五是不可持续论,项目对可持续发展关注不足,尤其对劳工、环境和卫生保健等领域着力不够;六是忽视合规论,"一带一路"资金一定程度上延续、滋长了腐败行为,并忽略了有关项目对项目治理和公共利益法规、标准的遵守。初步证据表明,对"一带一路"的许多担忧被夸大甚至曲解。④

---

① Joshua P. Meltzer, *China's One Belt One Road Initiative: A View from the United States*, Brookings Institution, July 19, 2017, https://www.brookings.edu/research/chinas-one-belt-one-road-initiative-a-view-from-the-united-states/.
② G. John Ikenberry and Darren Lim, *What China's Institutional Statecraft could Mean for the International Order*, Brookings Institution, April 13, 2017, https://www.brookings.edu/blog/order-from-chaos/2017/04/13/what-chinas-institutional-statecraft-could-mean-for-the-international-order/.
③ Elizabeth C. Economy, What One Belt One Road could Mean for China's Regional Security Approach, *Council on Foreign Relations*, January 12, 2016, https://www.cfr.org/blog/what-one-belt-one-road-could-mean-chinas-regional-security-approach.
④ 朱可人:《如何缩小"一带一路"在非洲巨型项目的认知差异》,澎湃新闻,https://www.thepaper.cn/newsDetail_forward_8262073,2020年7月15日。

而当我们像海外民众做关于"一带一路"挑战的民意调查时,如图5-6所示均值不超20%的选项比例,恰恰说明,丝路战略合作关系有待进一步拓展和深化。

	海外总体	发达国家	发展中国家	海外18—35岁	海外36—50岁	海外51—65岁
地缘政治冲突	19	17	22	19	19	21
政治制度差异	16	15	17	14	17	17
贸易保护主义抬头	15	16	14	15	15	16
部分项目所在国局势不稳定	15	15	16	15	15	17
经济制度差异	13	12	14	13	13	12
文化制度差异	10	10	10	12	10	7
法律制度差异	7	9	6	8	8	6

图5-6 海外受访者对"一带一路"挑战的认知(2019)(单位:%)

海外受访者认为,推进"一带一路"中的挑战主要来自地缘政治冲突(19%)、政治制度差异(16%)、贸易保护主义抬头(15%)、部分项目所在国局势不稳定(15%)和经济制度差异(13%)。其中,这些不足20%的支持率,就是说明海外民众对"一带一路"的不了解。以最为令人称道的中非合作为反例,新冠疫情期间,由于存在经济不确定性和行动限制,许多已宣布和尚在计划中的项目可能会被搁置或暂停,企业投资风险进一步加大。经济长期停摆致使非洲营商环境恶化,政治风险加大,在尼日利亚、肯尼亚、刚果(金)曾发生了多起针对中国人的袭击伤害事件。"民心相通"依然艰难。面对上述问题,除了通过协商落实项目延期导致的损失补偿责任,通过外交手段维护中国公民的合法权益,以及通过调整投资布局使中国产业转移到更为匹配的合作对象等措施。[①] 如何加深丝路伙伴

---

① 《疫情压力之下,中非经贸关系何去何从?》,中国一带一路网,https://www.yidaiyilu.gov.cn/zfqjgyzd/xgyd/142725.htm,2020年8月13日。

及全世界对真实中国的了解,如何使得对中国政治和战略意图的准确解读,迫切需要更新手段,利用官民并举之措来获得直抵民心的沟通。

事实上,虽然中国的国家形象在逐步提升,但是海外民众了解中国的渠道主要还是通过他们本国的传统媒体,双方民众人文交流增加认知了解增进感情的渠道占比相对较少,中国在提升国家形象方面仍有很大的上升空间,如图5-7所示:

渠道	海外总体	发达国家	发展中国家	海外18—35岁	海外36—50岁	海外51—65岁
贵国的传统媒体	48 / 61	47 / 57	48 / 66	42 / 57	48 / 63	55 / 66
使用中国产品	47 / 41	36 / 32	59 / 51	46 / 42	48 / 40	48 / 41
贵国的新媒体	33 / 43	27 / 34	39 / 53	36 / 49	31 / 42	28 / 36
听了解中国的人说	28 / 23	24 / 21	33 / 25	29 / 24	28 / 22	27 / 22
与中国人的交往	19 / 15	18 / 15	20 / 15	19 / 15	20 / 15	17 / 14
中国在贵国推出的传统媒体	18 / 18	13 / 15	23 / 20	19 / 21	17 / 17	16 / 12
中国在贵国推出的新媒体	15 / 12	10 / 8	20 / 17	18 / 17	14 / 11	10 / 7
参加中国在贵国的活动	10 / 7	7 / 5	12 / 9	12 / 8	9 / 7	7 / 6
去中国旅游、工作、生活过	9 / 7	9 / 7	10 / 7	11 / 8	9 / 7	8 / 6
其他国家的媒体	1 / 1	1 / 1	1 / 1	1 / 1	1 / 1	2 / 2

■ 2018　■ 2016—2017

图5-7　海外受访者了解中国的主要渠道(单位:%)

资料来源:2018年当代中国与世界研究院(ACCWS)中国国家形象报告。

由图5-7可以看出,境外普通民众对中国的认知渠道依然有限,仅凭本国媒体(传统媒体为主)等单一方式获取对中国的信息来形成印象,这意味着中国外交依然有较大的提升空间,尤其是在人文交流和民心相通层面,能够有更多直接的沟通交流机会、创新双方民众互相了解的方式,除了冷冰冰的经济数字和高高在上的政府外交之外,中国特色大国外交如何扩大丝路战略合作伙伴"朋友圈"是应该思考的问题。

二、扩大中国全球"朋友圈"路径选择

(一)通过丝路伙伴关系打造全球伙伴关系网络

与特朗普执政时期的美国"退群""毁约"截然相反,中国主张"要把我们的人搞得多多的,把敌人的人搞得少少的"。"要以推进大国协调与合作构建总体稳定、均衡发展的大国关系框架,按照亲诚惠容理念和与邻为善、以邻为伴周边外交方针加强同周边国家睦邻友好关系,秉持正确义利观和真实亲诚理念增进与发展中国家团结合作,积极做好多边外交工作,不断深化和完善外交布局。我们要打造全方位、多层次、立体化的全球伙伴关系网络,形成遍布全球的'朋友圈'。"①因此,通过打造丝路伙伴关系,即重视"丝路天然伙伴关系"、广结"丝路战略合作伙伴关系",是积极发展"全球伙伴关系"的有力路径,进而为推动"两个构建"作出中国力所能及的贡献。

理性管控与大国的分歧。百年变局背景下中美关系正发生深刻变化,面临来自美国的战略遏制和强硬派的压力,要充满智慧"有理有力有节"做好"对美斗争"。对待朋友,我们有好客之道;对待伙伴,我们有合作之道;对待恶人,我们也有斗争之道。对于善意的批评,我们一直愿意虚心听取;对于有益的建议,我们从来都是相向而行。但如果是无端抹黑和恶意攻击,我们当然要坚决回击;如果是危害世界的强权霸凌,我们更需要主持公道。这是中国外交应尽的责任,也是中国人应有的风骨。②

中国曾经试图向美国提出构建"不冲突不对抗、相互尊重、合作共赢"的中美新型大国关系,也始终欢迎美国参与共建"一带一路",尽管美国曾经释放过合作信号,但是其政界强硬派和部分智库、各界精英一直不乏过度解读和反应,不仅是反华势力对中国发展和崛起戴着有色眼镜,而且在全球遭遇新冠疫情的危急时刻宁肯落井下石也要贻误自身抗疫最佳战机,加之美日印澳"小团体"在太平洋地区的联合"小动作",令我们不得不加强风险管控的能力,提高应对危机的意识和能力。

欧洲是历史上丝绸之路的终点,也是国际舞台上仍然重要的政治板块。尽管中国已经和德国、英国、法国等欧洲大国建立了战略性伙伴关系,但在共建"一

---

① 杨洁篪:《以习近平外交思想为指导 深入推进新时代对外工作》,《求是》2018年第15期。
② 参见王毅谈2021年中国外交工作重点的相关讲话,2021年1月2日。

带一路"方面仍有较大合作空间。因此,中国与欧洲大国及欧盟之间有必要进一步加强战略沟通与战略互信,适时升级伙伴关系,以中欧建立蓝色伙伴关系及中欧蓝色伙伴关系论坛成功举办为契机,促进功能性、议题性合作。同时,积极推动与意大利、葡萄牙、卢森堡等西欧"一带一路"参与国的务实合作,不断深化与英、法等的第三方市场合作,塑造"1+1+1>3"的良好态势。[①]

总之,一方面,可以坚持开放包容、互利共赢精神,继续加强与美欧大国的战略沟通,推动构建以协调、合作、稳定为基调的大国关系;另一方面,通过丝路伙伴关系的利好连带作用,争取通过第三方合作促成各方共商共建共享,为世界和平发展打造"稳定器"和"发动机"。

(二)深化拓展丝路战略合作伙伴关系"含金量"

继续促进"一带一路"与伙伴关系的战略耦合,打造"丝路战略合作伙伴关系"。由于丝路伙伴大多是发展中国家,我国基于与广大发展中国家长期友好合作的坚实基础,在新时代将对外援助转型升级为国际发展合作,以推动构建人类命运共同体为引领,精神内涵更加丰富,目标方向更加清晰,行动实践更有活力。[②]

对于我们的丝路战略合作伙伴,要进一步深化国际合作,提高合作的精准对接度,从共商共建共享中实现共赢。那么,海外更加有意愿与中国在"一带一路"的哪些领域(以"五通"为维度)展开进一步的深入合作呢?如图5-8所示。

由图5-8可知,从"一带一路"的发展期待的调研来看,半数以上的海外受访者期待"一带一路"在贸易畅通和设施联通方面发挥更大的影响和作用,选择比例分别为54%和52%。海外受访者希望"一带一路"在贸易畅通方面能够"带动中国与自己国家之间的经贸发展"(41%)以及"为本国企业海外发展创造平台和机会"(30%),在设施联通方面"推进公路、铁路等基础设施建设"(36%)和"形成更多连接国与国的交通运输网络"(35%)。因为丝路伙伴国大多是亚非拉发展中国家,有着迫切摆脱"贫困"和缩小全球"贫富差距"的意愿,因此对中国版"贸易+投资"驱动的全球化倡议进程多为支持。相比之下,丝路伙伴更加有信心。发展中国家对"一带一路"的期待远超发达国家,其中在政策沟通、民心相

---

① 王晨光:《中国的伙伴关系外交与"一带一路"建设》,《当代世界》2020年第1期。
② 国务院新闻办公室:《新时代的中国国际发展合作》,2021年1月。

	海外总体	发达国家	发展中国家	海外18—35岁	海外36—50岁	海外51—65岁
贸易畅通	54	40	68	54	57	48
带动中国与自己国家之间的经贸发展	41	28	54	39	44	38
为本国企业海外发展创造平台和机会	30	21	40	32	31	26
设施联通	52	42	63	52	54	48
推进本国公路、铁路等基础设施建设	36	26	47	35	39	34
形成更多连接中国与本国的交通运输网络	35	26	45	34	37	34
政策沟通	45	28	63	49	45	38
加深中国与本国的政治互信	30	16	44	30	31	26
促进更多中国与本国双边对话机制的建立	29	17	42	32	29	25
民心相通	45	31	60	50	45	37
创造更多支持中国与本国人民之间的往来机会	31	19	44	33	31	28
增加本国与中国之间丰富多彩的文化交流活动	30	19	42	33	32	22
资金融通	41	26	56	44	41	34
更多资金支持中国与本国的合作	29	17	41	30	29	25
货币间兑换／支付在本国更加便利	23	13	34	25	24	19

图 5-8 海外受访者对中国"一带一路"合作期待度(2019)(单位：%)

资料来源：《中国国家形象全球调查报告(2019)》。

通、资金融通方面，选择比例达到发达国家的两倍左右。这无疑为我们提升丝路战略合作伙伴关系的"含金量"提供了很好的切口。

除了继续利用好共建"一带一路"国际合作的有效平台，中国已经在落实联合国《2030年可持续发展议程》、携手应对全球人道主义挑战、支持发展中国家增强自主发展能力、加强国际交流与三方合作等方面都取得了切实的积累。接下来，可以继续深耕，以正确义利观为价值导向，在力所能及的范围内积极开展国际发展合作，为全球发展注入中国力量。

此外，还要继续积极以文明力量应对挑战。席卷全球的新冠疫情，严重冲击着人类社会生产生活秩序。这场突如其来、史无前例的全球公共卫生危机，再次表明构建人类命运共同体的重要性和迫切性。"应对共同挑战、迈向美好未来，既需要经济科技力量，也需要文化文明力量。"面对来势汹汹的新冠疫情，中国在力所能及的范围内向各方提供抗疫支持和帮助，"中国援助"的物资、"中国制造"的设备、中国的"最美逆行者"，投桃报李、伸出援手、亲仁善邻、守望相助，与世界各国携手抗疫的中国作为,展现出中华民族"天下一家、命运与共"的价值理念和懂得感恩的民族品格、协和万邦的天下情怀。患难相守、命运与共,文化文明的力量打动人心、鼓舞人心,这也是丝路战略合作伙伴最为重要的精神内核。因此,我们要继续发扬同舟共济的伙伴精神和丝路精神,通过与丝路伙伴的团结抗疫,助力构建人类卫生健康共同体,进而以文明共同体促进人类命运共同体。

(三) 以负责任大国姿态担当多边合作"领头羊"

"什么样的国际秩序和全球治理体系对世界好、对世界各国人民好,要由各国人民商量,不能由一家说了算,不能由少数人说了算。中国将积极参与全球治理体系建设,努力为完善全球治理贡献中国智慧,同世界各国人民一道,推动国际秩序和全球治理体系朝着更加公正合理方向发展。"[1]作为联合国创始成员国和安理会常任理事国,中国应继续推动在联合国框架下的多边合作,同时整合业已建立的"1对多"整体外交优势,与地区组织和国际组织发挥合力,并且深化各项合作机制。中国坚守和平、发展、公平、正义、民主、自由的全人类共同价值,始终不渝走和平发展道路,始终不渝奉行互利共赢的开放战略,愿努力为国际社会提供更多公共产品,与各国共创更加美好的未来。[2] 在新冠疫情暴发的2020年,我们依然高举多边主义旗帜,支持应对气候变化国际合作,宣布碳达峰、碳中和国家自主贡献新目标,提出《全球数据安全倡议》,主动引领全球治理体系的变革,可见中国用行动推动多边合作的努力。中国推动国际治理体系变革与完善,主要有两条路径:一是改革既有的治理体制"存量",推动世界银行、国际货币基金组织等重大国际机制改革,推动二十国集团从危机应对向长效治理机制转变,注重提升新兴国家和发展中大国在全球治理体系中的话语权。二是做好治理体制"增量",重启亚太自贸区建设新进程,不断夯实金砖国家合作机制,继续深化上合组织、东盟等地区组织的合作,夯实中非合作论坛、中阿合作论坛、中拉合作论坛机制,切实在多边机制下同发展中国家展开"1对1"或者"1对多"的丝路战略合作伙伴关系。中国还发起成立亚洲基础设施投资银行、金砖国家新开发银行、丝路基金、南南合作援助基金、中国—联合国和平与发展基金等,为全球治理

---

[1] 习近平:《在庆祝中国共产党成立95周年大会上的讲话》,《人民日报》第2版,2016年7月1日。
[2] 国务院新闻办公室:《新时代的中国国际发展合作》,2021年1月10日。

第五章　中国特色丝路伙伴关系的综合评估

贡献中国智慧与中国方案。[1]

此外,还要避免认知错位带来的合作不畅,提高中国特色大国外交提供公共产品的能力。一是捍卫丝路话语权。中国提高软实力的关键之一是扩大中国价值观的影响力,进而在全球治理的相关议题设定中拥有更大的话语权,更多地发出中国"自己的声音"。尽管"丝绸之路"这一公共产品赋予中国先在的丝路话语权,但如何维护才是关键,习近平主席多次讲述"丝路故事"、论及"丝路启示"、倡导"丝路精神",并从"正确的义利观""包容的文明观""合作的安全观"等解读"丝绸之路"的当代内涵,旨在捍卫丝路话语权。二是构建丝路新语境。[2] 丝路语境的基本特征是包容,是中国"和"文化与柔软的丝绸内外互济、是丝路2000多年的历史与现实的有机对接,且由始于中国却永无终点的东、西、南、北四线构成全球丝路辐射空间,使得"中国可以在世界的东方、西方、南方、北方之间,看到自己所处的'中间'地位,进而对国家的总体地缘战略进行重新思考"[3]。因为,"只有营造出一个安全、繁荣的周边环境,同新兴大国和南方国家加强合作,才有更好的基础去同发达国家发展新型大国关系;同时,也只有同美欧等发达国家发展竞争共处、互利共赢的关系,才能稳住自己的周边。中国不应因周边问题的困扰而在地区治理、全球治理领域缩手缩脚,而应更加主动地提供公共产品,积累有利于解决周边问题的战略资源和国际政治资本"[4]。因此,构建丝路新语境,旨在打破三大话语体系间的隔阂、包容三大文明的核心价值观,将"丝路价值"转化为"共同价值",为世界提供更多的丝路语境中的公共产品。三是唯有向世界不断提供公共产品,才能最终实现"国强语盛",进而提升软实力。近一个世纪前英国哲学家罗素预言道:"完全可能贡献给世界一种可与其过去所贡献媲美的新文化。但美国人的摆布会阻挠中国,因为美国人自信他们的文化完美无缺。"[5]"如果在这个世界上有'骄傲到不屑打仗'的民族,那就是中国。"[6]为此,对丝路伙伴关系的探究,是提供公共产品的学术前提。以此开展文明对话、媒体合作、精英和智库互访与交流等,力争影响甚至冲击西方霸权话语主导下的国际传播格局,

---

[1] 罗建波:《正确义利观与中国对发展中国家外交》,《西亚非洲》2018年第5期,第15页。
[2] 马丽蓉:《"一带一路"软环境建设与中国中东人文外交》,社会科学文献出版社2016年版。
[3] 王缉思:《东西南北,中国居"中",一种战略大棋局思考》,《中国外交》2014年1期,第3页。
[4] 同上书,第9页。
[5] 罗素:《中国问题》,秦悦译,学林出版社1996年版,第155页。
[6] 同上书,第167页。

逐渐转变"被言说""失语"之窘,从"能够言说""发出声音"中获得自塑能力、拥有自塑权,进而以丝路伙伴关系冲破对立阻碍,切实发挥中国负责任大国更大的使命和担当。

小 结

"丝路伙伴关系"不同于外交语境和政策话语,是建构出的极具包容性范畴的政治文化概念,具有以下几点特征:一是价值理念上,统摄于"丝路精神";二是交往定位上,具有高度的战略性;三是互动方式上,多轨外交并举、实实在在展开和平发展、互利合作;四是合作领域上,涉及丝路安全、经济和人文交流等全方位;五是交往对象上,发展中国家是主体,"1对多"机制已经实现了发展中国家全覆盖;六是关系实质上,是互利共赢的合作伙伴。这六大特点分别聚焦"丝路""战略""合作"三个关键词,因此,新时代的丝路伙伴关系可界定为"丝路战略合作伙伴关系"。通过对丝路战略合作伙伴关系的民调评估,发现在中国特色大国外交的绩效评估中,丝路伙伴对中国整体形象认可度稳步提升,对中国科技、经济、文化领域的全球治理能力较为认可,丝路伙伴更为认可文明交流互鉴的价值;在对"一带一路"的绩效评估中,丝路伙伴更为认可"一带一路"国际合作,中国在"一带一路"的贡献得到认可。但是,中国特色丝路伙伴关系面临着"百年未有之大变局"新挑战:一方面,美日印澳等国联合对我国发展进行干涉围堵;另一方面,丝路伙伴对中国认知仍有欠缺,丝路战略合作伙伴仍需提质增效。基于此,应通过丝路伙伴关系打造全球伙伴关系网络、深化拓展丝路战略合作伙伴关系"含金量"、以负责任大国姿态担当多边合作"领头羊",弘扬"丝路精神"、扩大中国全球"朋友圈"。

结　语

"大国要有大国的样子,大国要有大国的担当。"大国之大,不在于体量大、块头大、拳头大,而在于胸襟大、格局大、担当大。"有大人先生者,以天地为一朝,万朝为须臾,日月为扃牖,八荒为庭衢。行无辙迹,居无室庐,幕天席地,纵意所如。"①这是何等辽阔的格局,以无垠时空为丈量尺度,中华民族伟大复兴与丝绸之路畅通繁荣又再一次即将共现在伟大时代,这是历史兴衰带给我们的宝贵启示。中国特色丝路伙伴关系,是基于上千年的中国丝路外交宝贵经验和新中国外交政治遗产,在新时代中国特色大国外交中形成的一种新型国与国相处之道,体现了鲜明的中国特色、中国风格、中国气派。

在合作与对抗之间,我们坚定地选择合作;在团结与分裂之间,我们坚定地选择团结;在开放与封闭之间,我们坚定地选择开放;在和平与战争之间,我们坚定地选择和平;在多边与单边之间,我们坚定地选择多边;在正义与强权之间,我们坚定地选择正义。我们将始终坚持自信自立,履行负责任大国应尽职责,以东方智慧为人类进步作出应有贡献;始终坚持开放包容,巩固拓展全球伙伴关系网络,共同推动人类文明发展进步;始终坚持公道正义,倡导建设平等有序的世界多极化,坚持大小国家都能在多极体系中发挥应有作用;始终坚持合作共赢,积极推进普惠包容的经济全球化,推动各国人民共同走上现代化的坦途大道。②

中国已经成为国际形势的稳定锚、世界增长的发动机、和平发展的正能量、全球治理的新动力。"己欲立而立人,己欲达而达人"。中国秉持初心,对丝路伙伴以诚相待,继续积极开展国际发展合作,始终做世界和平的建设者、全球发展

---

① 出自魏晋名士刘伶《酒德颂》。
② 转引自2024年1月9日中共中央政治局委员、外交部长王毅在北京出席2023年国际形势与中国外交研讨会开幕式上发表的演讲。

的贡献者、国际秩序的维护者。中国特色丝路伙伴关系以和平、发展、合作、共赢为前提和目标,以相互尊重、求同存异为基本方针,主张国家不分大小、强弱、贫富一律平等,对不同制度、宗教、文明一视同仁;强调反对弱肉强食的丛林法则,维护世界各国尤其是发展中国家的正当合法权益,提倡以对话促进了解、以互惠促进发展、以合作促进和平,秉持平等互利、相互尊重,友好交往、互不对抗,不针对、不损害第三国的原则,呼吁超越零和博弈、赢者通吃的旧思维,倡导共谋发展、互利互惠的新思路。

无论是"本着相互尊重、相互信任态度,平等协商、求同存异、管控分歧、扩大共识"同舟共济的伙伴精神,对周边国家的"亲诚惠容"理念以睦邻友好、守望相助;还是对发展中国家的"真实亲诚"理念和正确义利观,都可统摄于秉持和平合作、开放包容、互学互鉴、互利共赢为核心的"丝路精神"。中国特色丝路伙伴关系秉持"要重义轻利、舍利取义"互惠型的经济观,尊重世界文明多样性,"三个超越"包容型的人文观,以及共建、共享、共赢的"共同、综合、合作、可持续的"合作型的安全观。这种既非结盟又不针对第三方的合作关系,无疑是对冷战时期结盟、敌视、对抗的国家间关系的突破和创新,是构建新型国际关系的有效路径,为打造人类命运共同体贡献了中国智慧、中国方案和中国力量。

本书对以中非、中阿、中拉三对关系为代表的丝路伙伴关系展开了丝路学视角的研究,得出以下结论:通过丝路伙伴间秉持"丝路精神"的密切互动,将实现从丝路经济共同体、丝路人文共同体、丝路安全共同体中形成新的"共题"——丝路命运共同体到人类命运共同体的跃迁。

笔者虽已认真梳理了我国外交实践中的伙伴关系和"一带一路"签订情况,但是从更为微观的角度探析两者的合集及其动力机制,以及深入挖掘基于"理性主义"的理论逻辑方面仍有待进一步探讨。谨希望本书可以起到抛砖引玉之效,借对"丝路伙伴关系"这一新概念的阐释,可为中国特色大国外交的理论和实践提供新的阐释视角,并将在日后研究中继续深耕,以期能更好地融会跨学科之所学。

附 录

中国的丝路伙伴关系国家一览表

（截至2024年1月1日）

序号	国家全称	双边关系等级（党的十八大前）	双边关系等级（党的十八大后）	是否"一带一路"合作国
		一、亚洲(47个国家)		
		（一）东亚(5国)		
1	中华人民共和国			
2	蒙古国	2003.6 建立中蒙睦邻互信伙伴关系 2011.6 建立战略伙伴关系	2014.8 提升为全面战略伙伴关系 2022.11.28 新时代推进 中蒙命运共同体	是
3	朝鲜民主主义人民共和国	1949.10 建交 1961 签订《中朝友好合作互助条约》	传统友好合作关系	
4	大韩民国	1998 面向21世纪中韩合作伙伴关系 2003 中韩全面合作伙伴关系 2008 战略合作伙伴关系	2014.7 实现共同发展的伙伴、致力地区和平的伙伴、携手振兴亚洲的伙伴、促进世界繁荣的伙伴	是
5	日本国	1998.11 建立致力于和平与发展的友好合作伙伴关系 2008.5 全面推进战略互惠关系		

续 表

序号	国家全称	双边关系等级（党的十八大前）	双边关系等级（党的十八大后）	是否"一带一路"合作国
（二）东南亚(11国)					
6	菲律宾共和国	1996 面向21世纪的睦邻互信合作关系 2005 致力于和平与发展的战略性合作关系	2018.11 建立全面战略合作关系	是
7	越南社会主义共和国	1999 建立友好合作关系 2008.6 全面战略合作伙伴关系	2015.4 推动全面战略合作伙伴关系持续发展 2022 全面战略合作伙伴关系 2023 中越命运共同体	是
8	老挝人民民主共和国	2009.9 提升为全面战略合作伙伴关系	2019、2023 《中国共产党和老挝人民革命党关于构建中老命运共同体行动计划》	是
9	柬埔寨王国	1958.7 建交 2010.12 建立全面战略合作伙伴关系	2016.10 深化两国全面战略合作伙伴关系 2023.9 构建新时代中柬命运共同体	是
10	缅甸联邦	1950.6.8 建交 2011.5 建立全面战略合作伙伴关系	2020.1.18 构建中缅命运共同体	是
11	泰王国	1975.7 建交 2012.4 建立全面战略合作伙伴关系	2022.11.19 构建更为稳定、更加繁荣、更可持续命运共同体	是
12	马来西亚		2013 建立全面战略伙伴关系 2023 共建中马命运共同体	是

续 表

序号	国家全称	双边关系等级（党的十八大前）	双边关系等级（党的十八大后）	是否"一带一路"合作国
13	文莱达鲁萨兰国	1991 建交 1999 建立睦邻友好合作关系	2013 建立战略合作关系 2018.11.19 提升为战略合作伙伴关系	是
14	新加坡共和国		2015.11 建立与时俱进的全方位合作伙伴关系 2023 提升为全方位高质量的前瞻性伙伴关系	是
15	印度尼西亚共和国	1950.4 建交 1999 全面合作关系 2005.4 战略伙伴关系	2013 建立全面战略伙伴关系 2015.3 加强全面战略伙伴关系 2022.11.16 中印尼命运共同体	是
16	东帝汶	2002.5 建交	2014.4 建立睦邻友好、互信互利的全面合作伙伴关系 2023.9.23 建立全面战略伙伴关系	是
(三) 南亚(7国)					
17	尼泊尔王国	1955 建交 2009.12 建立世代友好的全面合作伙伴关系	2019.10.13 提升为面向发展与繁荣的世代友好的战略合作伙伴关系	是
18	不丹王国	迄未建交,但保持友好交往		
19	孟加拉人民共和国	1975.10.4 建交 2005.4 确立长期友好、平等互利的全面合作伙伴关系 2010 建立和发展更加紧密的全面合作伙伴关系	2016.10 提升为战略合作伙伴关系	是

续　表

序号	国家全称	双边关系等级（党的十八大前）	双边关系等级（党的十八大后）	是否"一带一路"合作国
20	印度共和国	1950.4　建交 2005.4　战略合作伙伴关系 2006.11　深化两国战略合作伙伴关系	2014.9　更加紧密的发展伙伴关系	
21	巴基斯坦伊斯兰共和国	1951.5.21　建交 1996　中巴全面合作伙伴关系 2005.4　建立更加紧密的战略合作伙伴关系	2015.4　建立全天候战略合作伙伴关系 2018.11　命运共同体 2020.3.17　构建新时代更紧密的中巴命运共同体	是
22	斯里兰卡民主社会主义共和国	1957.2　建交 2005.4　建立真诚互助、世代友好的全面合作伙伴关系	2013.5　提升为真诚互助、世代友好的战略合作伙伴关系	是
23	马尔代夫共和国	1972.10.14　建交	2014.9　面向未来的全面友好合作伙伴关系	是
（四）中亚(5国)				
24	哈萨克斯坦共和国	1992.1　建交 2002.12　睦邻友好合作条约 2005.7　建立战略伙伴关系 2011　全面战略伙伴关系	2019.9.11　永久全面战略伙伴关系 2022.9.14　建立独一无二的永久全面战略伙伴关系；两国命运共同体	是

续　表

序号	国家全称	双边关系等级（党的十八大前）	双边关系等级（党的十八大后）	是否"一带一路"合作国
25	吉尔吉斯斯坦共和国	1992.1.5 建交 2002.6.24 睦邻友好合作	2013.9.11 战略伙伴关系 2018.6 建立全面战略伙伴关系 2023.5.18 建立新时代全面战略伙伴关系	是
26	塔吉克斯坦共和国	1992.1 建交 2007.1 睦邻友好合作条约	2013.5 战略伙伴关系 2014.9 深化 2017.9 全面战略伙伴关系	是
27	乌兹别克斯坦共和国	1992.1 建交 2012 战略伙伴关系	2016 全面战略伙伴关系 2017 进一步深化 2022.9.15 深化亲密友好、休戚与共、共享繁荣的新时代中乌全面战略伙伴关系 2023.5.18 新时代中乌命运共同体	是
28	土库曼斯坦	1992.1 建交	2013.9 战略伙伴关系 2023.1.6 建立中土全面战略伙伴关系	是
（五）西亚(19国)					
29	阿富汗	2006 建立全面合作伙伴关系 2010 巩固和发展 2012.6 建立战略合作伙伴关系	2013.9、2014.10 《中阿关于深化战略合作伙伴关系的联合声明》 2016.5 进一步深化	是

续 表

序号	国家全称	双边关系等级（党的十八大前）	双边关系等级（党的十八大后）	是否"一带一路"合作国
30	伊拉克共和国	1958.8 建交	2015.12 建立战略伙伴关系	是
31	伊朗伊斯兰共和国	1971.8 建交	2016.1 建立全面战略伙伴关系	是
32	阿拉伯叙利亚共和国	1956 建交	2023.9 建立战略伙伴关系	是
33	约旦哈希姆王国	1977.4 建交	2015.9 建立战略伙伴关系	是
34	黎巴嫩共和国	1971.11.9 建交		是
35	以色列国	1992.1 建交	2017.3 创新全面伙伴关系	
36	巴勒斯坦国	1988.11.20 中国宣布承认巴勒斯坦国，两国建交	2023.6 建立战略伙伴关系	是
37	沙特阿拉伯王国	1990.7 建交 2008.6 战略性友好关系 2012.1 提升战略性友好关系	2016.1 全面战略伙伴关系	是
38	巴林王国	1989.4.18 建交		是
39	卡塔尔国	1988.7.9 建交	2014.11 建立战略伙伴关系	是
40	科威特国	1971.3.22 建交	2018.7 建立战略伙伴关系	是
41	阿拉伯联合酋长国	2012.1 建立战略伙伴关系	2018.7 升级全面战略伙伴关系	是
42	阿曼苏丹国	1978.5 建交	2018.5.25 建立战略伙伴关系	是

续 表

序号	国家全称	双边关系等级（党的十八大前）	双边关系等级（党的十八大后）	是否"一带一路"合作国
43	也门共和国	1956.9 建交	传统友好关系	是
44	格鲁吉亚	1992.6 建交	2023.7.31 建立战略伙伴关系	是
45	亚美尼亚共和国	1992.4.6 建交	友好合作关系	是
46	阿塞拜疆共和国	1992.4.2 建交		是
47	土耳其共和国	1971.8 建交 2010.10 战略合作关系		是
	二、欧洲(45个国家)			
	(一) 北欧(5国)			
48	芬兰共和国	1950.10.28 建交	2017.4 面向未来的新型合作伙伴关系	
49	瑞典王国	1950.5.9 建交		
50	挪威王国	1954.10.5 建交		
51	冰岛共和国	1971.12.8 建交		
52	丹麦王国	1950.5.11 建交 2008.10 全面战略伙伴关系		
	(二) 东欧(7国)			
53	爱沙尼亚共和国	1991.9.11 建交		是
54	拉脱维亚共和国	1991.9.12 建交		是

193

续 表

序号	国家全称	双边关系等级（党的十八大前）	双边关系等级（党的十八大后）	是否"一带一路"合作国
55	立陶宛共和国	1991.9.14 建交	2021.11 降为代办级	是
56	白俄罗斯共和国	1992.1.20 建交	2013.7 全面战略伙伴关系 2016.9 相互信任、合作共赢的全面战略伙伴关系 2022.9.15 全天候全面战略伙伴关系	是
57	俄罗斯联邦	1949.10.2 建交 1996 平等信任、面向21世纪的战略协作伙伴关系 2001《中俄睦邻友好合作条约》 2011 平等信任、相互支持、共同繁荣、世代友好的全面战略协作伙伴关系 2012 进一步深化	2017 进一步深化 2019.6 新时代全面战略协作伙伴关系	是
58	乌克兰	1992.1.4 建交 2001 全面友好合作关系 2011 战略伙伴关系	2013 进一步深化	是
59	摩尔多瓦共和国	1992.1.30 建交	友好合作关系	是
(三) 中欧(8国)				
60	波兰共和国	1949.10.7 建交 2004.6 友好合作伙伴关系 2011.12 战略伙伴关系	2016.6 全面战略伙伴关系	是

续 表

序号	国家全称	双边关系等级（党的十八大前）	双边关系等级（党的十八大后）	是否"一带一路"合作国
61	捷克共和国	1949.10.6 建交	2016.3 战略伙伴关系	是
62	斯洛伐克共和国	1949.10.6 建交		是
63	匈牙利共和国	1949.10.6 建交 2004.6 友好合作伙伴关系	2017.5 全面战略伙伴关系	是
64	德意志联邦共和国	1972.10.11 建交 2004.5 在中欧全面战略伙伴关系框架内建立具有全球责任的伙伴关系 2010.7 全面推进战略伙伴关系	2014.3 提升为全方位战略伙伴关系	
65	奥地利共和国	1971.5.28 建交	2018.4 友好战略伙伴关系	是
66	瑞士联邦	1950.9.14 建交	2016.4 创新战略伙伴关系	
67	列支敦士登公国	1950.9.14 建交		
		(四) 西欧(7国)		
68	大不列颠及北爱尔兰联合王国	1954 互派代办 1972.3.13 建立大使级外交关系 1998 全面伙伴关系 2004.5 全面战略伙伴关系	2015 构建面向21世纪全球全面战略伙伴关系	

续 表

序号	国家全称	双边关系等级（党的十八大前）	双边关系等级（党的十八大后）	是否"一带一路"合作国
69	爱尔兰	1979.6.22 建交 2012.3 互惠战略伙伴关系		
70	荷兰王国	1954 互派代办 1972.5月18 建立大使级外交关系	2014.3 开放务实的全面合作伙伴关系	
71	比利时王国	1971.10.25 建交	2014.4 全方位友好合作伙伴关系	
72	卢森堡大公国	1972.11.16 建交		是
73	法兰西共和国	1964.1.27 建交 1997 全面伙伴关系 2004 全面战略伙伴关系 2010.11 建设互信互利、成熟稳定、面向全球的新型全面战略伙伴关系	2014.3 开创紧密持久的中法全面战略伙伴关系 2018.1 进一步提升紧密持久的中法全面战略伙伴关系水平	
74	摩纳哥公国	1995.1.16 领事关系 2006.2.6 大使级外交关系		
（五）南欧(18国)				
75	罗马尼亚	1949.10.5 建交 2004.6 全面友好合作伙伴关系		是
76	保加利亚共和国	1949.10.4 建交	2014.1 全面友好合作伙伴关系 2019.7 战略伙伴关系	是

续 表

序号	国家全称	双边关系等级（党的十八大前）	双边关系等级（党的十八大后）	是否"一带一路"合作国
77	塞尔维亚共和国	1955 与南斯拉夫联邦人民共和国(后改称南斯拉夫社会主义联邦共和国)建交 2009 战略伙伴关系	2013 《关于深化战略伙伴关系的联合声明》 2016 全面战略伙伴关系	是
78	黑山共和国	2006.7.6 建交		是
79	塞浦路斯共和国	1971.12 建交	2021.11.30 建立战略伙伴关系	是
80	北马其顿共和国	1993.10.12 建交		是
81	阿尔巴尼亚共和国	1949.11.23 建交	传统友好关系	是
82	希腊共和国	1972.6.5 建交 2006.1 全面战略伙伴关系 2010.10 深化全面战略伙伴关系	2013、2014.6、2016.7、2019.11.11 深化全面战略伙伴关系	是
83	斯洛文尼亚共和国	1992.5.12 建交		是
84	克罗地亚共和国	1992.5.13 建交 2005.5 全面合作伙伴关系		是
85	波斯尼亚和墨塞哥维那	1995.4.3 建交		是
86	意大利共和国	1970.11.6 建交 2004.5 稳定、友好、长期、持续发展的全面战略伙伴关系	2019.3 加强全面战略伙伴关系	是

续表

序号	国家全称	双边关系等级（党的十八大前）	双边关系等级（党的十八大后）	是否"一带一路"合作国
87	梵蒂冈城国	未建交		
88	圣马力诺共和国	1971.5.6 建交		
89	马耳他共和国	1972.1.31 建交		是
90	西班牙王国	1973.3.9 建交 2005 全面战略伙伴关系	2018.11 加强新时期全面战略伙伴关系	
91	葡萄牙共和国	1979.2.8 建交 2005.12 全面战略伙伴关系	2018.12 加强全面战略伙伴关系	是
92	安道尔公国	1994.6.29 建交		
三、非洲(54个国家)				
(一) 北非(6国)				
93	阿拉伯埃及共和国	1956.5.30 建交 1999.4 面向21世纪的战略合作关系	2014.12 全面战略伙伴关系	是
94	大阿拉伯利比亚人民社会主义民众国	1978.8.9 建交		是
95	苏丹共和国	1959.2.4 建交	2015.9.1 战略伙伴关系	是
96	突尼斯共和国	1964.1.10 建交		是

续　表

序号	国家全称	双边关系等级（党的十八大前）	双边关系等级（党的十八大后）	是否"一带一路"合作国
97	阿尔及利亚民主人民共和国	1958.12 建交 2004.2 建立战略合作关系	2014.5 建立全面战略伙伴关系	是
98	摩洛哥王国	1958.11.1 建交	2016.5.11 战略伙伴关系	是
(二) 东非(11国)				
99	埃塞俄比亚联邦民主共和国	1970.11.24 建交 2003 全面合作伙伴关系	2017.5.12 全面战略合作伙伴关系 2023.10.17 全天候战略伙伴关系	是
100	厄立特里亚共和国	1993.5 建交		是
101	索马里共和国	1960.12.14 建交		是
102	吉布提共和国	1979.1 建交		是
103	肯尼亚共和国	1963.12.14 建交	2013 平等互信、互利共赢的全面合作伙伴关系 2017.5 全面战略合作伙伴关系	是
104	坦桑尼亚联合共和国	1964.4.26 建交	2013.3.25 互利共赢的全面合作伙伴关系 2022.11.3 提升为全面战略合作伙伴关系	是
105	乌干达共和国	1962.10.18 建交	2019.6.25 全面合作伙伴关系	是
106	卢旺达共和国	1971.11.12 建交		是

续 表

序号	国家全称	双边关系等级（党的十八大前）	双边关系等级（党的十八大后）	是否"一带一路"合作国
107	布隆迪共和国	1963.12.21 建交 1965.1.29 布方断交 1971.10.13 复交		是
108	塞舌尔共和国	1976.6.30 建交		是
109	南苏丹共和国	2011 独立,同年7.9建交		是
(三) 中非(8国)			
110	乍得共和国	1972.11.28 建交 1997.8.12 中止外交 2006.8.6 复交		是
111	中非共和国	1964.9.29 建交 1966.1 断交 1976.8.20 关系正常 1991.7.8 中止外交 1998.1.29 复交		是
112	喀麦隆共和国	1971.3.26 建交		是
113	赤道几内亚共和国	1970.10.15 建交	2015.4 平等互信、合作共赢的全面合作伙伴关系	是
114	加蓬共和国	1974.4 建交		是

续 表

序号	国家全称	双边关系等级（党的十八大前）	双边关系等级（党的十八大后）	是否"一带一路"合作国
115	刚果共和国（布）	1964.2.22 建交	2016.7 全面战略合作伙伴关系	是
116	刚果民主共和国(金)	1961.2.20 建交 1961.9.18 中止外交 1972.12.24 关系正常化	2023.5 全面战略合作伙伴关系	是
117	圣多美和普林西比民主共和国	1975.7.12 建交 1997.7.11 中止外交	2013.12.26 复交 2017.4 全面合作伙伴关系	是
（四）西非(16国)					
118	毛里塔尼亚伊斯兰共和国	1965.7.19 建交		是
119	塞内加尔共和国	1971.12.7 建交 1995.1.9 中止外交关系 2005.10.25 复交	2016.9 全面战略合作伙伴关系	是
120	冈比亚共和国	1974.12.14 建交 1995.7.25 中止外交	2016.3.17 复交	是
121	马里共和国	1960.10.25 建交		是
122	布基纳法索	1973.9.15 建交 1994.2.2 断交	2018.5.26 复交	是
123	几内亚共和国	1959.10.4 建交		是

续 表

序号	国家全称	双边关系等级（党的十八大前）	双边关系等级（党的十八大后）	是否"一带一路"合作国
124	几内亚比绍共和国	1974.3.15 建交 1990.5.31 中止外交关系 1998.4.23 复交		是
125	佛得角共和国	1976.4 建交		是
126	塞拉利昂共和国	1971.7.29 建交	2016.12 全面战略合作伙伴关系	是
127	利比里亚共和国	1977.2.17 建交	2015.11.3 全面合作伙伴关系	是
128	科特迪瓦共和国	1983.3 建交		是
129	加纳共和国	1960.7 建交		是
130	多哥共和国	1972.9.19 建交		是
131	贝宁共和国	1964.11 建交	2023.9 战略伙伴关系	是
132	尼日尔共和国	1974.7.20 建交 1992.7.30 中止外交 1996.8.19 复交	"一带一路"能源合作伙伴关系	是
133	尼日利亚联邦共和国	1971.2.10 建交 2005 战略伙伴关系		是
（五）南非(13 国)			
134	赞比亚共和国	1964.10.29 建交	2023.9 提升为全面战略合作伙伴关系	是

续 表

序号	国家全称	双边关系等级（党的十八大前）	双边关系等级（党的十八大后）	是否"一带一路"合作国
135	安哥拉共和国	1983.1 建交 2010.11 战略伙伴关系		是
136	津巴布韦共和国	1980.4.18 建交	2018.4 全面战略合作伙伴关系	是
137	马拉维共和国	2007.12.28 建交		是
138	莫桑比克共和国	1975.6.25 建交	2016.5.16 全面战略合作伙伴关系	是
139	博茨瓦纳共和国	1975.1 建交		是
140	纳米比亚共和国	1990.3.22 建交	2018.3 全面战略合作伙伴关系	是
141	南非共和国	1998.1.1 建交 2004 平等互利、共同发展的战略伙伴关系 2006 深化战略伙伴关系 2010.8 建立全面战略伙伴关系	2023.8.22 积极构建高水平中南命运共同体	是
142	斯威士兰王国	无外交关系		
143	莱索托王国	1983.4.30 建交 1989.10.10 中止外交 1993.8.10 复交 1997.9.9 中止外交 2003.10.11 复交		是

续 表

序号	国家全称	双边关系等级（党的十八大前）	双边关系等级（党的十八大后）	是否"一带一路"合作国
144	马达加斯加共和国	1972.11 建交	友好合作关系	是
145	科摩罗伊斯兰联邦共和国	1975.11 建交	友好合作关系	是
146	毛里求斯共和国	1972.4.15 建交	友好合作关系	是
四、大洋洲（16个国家）					
147	澳大利亚联邦	1972.12.21 建交 2006.4 全面合作关系	2013.4.7 战略伙伴关系 2014.11.17 全面战略伙伴关系	
148	新西兰	1972.12.22 建交 2003.7 全面合作关系 2006.1 21世纪互利共赢的全面合作关系	2014.11 全面战略伙伴关系	是
149	巴布亚新几内亚独立国	1976.10.12 建交	2014.4 相互尊重、共同发展的战略伙伴关系 2018.11 相互尊重、共同发展的全面战略伙伴关系	是
150	所罗门群岛		2019.9.21 建交 2023.7 建立新时代相互尊重、共同发展的全面战略伙伴关系	是
151	瓦努阿图共和国	1982.3.26 建交	2014.4 相互尊重、共同发展的战略伙伴关系 2018.11 相互尊重、共同发展的全面战略伙伴关系	是

续　表

序号	国家全称	双边关系等级（党的十八大前）	双边关系等级（党的十八大后）	是否"一带一路"合作国
152	密克罗尼西亚联邦	1989.9.11 建交	2014.11 相互尊重、共同发展的战略伙伴关系 2018.11 相互尊重、共同发展的全面战略伙伴关系 2023.10.17 推动两国全面战略伙伴关系迈向更高水平	是
153	马绍尔群岛共和国	1990.11.16 建交 1998.12.11 中止外交		
154	帕劳共和国	无外交关系		
155	瑙鲁共和国	2002.7.21 建交 2005.5.14 中止外交	2024.1.24 复交	
156	基里巴斯共和国	1980.6.25 建交 2003.11.29 中止外交	2019.9.27 复交	是
157	图瓦卢	无外交关系		
158	萨摩亚独立国	1975.11.6 建交	2014.4 相互尊重、共同发展的战略伙伴关系 2018.11 相互尊重、共同发展的全面战略伙伴关系	是
159	斐济共和国	1975.11.5 建交 2006.4.4 重要合作伙伴关系	2018.11 相互尊重、共同发展的全面战略伙伴关系	是

205

续 表

序号	国家全称	双边关系等级（党的十八大前）	双边关系等级（党的十八大后）	是否"一带一路"合作国
160	汤加王国	1998.11.2 建交	2014.4 相互尊重、共同发展的战略伙伴关系 2018.11 相互尊重、共同发展的全面战略伙伴关系	是
161	库克群岛	1997.7.25 建交	2014.11 相互尊重、共同发展的战略伙伴关系 2018.11 相互尊重、共同发展的战略伙伴关系	是
162	纽埃	2007.12.12 建交	2014.11 相互尊重、共同发展的战略伙伴关系 2018.11 相互尊重、共同发展的全面战略伙伴关系	是
五、北美洲(23个国家)				
(一) 北美(3国)				
163	加拿大	1970.10.13 建交 2005.9 战略伙伴关系	2014.11、2016 加强战略伙伴关系	
164	美利坚合众国	1979.1.1 建交 1997 面向21世纪的建设性战略伙伴关系 2009.21 世纪积极合作全面的伙伴关系		
165	墨西哥合众国	1972.2.14 建交 2003.12 战略伙伴关系	2013.6 提升全面战略伙伴关系 2014 加强全面战略伙伴关系	

续 表

序号	国家全称	双边关系等级（党的十八大前）	双边关系等级（党的十八大后）	是否"一带一路"合作国
		（二）中美(7国)		
166	危地马拉共和国	无外交关系		
167	伯利兹	1989.10.23 中止外交关系		
168	萨尔瓦多共和国		2018.8.21 建交	是
169	洪都拉斯共和国		2023.3.26 建交	是
170	尼加拉瓜共和国	1990.11.9 中止外交关系	2021.12.10 复交	是
171	哥斯达黎加共和国	2007.6.1 建交	2015.1 建立平等互信、合作共赢的战略伙伴关系	是
172	巴拿马共和国		2017.6.13 建交	是
		（三）加勒比海地区(13国)		
173	巴哈马国	1997.5.23 建交		
174	古巴共和国	1960.9.28 建交	2022.11 深化新时代中古关系	是
175	牙买加	1972.11.21 建交 2005.2 共同发展的友好伙伴关系	2019.11 提升为战略伙伴关系	是
176	海地共和国	无外交关系		
177	多米尼加共和国		2018.5.1 建交	是
178	安提瓜和巴布达	1983.1.1 建交		是
179	圣基茨和尼维斯联邦	无外交关系		

207

续 表

序号	国家全称	双边关系等级（党的十八大前）	双边关系等级（党的十八大后）	是否"一带一路"合作国
180	多米尼克国	2004.3.23 建交		是
181	圣卢西亚	2007.5.5 断交		
182	圣文森特和格林纳丁斯	无外交关系		
183	格林纳达	1985.10.1 建交 2005 复交		是
184	巴巴多斯	1977.5.30 建交		是
185	特立尼达和多巴哥共和国	1974.6.20 建交 2005 互利发展的友好合作关系	2013 建立"相互尊重、平等互利、共同发展"的全面合作伙伴关系	是
		六、南美洲(12个国家)		
		（一）北部(5国)		
186	哥伦比亚共和国	1980.2.7 建交	2023.10 战略伙伴关系	
187	委内瑞拉共和国	1974.6.28 建交 2001 战略伙伴关系	2014.7 全面战略伙伴关系	是
188	圭亚那合作共和国	1972.6.27 建交	友好合作关系	是
189	苏里南共和国	1976.5.28 建交	2019.11 战略合作伙伴关系	是
		（二）中西部(3国)		
190	厄瓜多尔共和国	1980.1.2 建交	2015.1 战略伙伴关系 2016.11 全面战略伙伴关系	是

附　录

续　表

序号	国家全称	双边关系等级（党的十八大前）	双边关系等级（党的十八大后）	是否"一带一路"合作国
191	秘鲁共和国	1971.11.2 建交 2008.11 战略伙伴关系	2013.4 全面战略伙伴关系 2016 深化全面战略伙伴关系	是
192	玻利维亚共和国	1985.7.9 建交	2018.6 战略伙伴关系	是
（三）东部(1国)			
193	巴西联邦共和国	1974.8.15 建交 1993 战略伙伴关系 2012 全面战略伙伴关系	2014 深化全面战略伙伴关系	
（四）南部(4国)			
194	智利共和国	1970.12.15 建交 2004.11 全面合作伙伴关系 2012.6 战略伙伴关系	2016.11 全面战略伙伴关系	是
195	阿根廷共和国	1972.2.19 建交 2004 战略伙伴关系	2014.7 全面战略伙伴关系	是
196	乌拉圭东岸共和国	1988.2.3 建交	2016.10 战略伙伴关系 2023.11.22 提升为全面战略伙伴关系	是
197	巴拉圭共和国	无外交关系		

资料来源：笔者根据中国外交部、一带一路网等官网整理。由此表可知，截至2024年1月，我国与13个国家(地区)尚未建交。在所有183个建交国里，已经与110个国家建立"伙伴关系"、与153个国家(地区)共建"一带一路"，多是亚、非、拉、大洋洲、中东欧的发展中国家。参见 http://infogate.fmprc.gov.cn/web/ziliao_674904/2193_674977/200812/t20081221_9284708.shtml 和 https://www.yidaiyilu.gov.cn/list/w/sdbwj?page=2。

209

《共建"一带一路"：构建人类命运共同体的重大实践》白皮书

共建"一带一路"：构建人类命运共同体的重大实践

（2023年10月）

中华人民共和国　国务院新闻办公室

目　录

前　言

一、源自中国属于世界

（一）根植历史，弘扬丝路精神

（二）因应现实，破解发展难题

（三）开创未来，让世界更美好

二、铺就共同发展繁荣之路

（一）原则：共商、共建、共享

（二）理念：开放、绿色、廉洁

（三）目标：高标准、可持续、惠民生

（四）愿景：造福世界的幸福路

三、促进全方位多领域互联互通

（一）政策沟通广泛深入

（二）设施联通初具规模

（三）贸易畅通便捷高效

（四）资金融通日益多元

（五）民心相通基础稳固

（六）新领域合作稳步推进

四、为世界和平与发展注入正能量

（一）为共建国家带来实实在在的好处

（二）为经济全球化增添活力

（三）为完善全球治理提供新方案

（四）为人类社会进步汇聚文明力量

五、推进高质量共建"一带一路"行稳致远

结束语

前　言

2 000多年前，我们的先辈怀着友好交往的朴素愿望，穿越草原沙漠，开辟出联通亚欧非的陆上丝绸之路，开辟了人类文明史上的大交流时代。1 000多年前，我们的先辈扬帆远航，穿越惊涛骇浪，闯荡出连接东西方的海上丝绸之路，开启了人类文明交融新时期。

古丝绸之路绵亘万里，延续千年，不仅是一条通商易货之路，也是一条文明交流之路，为人类社会发展进步作出了重大贡献。20世纪80年代以来，联合国和一些国家先后提出欧亚大陆桥设想、丝绸之路复兴计划等，反映了各国人民沟通对话、交流合作的共同愿望。

2013年3月，习近平主席提出构建人类命运共同体理念；9月和10月，先后提出共建"丝绸之路经济带"和"21世纪海上丝绸之路"。共建"一带一路"倡议，创造性地传承弘扬古丝绸之路这一人类历史文明发展成果，并赋予其新的时代精神和人文内涵，为构建人类命运共同体提供了实践平台。

10年来，在各方的共同努力下，共建"一带一路"从中国倡议走向国际实践，从理念转化为行动，从愿景转变为现实，从谋篇布局的"大写意"到精耕细作的"工笔画"，取得实打实、沉甸甸的成就，成为深受欢迎的国际公共产品和国际合作平台。

10年来，共建"一带一路"不仅给相关国家带来实实在在的利益，也为推进经济全球化健康发展、破解全球发展难题和完善全球治理体系作出积极贡献，开辟了人类共同实现现代化的新路径，推动构建人类命运共同体落地生根。

为介绍共建"一带一路"10年来取得的成果，进一步增进国际社会的认识理解，推进共建"一带一路"高质量发展，让"一带一路"惠及更多国家和人民，特发布此白皮书。

一、源自中国属于世界

当今世界正处于百年未有之大变局，人类文明发展面临越来越多的问题和挑战。中国着眼人类前途命运和整体利益,因应全球发展及各国期待,继承和弘扬丝路精神这一人类文明的宝贵遗产,提出共建"一带一路"倡议。这一倡议,连接着历史、现实与未来,源自中国、面向世界、惠及全人类。

(一) 根植历史,弘扬丝路精神

公元前 140 年左右的中国汉代,张骞从长安出发,打通了东方通往西方的道路,完成了"凿空之旅"。中国唐宋元时期,陆上和海上丝绸之路共同发展,成为连接东西方的重要商道。15 世纪初的明代,郑和七次远洋航海,促进了海上丝绸之路商贸往来。千百年来,古丝绸之路犹如川流不息的"大动脉",跨越尼罗河流域、底格里斯河和幼发拉底河流域、印度河和恒河流域、黄河和长江流域,跨越埃及文明、巴比伦文明、印度文明、中华文明的发祥地,跨越佛教、基督教、伊斯兰教信众的汇集地,跨越不同国度和肤色人民的聚集地,促进了亚欧大陆各国互联互通,推动了东西方文明交流互鉴,创造了地区大发展大繁荣,积淀了以和平合作、开放包容、互学互鉴、互利共赢为核心的丝路精神。

作为东西方交流合作的象征,千年古丝绸之路深刻昭示:只要坚持团结互信、平等互利、包容互鉴、合作共赢,不同民族、不同信仰、不同文化背景的国家完全可以共享和平、共同发展。丝路精神与中华民族历来秉持的天下大同、万国咸宁的美好理念相契合,与中国人一贯的协和万邦、亲仁善邻、立己达人的处世之道相符合,与当今时代和平、发展、合作、共赢的时代潮流相适应。

中国共产党是胸怀天下的大党,中国是坚持和平发展的大国。共建"一带一路"在新的时代背景下弘扬丝路精神,唤起人们对过往时代的美好记忆,激发各国实现互联互通的热情。共建"一带一路"既是向历史致敬,再现古丝绸之路陆上"使者相望于道,商旅不绝于途"的盛况、海上"舶交海中,不知其数"的繁华;更是向未来拓路,从古丝绸之路和丝路精神中汲取智慧和力量,沿着历史的方向继续前进,更好地融通中国梦和世界梦,实现各国人民对文明交流的渴望、对和平安宁的期盼、对共同发展的追求、对美好生活的向往。

(二) 因应现实,破解发展难题

发展是解决一切问题的总钥匙,经济全球化为世界经济发展提供了强大动力。500 多年前,在古丝绸之路中断半个多世纪后,大航海时代来临,根本改变了人类社会的发展格局。近代以来,随着科技革命和生产力的发展,经济全球化成为历史潮流。特别是20世纪90年代后,经济全球化快速发展,促进了贸易大繁荣、投资大便利、人员大流动、技术大发展,为人类社会发展进步作出重要贡献。但是,少数国家主导的经济全球化,并没有实现普遍普惠的发展,而是造成富者愈富、贫者愈贫,发达国家和发展中国家以及发达国家内部的贫富差距越来越大。很多发展中国家在经济全球化中获利甚微甚至丧失自主发展能力,难以进入现代化的轨道。个别国家大搞单边主义、保护主义、霸权主义,经济全球化进程遭遇逆流,世界经济面临衰退风险。全球经济增长动能不足、全球经济治理体系不完善、全球经济发展失衡等问题,迫切需要解决;世界经济发展由少数国家主导、经济规则由少数国家掌控、发展成果被少数国家独享的局面,必须得到改变。

共建"一带一路"既是为了中国的发展,也是为了世界的发展。经济全球化的历史大势不可逆转,各国不可能退回到彼此隔绝、闭关自守的时代。但是,经济全球化在形式和内容上面临新的调整,应该朝着更加开放、包容、普惠、平衡、共赢的方向发展。中国是经济全球化的受益者,也是贡献者。中国积极参与经济全球化进程,在与世界的良性互动中实现了经济快速发展,成功开辟和推进了中国式现代化,拓展了发展中国家走向现代化的路径选择。中国经济快速增长和改革开放持续推进,为全球经济稳定和增长、开放型世界经济发展提供了重要动力。中国是经济全球化的坚定支持者、维护者。共建"一带一路"在理念、举措、目标等方面与联合国《2030年可持续发展议程》高度契合,既是中国扩大开放的重大举措,旨在以更高水平开放促进更高质量发展,与世界分享中国发展机遇;也是破解全球发展难题的中国方案,旨在推动各国共同走向现代化,推进更有活力、更加包容、更可持续的经济全球化进程,让发展成果更多更公平地惠及各国人民。

(三)开创未来,让世界更美好

随着世界多极化、经济全球化、社会信息化、文化多样化深入发展,各国相互联系和彼此依存比过去任何时候都更频繁、更紧密,人类越来越成为你中有我、我中有你的命运共同体。同时,全球和平赤字、发展赤字、安全赤字、治理赤字有增无减,地区冲突、军备竞赛、粮食安全、恐怖主义、网络安全、气候变化、能源危机、重大传染性疾病、人工智能等传统和非传统安全问题交叉叠加,人类共同生活的这颗美丽星球面临严重威胁。面对层出不穷的全球性问题和挑战,人类社会需要新的思想和理念,需要更加公正合理、更趋平衡、更具韧性、更为有效的全球治理体系。建设一个什么样的世界，人类社会如何走向光明的未来，攸关每个国家、每个人，必须回答好这一时代课题，作出正确的历史抉择。

作为负责任的发展中大国，中国从人类共同命运和整体利益出发，提出构建人类命运共同体，建设一个持久和平、普遍安全、共同繁荣、开放包容、清洁美丽的世界，为人类未来勾画了新的美好愿景。共建"一带一路"以构建人类命运共同体为最高目标，并为实现这一目标搭建了实践平台、提供了实现路径，推动美好愿景不断落实落地，是完善全球治理的重要公共产品。共建"一带一路"跨越不同地域、不同文明、不同发展阶段，超越意识形态分歧和社会制度差异，推动各国共享机遇、共谋发展、共同繁荣，打造政治互信、经济融合、文化包容的利益共同体、责任共同体和命运共同体，成为构建人类命运共同体的生动实践。共建"一带一路"塑造了人们对世界的新认知新想象，开创了国际交往的新理念新范式，推动全球治理体系朝着更加公正合理的方向发展，引领人类社会走向更加美好的未来。

二、铺就共同发展繁荣之路

共建"一带一路"秉持人类命运共同体理念，倡导并践行适应时代发展的全球观、发展观、安全观、开放观、合作观、文明观、治理观，为世界各国走向共同发展繁荣提供了理念指引和实践路径。

（一）原则：共商、共建、共享

共建"一带一路"以共商共建共享为原则，积极倡导合作共赢理念与正确义利观，坚持各国都是平等的参与者、贡献者、受益者，推动实现经济大融合、发展大联动、成果大共享。

共建"一带一路"坚持共商原则，不是中国一家的独奏，而是各方的大合唱，倡导并践行真正的多边主义，坚持大家的事由大家商量着办，充分尊重各国发展水平、经济结构、法律制度和文化传统的差异，强调平等参与、沟通协商、集思广益，不附带任何政治或经济条件，以自愿为基础，最大程度凝聚共识。各国无论大小、强弱、贫富，都是平等参与，都可以在双多边合作中积极建言献策。各方加强双边或多边沟通和磋商，共同探索、开创性设立诸多合作机制，为不同发展阶段的经济体开展对话合作、参与全球治理提供共商合作平台。

共建"一带一路"坚持共建原则,不是中国的对外援助计划和地缘政治工具,而是联动发展的行动纲领;不是现有地区机制的替代,而是与其相互对接、优势互补。坚持各方共同参与,深度对接有关国家和区域发展战略,充分发掘和发挥各方发展潜力和比较优势,共同开创发展新机遇、谋求发展新动力、拓展发展新空间,实现各施所长、各尽所能,优势互补、联动发展。通过双边合作、第三方市场合作、多边合作等多种形式,鼓励更多国家和企业深入参与,形成发展合力。遵循市场规律,通过市场化运作实现参与各方的利益诉求,企业是主体,政府主要发挥构建平台、创立机制、政策引导的作用。中国发挥经济体量和市场规模巨大,基础设施建设经验丰富,装备制造能力强、质量好、性价比高以及产业、资金、技术、人才、管理等方面的综合优势,在共建"一带一路"中发挥了引领作用。

共建"一带一路"坚持共享原则,秉持互利共赢的合作观,寻求各方利益交汇点和合作最大公约数,对接各方发展需求、回应人民现实诉求,实现各方共享发展机遇和成果,不让任何一个国家掉队。共建国家大多属于发展中国家,各方聚力解决发展中国家基础设施落后、产业发展滞后、工业化程度低、资金和技术缺乏、人才储备不足等短板问题,促进经济社会发展。中国坚持道义为先、义利并举,向共建国家提供力所能及的帮助,真心实意帮助发展中国家加快发展,同时,以共建"一带一路"推动形成陆海内外联动、东西双向互济的全面开放新格局,建设更高水平开放型经济新体制,加快构建以国内大循环为主体、国内国际双循环相互促进的新发展格局。

(二) 理念:开放、绿色、廉洁

共建"一带一路"始终坚守开放的本色、绿色的底色、廉洁的亮色,坚持开放包容,推进绿色发展,以零容忍态度打击腐败,在高质量发展的道路上稳步前行。

共建"一带一路"是大家携手前行的阳光大道,不是某一方面的私家小路,不排除、也不针对任何一方,不打地缘博弈小算盘,不搞封闭排他"小圈子",也不搞基于意识形态标准划界的小团体,更不搞军事同盟。从亚欧大陆到非洲、美洲、大洋洲,无论什么样的政治体制、历史文化、宗教信仰、意识形态、发展阶段,只要有共同发展的意愿都可以参与其中。各方以开放包容为导向,坚决反对保护主义、单边主义、霸权主义,共同推进全方位、立体化、网络状的大联通格局,探索开创共赢、共担、共治的合作新模式,构建全球互联互通伙伴关系,建设和谐共存的大家庭。

共建"一带一路"顺应国际绿色低碳发展趋势,倡导尊重自然、顺应自然、保护自然,尊重各方追求绿色发展的权利,响应各方可持续发展需求,形成共建绿色"一带一路"共识。各方积极开展"一带一路"绿色发展政策对话,分享和展示绿色发展理念和成效,增进绿色发展共识和行动,深化绿色基建、绿色能源、绿色交通、绿色金融等领域务实合作,努力建设资源节约、绿色低碳的丝绸之路,为保护生态环境、实现碳达峰和碳中和、应对气候变化作出重要贡献。中国充分发挥在可再生能源、节能环保、清洁生产等领域优势,运用中国技术、产品、经验等,推动绿色"一带一路"合作蓬勃发展。

共建"一带一路"将廉洁作为行稳致远的内在要求和必要条件,始终坚持一切合作在阳光下运行。各方一道完善反腐败法治体系建设和机制建设,深化反腐败法律法规对接,务实推进国际反腐合作,坚决反对各类腐败和其他国际犯罪活动,持续打击商业贿赂行为,让资金、项目在廉洁中高效运转,让各项合作更好地落地开展,让"一带一路"成为风清气正的廉洁之路。2019年4月,中国与有关国家、国际组织以及工商学术界代表共同发起了《廉洁丝绸之路北京倡议》,呼吁各方携手共商、共建、共享廉洁丝绸之路。中国"走出去"企业坚持合规守法经营,既遵守中国的法律,也遵守所在国当地法律和国际规则,提升海外廉洁风险防范能力,加强项目监督管理和风险防控,打造良心工程、干净工程、精品工程;中央企业出台重点领域合规指南868件,制定岗位合规职责清单5 000多项,中央企业、中央金融企业及分支机构制定和完善境外管理制度1.5万余项。2020年11月,60余家深度参与"一带一路"建设的中方企业共同发起《"一带一路"参与企业廉洁合规倡议》。

(三)目标:高标准、可持续、惠民生

共建"一带一路"以高标准、可持续、惠民生为目标,努力实现更高合作水平、更高投入效益、更高供给质量、更高发展韧性,推动高质量共建"一带一路"不断走深走实。

共建"一带一路"引入各方普遍支持的规则标准,推动企业在项目建设、运营、采购、招投标等环节执行普遍接受的国际规则标准,以高标准推动各领域合作和项目建设。倡导对接国际先进规则标准,打造高标准自由贸易区,实行更高水平的贸易投资自由化便利化政策,畅通人员、货物、资金、数据安全有序流动,

实现更高水平互联互通和更深层次交流合作。坚持高标准、接地气,对标国际一流、追求高性价比,先试点、再推广,倡导参与各方采用适合自己的规则标准、走符合自身国情的发展道路。中国成立高规格的推进"一带一路"建设领导机构,发布一系列政策文件,推动共建"一带一路"顶层设计不断完善、务实举措不断落地。

共建"一带一路"对接联合国《2030年可持续发展议程》,走经济、社会、环境协调发展之路,努力消除制约发展的根源和障碍,增强共建国家自主发展的内生动力,推动各国实现持久、包容和可持续的经济增长,并将可持续发展理念融入项目选择、实施、管理等各个方面。遵循国际惯例和债务可持续原则,不断完善长期、稳定、可持续、风险可控的投融资体系,积极创新投融资模式、拓宽投融资渠道,形成了稳定、透明、高质量的资金保障体系,确保商业和财政上的可持续性。没有任何一个国家因为参与共建"一带一路"合作而陷入债务危机。

共建"一带一路"坚持以人民为中心,聚焦消除贫困、增加就业、改善民生,让合作成果更好惠及全体人民。各方深化公共卫生、减贫减灾、绿色发展、科技教育、文化艺术、卫生健康等领域合作,促进政党、社会组织、智库和青年、妇女及地方交流协同并进,着力打造接地气、聚人心的民生工程,不断增强民众的获得感和幸福感。中国积极推进对外援助和惠及民生的"小而美"项目建设,足迹从亚洲到非洲,从拉丁美洲到南太平洋,一条条公路铁路,一座座学校医院,一片片农田村舍,助力共建国家减贫脱贫、增进民生福祉。

(四)愿景:造福世界的幸福路

作为一个发展的倡议、合作的倡议、开放的倡议,共建"一带一路"追求的是发展、崇尚的是共赢、传递的是希望,目的是增进理解信任、加强全方位交流,进而促进共同发展、实现共同繁荣。

和平之路。和平是发展的前提,发展是和平的基础。共建"一带一路"超越以实力抗衡为基础的丛林法则、霸权秩序,摒弃你输我赢、你死我活的零和逻辑,跳出意识形态对立、地缘政治博弈的冷战思维,走和平发展道路,致力于从根本上解决永久和平和普遍安全问题。各国尊重彼此主权、尊严、领土完整,尊重彼此发展道路和社会制度,尊重彼此核心利益和重大关切。中国作为发起方,积极推动构建相互尊重、公平正义、合作共赢的新型国际关系,打造对话不对抗、结伴不结盟的伙伴关系,推动各方树立共同、综合、合作、可持续的新安全观,营造共建共享的安全格局,构建和平稳定的发展环境。

繁荣之路。共建"一带一路"不走剥削掠夺的殖民主义老路,不做凌驾于人的强买强卖,不搞"中心—边缘"的依附体系,更不转嫁问题、以邻为壑、损人利己,目标是实现互利共赢、共同发展繁荣。各方紧紧抓住发展这个最大公约数,发挥各自资源和潜能优势,激发各自增长动力,增强自主发展能力,共同营造更多发展机遇和空间,推动形成世界经济增长新中心、新动能,带动世界经济实现新的普惠性增长,推动全球发展迈向平衡协调包容新阶段。

开放之路。共建"一带一路"超越国界阻隔、超越意识形态分歧、超越发展阶段区别、超越社会制度差异、超越地缘利益纷争,是开放包容的合作进程;不是另起炉灶、推倒重来,而是对现有国际机制的有益补充和完善。各方坚持多边贸易体制的核心价值和基本原则,共同打造开放型合作平台,维护和发展开放型世界经济,创造有利于开放发展的环境,构建公正、合理、透明的国际经贸投资规则体系,推进合作共赢、合作共担、合作共治的共同开放,促进生产要素有序流动、资源高效配置、市场深度融合,促进贸易和投资自由化便利化,维护全球产业链供应链稳定畅通,建设开放、包容、普惠、平衡、共赢的经济全球化。

创新之路。创新是推动发展的重要力量。共建"一带一路"坚持创新驱动发展,把握数字化、网络化、智能化发展机遇,探索新业态、新技术、新模式,探寻新的增长动能和发展路径,助力各方实现跨越式发展。各方共同加强数字基础设施互联互通,推进数字丝绸之路建设,加强科技前沿领域创新合作,促进科技同产业、科技同金融深度融合,优化创新环境,集聚创新资源,推动形成区域协同创新格局,缩小数字鸿沟,为共同发展注入强劲动力。

文明之路。共建"一带一路"坚持平等、互鉴、对话、包容的文明观,弘扬和平、发展、公平、正义、民主、自由的全人类共同价值,以文明交流超越文明隔阂,以文明互鉴超越文明冲突,以文明共存超越文明优越,推动文明间和而不同、求同存异、互学互鉴。各方积极建立多层次人文合作机制,搭建更多合作平台,开辟更多合作渠道,密切各领域往来,推动不同国家间相互理解、相互尊重、相互信任,更好地凝聚思想和价值共识,实现人类文明创新发展。

三、促进全方位多领域互联互通

共建"一带一路"围绕互联互通,以基础设施"硬联通"为重要方向,以规则标准"软联通"为重要支撑,以共建国家人民"心联通"为重要基础,不断深化政策沟通、设施联通、贸易畅通、资金融通、民心相通,不断拓展合作领域,成为当今世界范围最广、规模最大的国际合作平台。

(一)政策沟通广泛深入

政策沟通是共建"一带一路"的重要保障。中国与共建国家、国际组织积极构建多层次政策沟通交流机制,在发展战略规划、技术经济政策、管理规则和标准等方面发挥政策协同效应,共同制订推进区域合作的规划和措施,为深化务实合作注入了"润滑剂"和"催化剂",共建"一带一路"日益成为各国交流合作的重要框架。

战略对接和政策协调持续深化。在全球层面,2016年11月,在第71届联合国大会上,193个会员国一致赞同将"一带一路"倡议写入联大决议;2017年3月,联合国安理会通过第2344号决议,呼吁通过"一带一路"建设等加强区域经济合作;联合国开发计划署、世界卫生组织等先后与中国签署"一带一路"合作协议。在世界贸易组织,中国推动完成《投资便利化协定》文本谈判,将在超过110个国家和地区建立协调统一的投资管理体系,促进"一带一路"投资合作。在区域和多边层面,共建"一带一路"同联合国2030年可持续发展议程、《东盟互联互通总体规划2025》、东盟印太展望、非盟《2063年议程》、欧盟欧亚互联互通战略等有效对接,支持区域一体化进程和全球发展事业。在双边层面,共建"一带一路"与俄罗斯欧亚经济联盟建设、哈萨克斯坦"光明之路"新经济政策、土库曼斯坦"复兴丝绸之路"战略、蒙古国"草原之路"倡议、印度尼西亚"全球海洋支点"构想、菲律宾"多建好建"规划、越南"两廊一圈"、南非"经济重建和复苏计划"、埃及苏伊士运河走廊开发计划、沙特"2030愿景"等多国战略实现对接。截至2023年6月底,中国与五大洲的150多个国家、30多个国际组织签署了200多份共建"一带一路"合作文件,形成一大批标志性项目和惠民生的"小而美"项目。

政策沟通长效机制基本形成。以元首外交为引领,以政府间战略沟通为支撑,以地方和部门间政策协调为助力,以企业、社会组织等开展项目合作为载体,建立起多层次、多平台、多主体的常规性沟通渠道。中国成功举办两届"一带一路"国际合作高峰论坛,为各参与国家和国际组织深化交往、增进互信、密切来往提供了重要平台。2017年的第一届"一带一路"国际合作高峰论坛,29个国家的元首和政府首脑出席,140多个国家和80多个国际组织的1600多名代表参会,形成了5大类、279项务实成果。2019年的第二届"一带一路"国际合作高峰论坛,38个国家的元首和政府首脑及联合国秘书长、国际货币基金组织总裁等40位领导人出席圆桌峰会,超过150个国家、92个国际组织的6 000余名代表参会,形成了6大类、283项务实成果。

多边合作不断推进。在共建"一带一路"框架下,中外合作伙伴发起成立了20余个专业领域多边对话合作机制,涵盖铁路、港口、能源、金融、税收、环保、减灾、智库、媒体等领域,参与成员数量持续提升。共建国家还依托中国—东盟(10+1)合作、中非合作论坛、中阿合作论坛、中拉论坛、中国—太平洋岛国经济发展合作论坛、中国—中东欧国家合作、世界经济论坛、博鳌亚洲论坛、中国共产党与世界政党领导人峰会等重大多边合作机制平台,不断深化务实合作。

规则标准对接扎实推进。标准化合作水平不断提升,截至2023年6月底,中国已与巴基斯坦、俄罗斯、希腊、埃塞俄比亚、哥斯达黎加等65个国家标准化机构以及国际和区域组织签署了107份标准化合作文件,促进了民用航空、气候变化、农业食品、建材、电动汽车、油气管道、物流、小水电、海洋和测绘等多领域标准国际合作。"一带一路"标准信息平台运行良好,标准化概况信息已覆盖149个共建国家,可提供59个国家、6个国际和区域标准化组织的标准化题录信息精准检索服务,在共建国家间架起了标准互联互通的桥梁。中国标准外文版供给能力持续提升,发布国家标准外文版近1 400项、行业标准外文版1 000多项。2022年5月,亚非法协在香港设立区域仲裁中心,积极为共建"一带一路"提供多元纠纷解决路径。中国持续加强与俄罗斯、马来西亚、新加坡等22个国家和地区的跨境会计审计监管合作,为拓展跨境投融资渠道提供制度保障。

(二)设施联通初具规模

设施联通是共建"一带一路"的优先领域。共建"一带一路"以"六廊六路多国多港"为基本架构,加快推进多层次、复合型基础设施网络建设,基本形成"陆海天网"四位一体的互联互通格局,为促进经贸和产能合作、加强文化交流和人员往来奠定了坚实基础。

经济走廊和国际通道建设卓有成效。共建国家共同推进国际骨干通道建设,打造连接亚洲各次区域以及亚欧非之间的基础设施网络。中巴经济走廊方向,重点项目稳步推进,白沙瓦—卡拉奇高速公路(苏库尔至木尔坦段)、喀喇昆仑公路二期（赫韦利扬—塔科特段）、拉合尔轨道交通橙线项目竣工通车，萨希瓦尔、卡西姆港、塔尔、胡布等电站保持安全稳定运营，默拉直流输电项目投入商业运营，卡洛特水电站并网发电，拉沙卡伊特别经济区进入全面建设阶段。新亚欧大陆桥经济走廊方向，匈塞铁路塞尔维亚贝尔格莱德—诺维萨德段于2022年3月开通运营，匈牙利布达佩斯—克莱比奥段启动轨道铺设工作；克罗地亚佩列沙茨跨海大桥迎来通车一周年；双西公路全线贯通；黑山南北高速公路顺利建成并投入运营。中国—中南半岛经济走廊方向，中老铁路全线建成通车且运营成效良好，黄金运输通道作用日益彰显；作为中印尼共建"一带一路"的旗舰项目，时速350公里的雅万高铁开通运行；中泰铁路一期（曼谷—呵叻）签署线上工程合同，土建工程已开工11个标段（其中1个标段已完工）。中蒙俄经济走廊方向，中俄黑河公路桥、同江铁路桥通车运营，中俄东线天然气管道正式通气，中蒙俄中线铁路升级改造和发展可行性研究正式启动。中国—中亚—西亚经济走廊方向，中吉乌公路运输线路实现常态化运行，中国—中亚天然气管道运行稳定，哈萨克斯坦北哈州粮油专线与中欧班列并网运行。孟中印缅经济走廊方向，中缅原油和天然气管道建成投产，中缅铁路木姐—曼德勒铁路完成可行性研究，曼德勒—皎漂铁路启动可行性研究，中孟友谊大桥、多哈扎里至科克斯巴扎尔铁路等项目建设取得积极进展。在非洲，蒙内铁路、亚吉铁路等先后通车运营，成为拉动东非乃至整个非洲国家纵深发展的重要通道。

专栏1

蒙内铁路促进肯尼亚经济社会发展

肯尼亚蒙内铁路东起东非第一大港口蒙巴萨，经首都内罗毕，向西北延伸到苏苏瓦站，全长592公里，采用中国标准、技术、装备和运营管理，是中肯共建"一带一路"的重要成果之一，被誉为友谊之路、合作共赢之路、繁荣发展之路和生态环保之路。

蒙内铁路是肯尼亚独立以来最大的基础设施建设项目，自2017年开通运营以来，对肯尼亚经济社会发展和民生改善产生了积极影响，也大幅降低了东非内陆地区的产品经蒙巴萨港出口的物流成本。截至2023年8月31日，蒙内铁路日均开行6列旅客列车，累计发送旅客1 100万人次，平均上座率保持在95%以上；日均开行17列货运列车，累计发送货物2 800万吨。据肯尼亚政府估计,蒙内铁路对肯尼亚经济增长的贡献率达2%。

  在蒙内铁路建设和运营过程中,中国企业注重技术转移,对当地员工进行培训。建设期间,对超过3万名肯尼亚员工进行了入职培训,每年选拔当地青年赴中国参加培训和学历教育。自开通运营以来,采取"因人因专业因岗位"的培训方式,已为肯尼亚培养专业技术成熟人员1152名。

  海上互联互通水平不断提升。共建国家港口航运合作不断深化,货物运输效率大幅提升:希腊比雷埃夫斯港年货物吞吐量增至500万标箱以上,跃升为欧洲第四大集装箱港口、地中海领先集装箱大港;巴基斯坦瓜达尔港共建取得重大进展,正朝着物流枢纽和产业基地的目标稳步迈进;缅甸皎漂深水港项目正在开展地勘、环社评等前期工作;斯里兰卡汉班托塔港散杂货年吞吐量增至120.5万吨;意大利瓦多集装箱码头开港运营,成为意大利第一个半自动化码头;尼日利亚莱基深水港项目建成并投入运营,成为中西非地区重要的现代化深水港。"丝路海运"网络持续拓展,截至2023年6月底,"丝路海运"航线已通达全球43个国家的117个港口,300多家国内外知名航运公司、港口企业、智库等加入"丝路海运"联盟。"海上丝绸之路海洋环境预报保障系统"持续业务化运行,范围覆盖共建国家100多个城市。

  "空中丝绸之路"建设成效显著。共建国家间航空航线网络加快拓展,空中联通水平稳步提升。中国已与104个共建国家签署双边航空运输协定,与57个共建国家实现空中直航,跨境运输便利化水平不断提高。中国企业积极参与巴基斯坦、尼泊尔、多哥等共建国家民航基础设施领域合作,助力当地民航事业发展。中国民航"一带一路"合作平台于2020年8月正式成立,共建国家民航交流合作机制和平台更加健全。新冠疫情期间,以河南郑州—卢森堡为代表的"空中丝绸之路"不停飞、不断航,运送大量抗疫物资,在中欧间发挥了"空中生命线"的作用,为维护国际产业链供应链稳定作出了积极贡献。

  国际多式联运大通道持续拓展。中欧班列、中欧陆海快线、西部陆海新通道、连云港—霍尔果斯新亚欧陆海联运等国际多式联运稳步发展。中欧班列通达欧洲25个国家的200多个城市,86条时速120公里的运行线路穿越亚欧腹地主要区域,物流配送网络覆盖欧亚大陆;截至2023年6月底,中欧班列累计开行 7.4 万列,运输近 700 万标箱,货物品类达 5 万多种,涉及汽车整车、机械设备、电子产品等 53 大门类,合计货值超 3 000 亿美元。中欧陆海快线从无到有,成为继传统海运航线、陆上中欧班列之外中欧间的第三条贸易通道,2022 年全通道运输总箱量超过 18 万标箱,火车开行 2 600 余列。西部陆海新通道铁海联运班列覆盖中国中西部 18 个省(区、市),货物流向通达 100 多个国家的 300 多个港口。

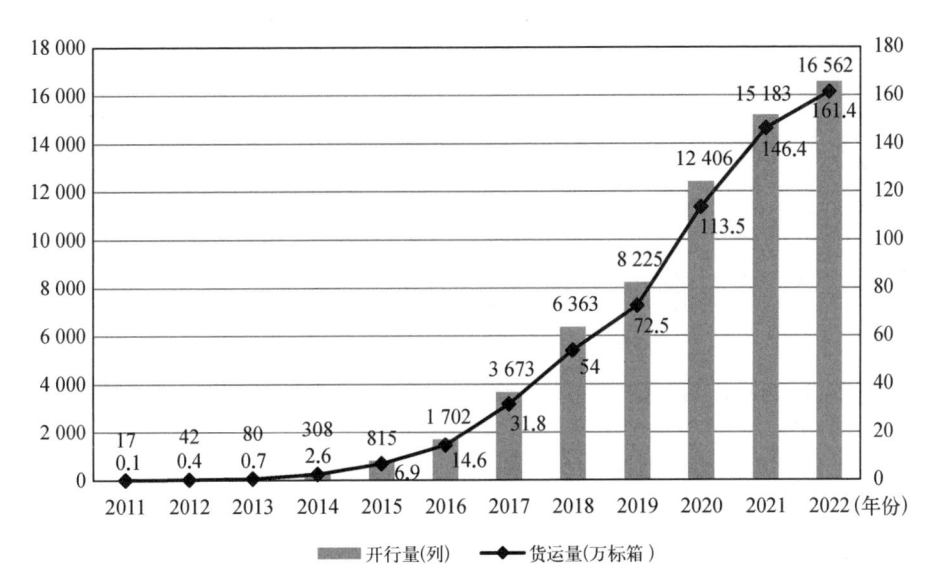

图 1　2011—2022 年中欧班列开行量及货运量

(三) 贸易畅通便捷高效

贸易投资合作是共建"一带一路"的重要内容。共建国家着力解决贸易投资自由化便利化问题,大幅消除贸易投资壁垒,改善区域内和各国营商环境,建设自由贸易区,拓宽贸易领域、优化贸易结构,拓展相互投资和产业合作领域,推动建立更加均衡、平等和可持续的贸易体系,发展互利共赢的经贸关系,共同做大做好合作"蛋糕"。

贸易投资规模稳步扩大。2013—2022 年,中国与共建国家进出口总额累计19.1 万亿美元,年均增长 6.4%;与共建国家双向投资累计超过 3 800 亿美元,其中中国对外直接投资超过 2 400 亿美元;中国在共建国家承包工程新签合同额、完成营业额累计分别达到 2 万亿美元、1.3 万亿美元。2022 年,中国与共建国家进出口总额近 2.9 万亿美元,占同期中国外贸总值的 45.4%,较 2013 年提高了 6.2 个百分点；中国民营企业对共建国家进出口总额超过 1.5 万亿美元，占同期中国与共建国家进出口总额的 53.7%。

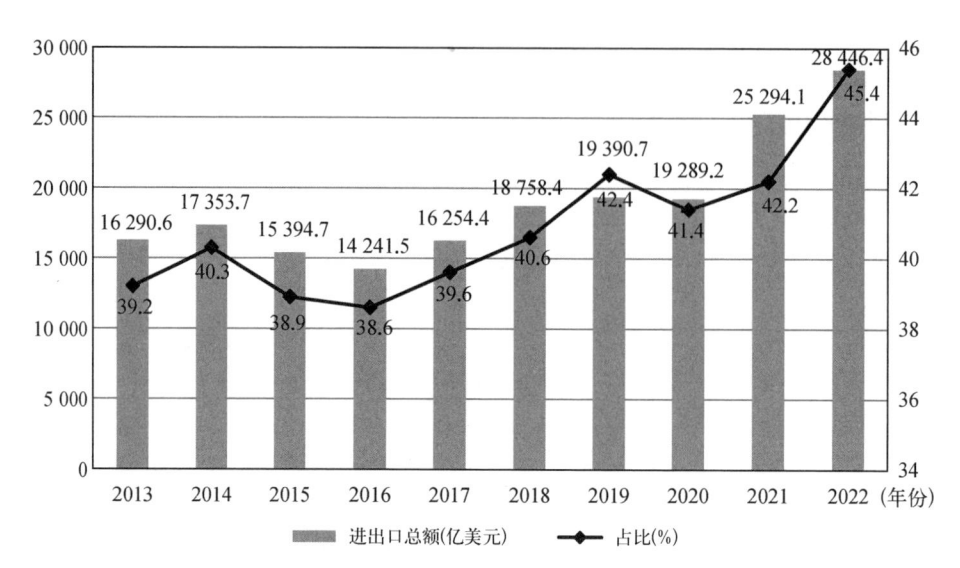

图 2　2013—2022 年中国与共建国家进出口总额及其占中国外贸总值比重

贸易投资自由化便利化水平不断提升。共建国家共同维护多边主义和自由贸易，努力营造密切彼此间经贸关系的良好制度环境，在工作制度对接、技术标准协调、检验结果互认、电子证书联网等方面取得积极进展。截至 2023 年 8 月底，80 多个国家和国际组织参与中国发起的《"一带一路"贸易畅通合作倡议》。中国与 28 个国家和地区签署 21 个自贸协定；《区域全面经济伙伴关系协定》(RCEP)于 2022 年 1 月 1 日正式生效，是世界上人口规模和经贸规模最大的自贸区，与共建"一带一路"覆盖国家和地区、涵盖领域和内容等方面相互重叠、相互补充，在亚洲地区形成双轮驱动的经贸合作发展新格局。中国还积极推动加入《全面与进步跨太平洋伙伴关系协定》(CPTPP)和《数字经济伙伴关系协定》(DEPA)。中国与 135 个国家和地区签订了双边投资协定；与 112 个国家和地区签署了避免双重征税协定(含安排、协议)；与 35 个共建国家实现"经认证的经营者"(AEO)互认；与 14 个国家签署第三方市场合作文件。中国与新加坡、巴基斯坦、蒙古国、伊朗等共建国家建立了"单一窗口"合作机制、签署了海关检验检疫合作文件，有效提升了口岸通关效率。

贸易投资平台作用更加凸显。中国国际进口博览会是全球首个以进口为主题的国家级展会,已连续成功举办五届,累计意向成交额近3 500亿美元,约2 000个首发首展商品亮相,参与国别与参与主体多元广泛,成为国际采购、投资促进、人文交流、开放合作、全球共享的国际公共平台。中国进出口商品交易会、中国国际服务贸易交易会、中国国际投资贸易洽谈会、中国国际消费品博览会、全球数字贸易博览会、中非经贸博览会、中国—阿拉伯国家博览会、中俄博览会、中国—中东欧国家博览会、中国—东盟博览会、中国—亚欧博览会等重点展会影响不断扩大,有力促进了共建国家之间的经贸投资合作。中国香港特别行政区成功举办了8届"一带一路"高峰论坛,中国澳门特别行政区成功举办了14届国际基础设施投资与建设高峰论坛,在助力共建"一带一路"经贸投资合作中发挥了重要作用。

产业合作深入推进。共建国家致力于打造协同发展、互利共赢的合作格局,有力促进了各国产业结构升级、产业链优化布局。共建国家共同推进国际产能合作,深化钢铁、有色金属、建材、汽车、工程机械、资源能源、农业等传统行业合作,探索数字经济、新能源汽车、核能与核技术、5G等新兴产业合作,与有意愿的国家开展三方、多方市场合作,促进各方优势互补、互惠共赢。截至2023年6月底,中国已同40多个国家签署了产能合作文件,中国国际矿业大会、中国—东盟矿业合作论坛等成为共建国家开展矿业产能合作的重要平台。上海合作组织农业技术交流培训示范基地助力共建"一带一路"农业科技发展,促进国家间农业领域经贸合作。中国与巴基斯坦合作建设的卡拉奇核电站K2、K3两台"华龙一号"核电机组建成投运,中国与哈萨克斯坦合资的乌里宾核燃料元件组装厂成功投产,中国—东盟和平利用核技术论坛为共建国家开展核技术产业合作、助力民生和经济发展建立了桥梁和纽带。中国企业与共建国家政府、企业合作共建的海外产业园超过70个,中马、中印尼"两国双园"及中白工业园、中阿(联酋)产能合作示范园、中埃(及)·泰达苏伊士经贸合作区等稳步推进。

(四)资金融通日益多元

资金融通是共建"一带一路"的重要支撑。共建国家及有关机构积极开展多种形式的金融合作,创新投融资模式、拓宽投融资渠道、丰富投融资主体、完善投融资机制,大力推动政策性金融、开发性金融、商业性金融、合作性金融支持共建"一带一路",努力构建长期、稳定、可持续、风险可控的投融资体系。

金融合作机制日益健全。中国国家开发银行推动成立中国—中东欧银联体、中国—阿拉伯国家银联体、中国—东盟银联体、中日韩—东盟银联体、中非金融合作银联体、中拉开发性金融合作机制等多边金融合作机制,中国工商银行推动成立"一带一路"银行间常态化合作机制。截至2023年6月底,共有13家中资银行在50个共建国家设立145家一级机构,131个共建国家的1 770万家商户开通银联卡业务,74个共建国家开通银联移动支付服务。"一带一路"创新发展中心、"一带一路"财经发展研究中心、中国—国际货币基金组织联合能力建设中心相继设立。中国已与20个共建国家签署双边本币互换协议,在17个共建国家建立人民币清算安排,人民币跨境支付系统的参与者数量、业务量、影响力逐步提升,有效促进了贸易投资便利化。金融监管合作和交流持续推进,中国银保监会(现国家金融监督管理总局)、证监会与境外多个国家的监管机构签署监管合作谅解备忘录,推动建立区域内监管协调机制,促进资金高效配置,强化风险管控,为各类金融机构及投资主体创造良好投资条件。

投融资渠道平台不断拓展。中国出资设立丝路基金,并与相关国家一道成立亚洲基础设施投资银行。丝路基金专门服务于"一带一路"建设,截至2023年6月底,丝路基金累计签约投资项目75个,承诺投资金额约220.4亿美元;亚洲基础设施投资银行已有106个成员,批准227个投资项目,共投资436亿美元,项目涉及交通、能源、公共卫生等领域,为共建国家基础设施互联互通和经济社会可持续发展提供投融资支持。中国积极参与现有各类融资安排机制,与世界银行、亚洲开发银行等国际金融机构签署合作备忘录,与国际金融机构联合筹建多边开发融资合作中心,与欧洲复兴开发银行加强第三方市场投融资合作,与国际金融公司、非洲开发银行等开展联合融资,有效撬动市场资金参与。中国发起设立中国—欧亚经济合作基金、中拉合作基金、中国—中东欧投资合作基金、中国—东盟投资合作基金、中拉产能合作投资基金、中非产能合作基金等国际经济合作基金,有效拓展了共建国家投融资渠道。中国国家开发银行、中国进出口银行分别设立"一带一路"专项贷款,集中资源加大对共建"一带一路"的融资支持。截至2022年底,中国国家开发银行已直接为1 300多个"一带一路"项目提供了优质金融服务,有效发挥了开发性金融引领、汇聚境内外各类资金共同参与共建"一带一路"的融资先导作用;中国进出口银行"一带一路"贷款余额达2.2万亿元,覆盖超过130个共建国家,贷款项目累计拉动投资4 000多亿美元,带动贸

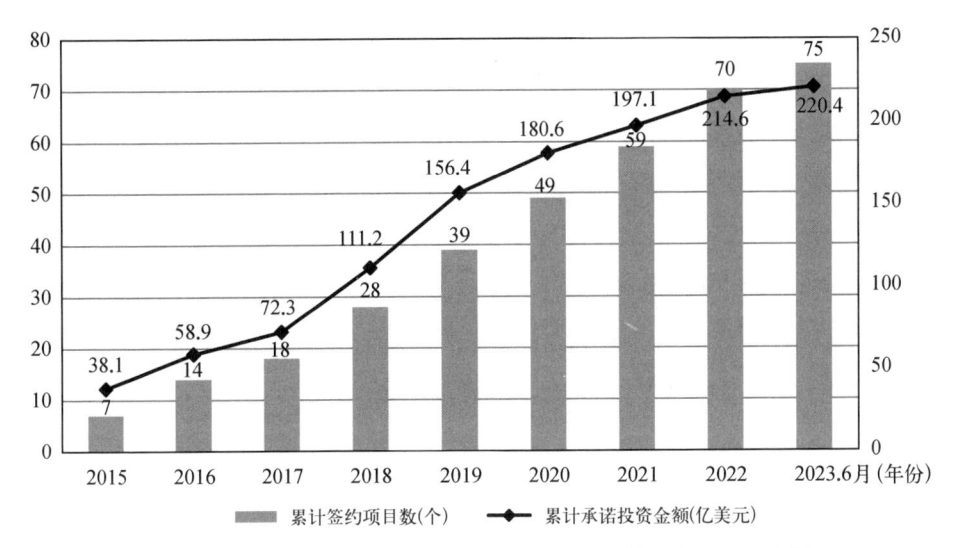

图3　2015年以来丝路基金历年累计签约项目数和承诺投资金额

易超过2万亿美元。中国信保充分发挥出口信用保险政策性职能，积极为共建"一带一路"提供综合保障。

投融资方式持续创新。基金、债券等多种创新模式不断发展，共建"一带一路"金融合作水平持续提升。中国证券行业设立多个"一带一路"主题基金，建立"一带一路"主题指数。2015年12月，中国证监会正式启动境外机构在交易所市场发行人民币债券（"熊猫债"）试点，截至2023年6月底，交易所债券市场已累计发行"熊猫债"99只，累计发行规模1525.4亿元；累计发行"一带一路"债券46只，累计发行规模527.2亿元。绿色金融稳步发展。2019年5月，中国工商银行发行同时符合国际绿色债券准则和中国绿色债券准则的首只"一带一路"银行间常态化合作机制（BRBR）绿色债券；截至2022年底，已有40多家全球大型机构签署了《"一带一路"绿色投资原则》；2023年6月，中国进出口银行发行推进共建"一带一路"国际合作和支持共建"一带一路"基础设施建设主题金融债。中国境内证券期货交易所与共建国家交易所稳步推进股权、产品、技术等方面务实合作，积极支持哈萨克斯坦阿斯塔纳国际交易所、巴基斯坦证券交易所、孟加拉国达卡证券交易所等共建或参股交易所市场发展。

债务可持续性不断增强。按照平等参与、利益共享、风险共担的原则，中国与28个国家共同核准《"一带一路"融资指导原则》，推动共建国家政府、金融机构和企业重视债务可持续性，提升债务管理能力。中国借鉴国际货币基金组织和世界银行低收入国家债务可持续性分析框架,结合共建国家实际情况制定债务可持续性分析工具,发布《"一带一路"债务可持续性分析框架》,鼓励各方在自愿基础上使用。中国坚持以经济和社会效益为导向,根据项目所在国需求及实际情况为项目建设提供贷款,避免给所在国造成债务风险和财政负担;投资重点领域是互联互通基础设施项目以及共建国家急需的民生项目,为共建国家带来了有效投资,增加了优质资产,增强了发展动力。许多智库专家和国际机构研究指出,几乎所有"一带一路"项目都是由东道国出于本国经济发展和民生改善而发起的,其遵循的是经济学逻辑,而非地缘政治逻辑。

(五)民心相通 基础稳固

民心相通是共建"一带一路"的社会根基。共建国家传承和弘扬丝绸之路友好合作精神,广泛开展文化旅游合作、教育交流、媒体和智库合作、民间交往等,推动文明互学互鉴和文化融合创新,形成了多元互动、百花齐放的人文交流格局,夯实了共建"一带一路"的民意基础。

文化旅游合作丰富多彩。截至2023年6月底,中国已与144个共建国家签署文化和旅游领域合作文件。中国与共建国家共同创建合作平台,成立了丝绸之路国际剧院联盟、博物馆联盟、艺术节联盟、图书馆联盟和美术馆联盟,成员单位达562家,其中包括72个共建国家的326个文化机构。中国不断深化对外文化交流,启动实施"文化丝路"计划,广泛开展"欢乐春节""你好!中国""艺汇丝路"等重点品牌活动。中国与文莱、柬埔寨、希腊、意大利、马来西亚、俄罗斯及东盟等共同举办文化年、旅游年,与共建国家互办文物展、电影节、艺术节、图书展、音乐节等活动及图书广播影视精品创作和互译互播,实施"一带一路"主题舞台艺术作品创作推广项目、"一带一路"国际美术工程和文化睦邻工程,扎实推进亚洲文化遗产保护行动。中国在44个国家设立46家海外中国文化中心,其中共建国家32家;在18个国家设立20家旅游办事处,其中共建国家8家。

教育交流合作广泛深入。中国发布《推进共建"一带一路"教育行动》,推进教育领域国际交流与合作。截至2023年6月底,中国已与45个共建国家和地区签署高等教育学历学位互认协议。中国设立"丝绸之路"中国政府奖学金,中国地方省份、中国香港特别行政区、中国澳门特别行政区和高校、科研机构也面向共建国家设立了奖学金。中国院校在132个共建国家办有313所孔子学院、

315所孔子课堂;"汉语桥"夏令营项目累计邀请100余个共建国家近5万名青少年来华访学,支持143个共建国家10万名中文爱好者线上学习中文、体验中国文化。中国院校与亚非欧三大洲的20多个共建国家院校合作建设一批鲁班工坊。中国与联合国教科文组织连续7年举办"一带一路"青年创意与遗产论坛及相关活动;合作设立丝绸之路青年学者资助计划,已资助24个青年学者研究项目。中国政府原子能奖学金项目已为26个共建国家培养了近200名和平利用核能相关专业的硕博士研究生。共建国家还充分发挥"一带一路"高校战略联盟、"一带一路"国际科学组织联盟等示范带动作用,深化人才培养和科学研究国际交流合作。

媒体和智库合作成果丰硕。媒体国际交流合作稳步推进,共建国家连续成功举办6届"一带一路"媒体合作论坛,建设"丝路电视国际合作共同体"。中国—阿拉伯国家广播电视合作论坛、中非媒体合作论坛、中国—柬埔寨广播电视定期合作会议、中国—东盟媒体合作论坛、澜湄视听周等双多边合作机制化开展,亚洲—太平洋广播联盟、阿拉伯国家广播联盟等国际组织活动有声有色,成为凝聚共建国家共识的重要平台。中国与共建国家媒体共同成立"一带一路"新闻合作联盟,积极推进国际传播"丝路奖"评选活动,截至2023年6月底,联盟成员单位已增至107个国家的233家媒体。智库交流更加频繁,"一带一路"国际合作高峰论坛咨询委员会于2018年成立,"一带一路"智库合作联盟已发展亚洲、非洲、欧洲、拉丁美洲合作伙伴合计122家,16家中外智库共同发起成立"一带一路"国际智库合作委员会。

民间交往不断深入。民间组织以惠民众、利民生、通民心为行动目标,不断织密合作网。在第二届"一带一路"国际合作高峰论坛民心相通分论坛上,中国民间组织国际交流促进会等中外民间组织共同发起"丝路一家亲"行动,推动中外民间组织建立近600对合作伙伴关系,开展300余个民生合作项目,"深系澜湄""国际爱心包裹""光明行"等品牌项目产生广泛影响。60余个共建国家的城市同中国多个城市结成1000余对友好城市。72个国家和地区的352家民间组织结成丝绸之路沿线民间组织合作网络,开展民生项目和各类活动500余项,成为共建国家民间组织开展交流合作的重要平台。

(六)新领域合作稳步推进

共建国家发挥各自优势,不断拓展合作领域、创新合作模式,推动健康、绿色、创新、数字丝绸之路建设取得积极进展,国际合作空间更加广阔。

卫生健康合作成效显著。共建国家积极推进"健康丝绸之路"建设,推动构建人类卫生健康共同体,建立紧密的卫生合作伙伴关系。截至2023年6月底,中国已与世界卫生组织签署《关于"一带一路"卫生领域合作的谅解备忘录》,与160多个国家和国际组织签署卫生合作协议,发起和参与中国—非洲国家、中国—阿拉伯国家、中国—东盟卫生合作等9个国际和区域卫生合作机制。中国依托"一带一路"医学人才培养联盟、医院合作联盟、卫生政策研究网络、中国—东盟健康丝绸之路人才培养计划(2020—2022)等,为共建国家培养数万名卫生管理、公共卫生、医学科研等专业人才,向58个国家派出中国医疗队,赴30多个国家开展"光明行",免费治疗白内障患者近万名,多次赴南太岛国开展"送医上岛"活动,与湄公河流域的国家、中亚国家、蒙古国等周边国家开展跨境医疗合作。新冠疫情暴发以后,中国向120多个共建国家提供抗疫援助,向34个国家派出38批抗疫专家组,同31个国家发起"一带一路"疫苗合作伙伴关系倡议,向共建国家提供20余亿剂疫苗,与20余个国家开展疫苗生产合作,提高了疫苗在发展中国家的可及性和可负担性。中国与14个共建国家签订传统医药合作文件,8个共建国家在本国法律法规体系内对中医药发展予以支持,30个中医药海外中心投入建设,百余种中成药在共建国家以药品身份注册上市。

绿色低碳发展取得积极进展。中国与共建国家、国际组织积极建立绿色低碳发展合作机制,携手推动绿色发展、共同应对气候变化。中国先后发布《关于推进绿色"一带一路"建设的指导意见》《关于推进共建"一带一路"绿色发展的意见》等,提出2030年共建"一带一路"绿色发展格局基本形成的宏伟目标。中国与联合国环境规划署签署《关于建设绿色"一带一路"的谅解备忘录(2017—2022)》,与30多个国家及国际组织签署环保合作协议,与31个国家共同发起"一带一路"绿色发展伙伴关系倡议,与超过40个国家的150多个合作伙伴建立"一带一路"绿色发展国际联盟,与32个国家建立"一带一路"能源合作伙伴关系。中国承诺不再新建境外煤电项目,积极构建绿色金融发展平台和国际合作机制,与共建国家开展生物多样性保护合作研究,共同维护海上丝绸之路生态安全,建设"一带一路"生态环保大数据服务平台和"一带一路"环境技术交流与转移中心,实施绿色丝路使者计划。中国实施"一带一路"应对气候变化南南合作计划,与39个共建国家签署47份气候变化南南合作谅解备忘录,与老挝、柬埔寨、塞舌尔合作建设低碳示范区,与30多个发展中国家开展70余个减缓和适应气候变化项目,培训了120多个国家3 000多人次的环境管理人员和专家学者。2023年5月,中国进出口银行联合国家开发银行、中国信保等10余家金融机构发布《绿色金融支持"一带一路"能源转型倡议》,呼吁有关各方持续加大对共建国家能源绿色低碳转型领域支持力度。

科技创新合作加快推进。共建国家加强创新合作,加快技术转移和知识分享,不断优化创新环境、集聚创新资源,积极开展重大科技合作和共同培养科技创新人才,推动科技创新能力提升。2016年10月,中国发布《推进"一带一路"建设科技创新合作专项规划》;2017年5月,"一带一路"科技创新行动计划正式启动实施,通过联合研究、技术转移、科技人文交流和科技园区合作等务实举措,提升共建国家的创新能力。截至2023年6月底,中国与80多个共建国家签署《政府间科技合作协定》,"一带一路"国际科学组织联盟(ANSO)成员单位达58家。2013年以来,中国支持逾万名共建国家青年科学家来华开展短期科研工作和交流,累计培训共建国家技术和管理人员1.6万余人次,面向东盟、南亚、阿拉伯国家、非洲、拉美等区域建设了9个跨国技术转移平台,累计帮助50多个非洲国家建成20多个农业技术示范中心,在农业、新能源、卫生健康等领域启动建设50余家"一带一路"联合实验室。中国与世界知识产权组织签署《加强"一带一路"知识产权合作协议》及修订与延期补充协议,共同主办两届"一带一路"知识产权高级别会议,并发布加强知识产权合作的《共同倡议》和《联合声明》;与50余个共建国家和国际组织建立知识产权合作关系,共同营造尊重知识价值的创新和营商环境。

"数字丝绸之路"建设亮点纷呈。共建国家加强数字领域的规则标准联通,推动区域性数字政策协调,携手打造开放、公平、公正、非歧视的数字发展环境。截至2022年底,中国已与17个国家签署"数字丝绸之路"合作谅解备忘录,与30个国家签署电子商务合作谅解备忘录,与18个国家和地区签署《关于加强数字经济领域投资合作的谅解备忘录》,提出并推动达成《全球数据安全倡议》《"一带一路"数字经济国际合作倡议》《中国—东盟关于建立数字经济合作伙伴关系的倡议》《中阿数据安全合作倡议》《"中国+中亚五国"数据安全合作倡议》《金砖国家数字经济伙伴关系框架》等合作倡议,牵头制定《跨境电商标准框架》。积极推进数字基础设施互联互通,加快建设数字交通走廊,多条国际海底光缆建设取得积极进展,构建起130套跨境陆缆系统,广泛建设5G基站、数据中心、云计算中心、智慧城市等,对传统基础设施如港口、铁路、道路、能源、水利等进行数字化升级改造,"中国—东盟信息港"、"数字化中欧班列"、中阿网上丝绸之路等重点项目全面推进,"数字丝路地球大数据平台"实现多语言数据共享。空间信息走廊建设成效显著,中国已建成连接南亚、非洲、欧洲和美洲的卫星电信港,中巴(西)地球资源系列遥感卫星数据广泛应用于多个国家和领域,北斗三号全球卫星导航系统为中欧班列、船舶海运等领域提供全面服务;中国与多个共建国家和地区共同研制和发射通信或遥感卫星、建设卫星地面接收站等空间基础设施,依托联合国空间科技教育亚太区域中心(中国)为共建国家培养大量航天人才,积极共建中海联合月球和深空探测中心、中阿空间碎片联合观测中心、澜湄对地观测数据合作中心、中国东盟卫星应用信息中心、中非卫星遥感应用合作中心,利用高分卫星16米数据共享服务平台、"一带一路"典型气象灾害分析及预警平台、自然资源卫星遥感云服务平台等服务于更多共建国家。

专栏2

"丝路电商"拓展经贸合作新渠道

以跨境电商、海外仓为代表的国际贸易新业态和新模式蓬勃发展,为全球消费者提供更为便利的服务和更加多元的选择,正在有力推动全球贸易创新。"丝路电商"是中国充分发挥电子商务技术应用、模式创新和市场规模等优势,与共建国家拓展经贸合作领域、共享数字发展机遇的重要举措。截至2023年9月底,中国已与五大洲30个国家建立双边电子商务合作机制,在中国—中东欧国家、中国—中亚机制等框架下建立了电子商务多边合作机制。"双品网购节丝路电商专场""非洲好物网购节"等特色活动成效显著,线上国家馆促进伙伴国优质特色产品对接中国市场。"云上大讲堂"已为80多个国家开展线上直播培训,成为共建国家共同提升数字素养的创新实践。"丝路电商"不断丰富合作内涵,提升合作水平,已经成为多双边经贸合作的新平台、高质量共建"一带一路"的新亮点。

四、为世界和平与发展注入正能量

10年来,共建"一带一路"取得显著成效,开辟了世界经济增长的新空间,搭建了国际贸易和投资的新平台,提升了有关国家的发展能力和民生福祉,为完善全球治理体系拓展了新实践,为变乱交织的世界带来更多确定性和稳定性。共建"一带一路",既发展了中国,也造福了世界。

(一)为共建国家带来实实在在的好处

发展是人类社会的永恒主题。共建"一带一路"聚焦发展这个根本性问题,着力解决制约发展的短板和瓶颈,为共建国家打造新的经济发展引擎,创建新的发展环境和空间,增强了共建国家的发展能力,提振了共建国家的发展信心,改善了共建国家的民生福祉,为解决全球发展失衡问题、推动各国共同走向现代化作出贡献。

激活共建国家发展动力。10年来,共建"一带一路"着力解决制约大多数发展中国家互联互通和经济发展的主要瓶颈,实施一大批基础设施建设项目,推动共建国家在铁路、公路、航运、管道、能源、通信及基本公共服务基础设施建设方面取得长足进展,改善了当地的生产生活条件和发展环境,增强了经济发展造血功能。一些建设周期长、服务长远发展的工程项目,就像播下的种子,综合效益正在逐步展现出来。基础设施的联通,有效降低了共建国家参与国际贸易的成本,提高了接入世界经济的能力和水平,激发了更大发展潜力、更强发展动力。亚洲开发银行的研究表明,内陆国家基础设施贸易成本每降低10%,其出口将增加20%。产业产能合作促进了共建国家产业结构升级,提高了工业化、数字化、信息化水平,促进形成具有竞争力的产业体系,增强了参与国际分工合作的广度和深度,带来了更多发展机遇、更大发展空间。中国积极开展应急管理领域国际合作,先后派出救援队赴尼泊尔、莫桑比克、土耳其等国家开展地震、洪灾等人道主义救援救助行动,向汤加、马达加斯加等国家提供紧急人道主义物资援助和专家技术指导。

增强共建国家减贫能力。发展中国家仍面临粮食问题。中国积极参与全球粮农治理,与相关国家发布《共同推进"一带一路"建设农业合作的愿景与行动》,与近90个共建国家和国际组织签署了100余份农渔业合作文件,与共建国家农产品贸易额达1 394亿美元,向70多个国家和地区派出2 000多名农业专家和技术人员,向多个国家推广示范菌草、杂交水稻等1 500多项农业技术,帮助亚洲、非洲、南太平洋、拉美和加勒比等地区推进乡村减贫,促进共建国家现代农业发展和农民增收。促进就业是减贫的重要途径。在共建"一带一路"过程中,中国与相关国家积极推进产业园区建设,引导企业通过开展高水平产业合作为当地居民创造就业岗位,实现了"一人就业,全家脱贫"。麦肯锡公司的研究报告显示,中国企业在非洲雇员本地化率达89%,有效带动了本地人口就业。世界银行预测,到2030年,共建"一带一路"相关投资有望使共建国家760万人摆脱极端贫困、3 200万人摆脱中度贫困。

专栏3

菌草扶贫得到世界普遍赞誉

中国的菌草技术实现了光、热、水三大农业资源综合高效利用,植物、动物、菌物三物循环生产,经济、社会、环境三大效益结合,有利于生态、粮食、能源安全。

2001年,菌草技术作为官方援助项目首次在巴布亚新几内亚落地。20多年来,中国已举办270多期菌草技术国际培训班,为106个国家培训1万多名学员,在亚非拉和南太平洋地区的13个国家建立了菌草技术试验示范中心或基地。如今,菌草技术已经在100多个国家落地生根,给当地青年和妇女创造了数十万个绿色就业机会。巴新前内阁部长给女儿起名"菌草"。莱索托人民创作歌颂菌草的民歌,至今仍在传唱。2017年,菌草技术项目被列为"中国—联合国和平与发展基金"重点项目,为国际减贫事业贡献更多中国智慧和中国方案。

民生项目成效显著。维修维护桥梁,解决居民出行难题;打出水井,满足村民饮水需求;安装路灯,照亮行人夜归之路……一个个"小而美""惠而实"的民生工程、民心工程,帮助当地民众解了燃眉之急、改善了生活条件,增进了共建国家的民生福祉,为各国人民带来实实在在的获得感、幸福感、安全感。10年来,中国企业先后在共建国家实施了300多个"爱心助困""康复助医""幸福家园"项目,援建非洲疾病预防控制中心总部、巴基斯坦瓜达尔博爱医疗急救中心,帮助喀麦隆、埃塞俄比亚、吉布提等国解决民众饮水难问题,等等。"丝路一家亲"行动民生合作项目涵盖扶贫救灾、人道救援、环境保护、妇女交流合作等20多个领域,产生了广泛影响。

> **专栏4**
>
> **甘泉行动增进澜湄地区民生福祉**
>
> 2020年1月起,中国通过实施"澜湄甘泉行动计划——澜湄国家农村供水安全保障技术示范"项目,在柬埔寨、老挝和缅甸等国典型区域开展农村安全供水示范工程,显著提升当地农村供水工程建设水平和供水安全保障能力,在推动澜湄国家实现联合国2030年可持续发展目标中的"水与卫生"指标、促进民生改善等方面发挥了积极作用。截至2022年12月,在澜湄国家共计建成农村供水安全保障技术示范点62处,为7 000多名居民提供饮水安全保障,累计为澜湄国家农村供水相关管理部门和工程运行管理人员提供400余人次培训交流机会。

(二)为经济全球化增添活力

在逆全球化思潮不断涌动的背景下,共建"一带一路"致力于实现世界的互联互通和联动发展,进一步打通经济全球化的大动脉,畅通信息流、资金流、技术流、产品流、产业流、人员流,推动更大范围、更高水平的国际合作,既做大又分好经济全球化的"蛋糕",努力构建普惠平衡、协调包容、合作共赢、共同繁荣的全球发展格局。

增强全球发展动能。共建"一带一路"将活跃的东亚经济圈、发达的欧洲经济圈、中间广大腹地经济发展潜力巨大的国家联系起来,进一步拉紧同非洲、拉美大陆的经济合作网络,推动形成一个欧亚大陆与太平洋、印度洋和大西洋完全连接、陆海一体的全球发展新格局,在更广阔的经济地理空间中拓展国际分工的范围和覆盖面,扩大世界市场,最终促进世界经济新的增长。同时,共建"一带一路"通过基础设施互联互通带来了国际投资的催化剂效果,激发了全球对基础设施投资的兴趣和热情,既有利于共建国家经济成长和增益发展,又有效解决国际公共产品供给不足问题,为世界经济增长提供持续动力。

深化区域经济合作。共建"一带一路"依托基础设施互联互通,推动各国全方位多领域联通,由点到线再到面,逐步放大发展辐射效应,推动各国经济政策协调、制度机制对接,创新合作模式,开展更大范围、更高水平、更深层次的区域合作,共同打造开放、包容、均衡、普惠的区域经济合作框架,促进经济要素有序自由流动、资源高效配置和市场深度融合,提升国家和地区间经济贸易关联性、活跃度和共建国家在全球产业链供应链价值链中的整体位置。各国充分运用自身要素禀赋,增强彼此之间产业链的融合性、互动性、协调性,推动产业优势互补,提升分工效率,共同推动产业链升级;打破贸易壁垒和市场垄断,释放消费潜力,推动跨境消费,共同扩大市场规模,形成区域大市场;通过产业合作中的技术转移与合作,建立技术互动和彼此依存关系,共同提高创新能力,推动跨越式发展。

促进全球贸易发展。共建"一带一路"有计划、有步骤地推进交通、信息等基础设施建设和贸易投资自由化便利化,消除了共建国家内部、跨国和区域间的交通运输瓶颈及贸易投资合作障碍,极大提升了对外贸易、跨境物流的便捷度和国内国际合作效率,构建起全方位、多层次、复合型的贸易畅通网络,推动建立全球贸易新格局,对全球贸易发展发挥了重要促进作用。同时,共建"一带一路"增强了参与国家和地区对全球优质资本的吸引力,提升了其在全球跨境直接投资中的地位。其中,2022年东南亚跨境直接投资流入额占全球比重达到17.2%,较2013年上升了9个百分点;流入哈萨克斯坦的外商直接投资规模同比增速高达83%,为历史最高水平。世界银行《"一带一路"经济学:交通走廊的机遇与风险》研究报告显示,共建"一带一路"倡议提出之前,六大经济走廊的贸易低于其潜力的30%,外国直接投资低于其潜力的70%;共建"一带一路"实施以来,仅通过基础设施建设,就可使全球贸易成本降低1.8%,使中国—中亚—西亚经济走廊上的贸易成本降低10%,为全球贸易便利化和经济增长作出重要贡献;将使参与国贸易增长2.8%—9.7%、全球贸易增长1.7%—6.2%、全球收入增加0.7%—2.9%。

专栏5

中老铁路助力老挝"陆锁国"变"陆联国"

中老铁路是连接中国昆明市和老挝万象市的电气化铁路,是共建"一带一路"倡议提出后第一个以中方为主投资建设、共同运营并与中国铁路网直接联通的跨国铁路,全长1 035公里,于2021年12月3日正式开通运营。2023年4月13日,中老铁路开行国际旅客列车,昆明至万象间动车直达。

作为泛亚铁路中线重要组成部分,中老铁路改变了老挝交通运输格局,实现了老挝从"陆锁国"到"陆联国"的夙愿,推动了交通、投资、物流、旅游等多方面的发展,为老挝及沿线地区经济发展注入新动力。截至2023年8月

> 31日,中老铁路累计发送旅客2 079万人次、货物2 522万吨,成为联通内外、辐射周边、双向互济、安全高效的国际黄金大通道。
>
> 中老铁路是民心工程,也是廉洁示范工程。中老两党两国领导人就"将中老铁路建成廉洁之路"达成重要共识,两国纪检监察部门建立政府层面的监督协调机制,参建企业始终把廉政建设与工程建设同谋划、同部署、同实施、同检查,加强制度机制建设和过程管控,创新反腐败合作方式,共同推进中老铁路廉政建设,将中老铁路建设成为友谊之路、廉洁之路、幸福之路。
>
> 世界银行《从内陆到陆联:释放中老铁路联通潜力》研究报告称,从长期看,中老铁路将使老挝总收入提升21%;到2030年,每年沿中老铁路途经老挝的过境贸易将达到390万吨,包括从海运转向铁路的150万吨。

维护全球供应链稳定。共建"一带一路"致力于建设高效互联的国际大通道,对维护全球供应链稳定畅通具有重要作用。新冠疫情期间,港口和物流公司纷纷取消或减少船舶和货运的服务,以海运为主的全球供应链受到严重冲击。中欧班列作为共建"一带一路"的拳头产品,有效提升了亚欧大陆铁路联通水平和海铁、公铁、空铁等多式联运发展水平,开辟了亚欧大陆供应链的新通道,叠加"关铁通"、铁路快通等项目合作及通关模式创新,为保障全球经济稳定运行作出重要贡献。多个国际知名物流协会公开表示,中欧班列为世界提供了一种能够有效缓解全球供应链紧张难题、增强国际物流保障能力的可靠物流方案。

(三)为完善全球治理提供新方案

治理赤字是全球面临的严峻挑战。共建"一带一路"坚持真正的多边主义,践行共商共建共享的全球治理观,坚持对话而不对抗、拆墙而不筑墙、融合而不脱钩、包容而不排他,为国家间交往提供了新的范式,推动全球治理体系朝着更加公正合理的方向发展。

全球治理理念得到更多认同。共商共建共享等共建"一带一路"的核心理念被写入联合国、中非合作论坛等国际组织及机制的重要文件。人类命运共同体理念深入人心,中老命运共同体、中巴命运共同体等双边命运共同体越来越多,中非命运共同体、中阿命运共同体、中拉命运共同体、中国—东盟命运共同体、中国—中亚命运共同体、中国—太平洋岛国命运共同体等多边命运共同体建设稳步推进,网络空间命运共同体、海洋命运共同体、人类卫生健康共同体等不断落地生根。当代中国与世界研究院2020年发布的《中国国家形象全球调查报告》显示,共建"一带一路"倡议是海外认知度最高的中国理念和主张,超七成海外受访者认可共建"一带一路"倡议对个人、国家和全球治理带来的积极意义。欧洲智库机构布鲁盖尔研究所2023年4月发布《"一带一路"倡议的全球认知趋势》报告指出,世界各国对共建"一带一路"整体上持正面评价,特别是中亚到撒哈拉以南非洲等地区的广大发展中国家对共建"一带一路"的感情非常深厚。

多边治理机制更加完善。共建"一带一路"恪守相互尊重、平等相待原则,坚持开放包容、互利共赢,坚持维护国际公平正义,坚持保障发展中国家发展权益,是多边主义的生动实践。共建"一带一路"坚决维护联合国权威和地位,着力巩固和加强世界贸易组织等全球多边治理平台的地位和有效性,为完善现有多边治理机制注入强劲动力。共建"一带一路"积极推进亚洲基础设施投资银行等新型多边治理机制建设,加快与合作方共同推进深海、极地、外空、网络、人工智能等新兴领域的治理机制建设,丰富拓展了多边主义的内涵和实践。共建"一带一路"增强了发展中国家和新兴经济体在世界市场体系中的地位和作用,提升了其在区域乃至全球经济治理中的话语权,更多发展中国家的关切和诉求被纳入全球议程,对改革完善全球治理意义重大。

全球治理规则创新优化。共建"一带一路"充分考虑到合作方在经济发展水平、要素禀赋状况、文化宗教传统等方面的差异,不预设规则标准,不以意识形态划线,而是基于各方的合作诉求和实际情况,通过充分协商和深入交流,在实践中针对新问题共同研究创设规则。共建国家实现战略对接、规划对接、机制对接、项目及规则标准对接与互认,不仅让共建"一带一路"合作规则得到优化,促进了商品要素流动型开放向规则制度型开放转变,更形成了一些具有较强普适性的规则标准,有效地填补了全球治理体系在这些领域的空白。

(四)为人类社会进步汇聚文明力量

文明交流互鉴是推动人类文明进步和世界和平发展的重要动力。在个别国家固守"非此即彼""非黑即白"思维、炮制"文明冲突论""文明优越论"等论调、大搞意识形态对抗的背景下,共建"一带一路"坚持平等、互鉴、对话、包容的文明观,坚持弘扬全人类共同价值,共建各美其美、美美与共的文明交流互鉴之路,推动形成世界各国人文交流、文化交融、民心相通新局面。

人文交流机制日益完善。人文交流领域广泛，内容丰富，涉及政党、文化、艺术、体育、教育等多个方面。中国共产党与世界政党领导人峰会、中国共产党与世界政党高层对话会等各种多双边政党交流机制的世界影响力不断提升，党际高层交往的引领作用得到充分发挥，为增进民心相通汇聚了共识和力量。"一带一路"智库合作联盟、"一带一路"税收征管能力促进联盟、"一带一路"国际科学组织联盟、"一带一路"医学人才培养联盟、丝绸之路国际剧院联盟、丝绸之路博物馆联盟等各类合作机制集中涌现，形成了多元互动、百花齐放的人文交流格局，有力促进了各国民众间相互理解、相互尊重、相互欣赏。中国与吉尔吉斯斯坦、伊朗等中亚西亚国家共同发起成立亚洲文化遗产保护联盟，搭建了亚洲文化遗产领域首个国际合作机制，共同保护文化遗产这一文明的有形载体，所实施的希瓦古城修复项目等文化遗产保护项目得到联合国教科文组织高度评价。

共同打造一批优质品牌项目和活动。丝绸之路（敦煌）国际文化博览会、"一带一路"·长城国际民间文化艺术节、丝绸之路国际艺术节、海上丝绸之路国际艺术节、"一带一路"青年故事会、"万里茶道"文化旅游博览会等已经成为深受欢迎的活动品牌，吸引了大量民众的积极参与。"丝路一家亲""健康爱心包""鲁班工坊""幸福泉""光明行""爱心包裹""薪火同行国际助学计划""中医药风采行""孔子课堂"等人文交流项目赢得广泛赞誉。不断涌现的精彩活动、优质品牌和标志性工程，已经成为各方共同推进民心相通的重要载体，增强了各国民众对共建"一带一路"的亲切感和认同感。

专栏6

鲁 班 工 坊

鲁班是中国古代一位杰出的工匠和发明家。以鲁班命名的职业教育国际交流平台——鲁班工坊已成为中国职业教育"走出去"的一张"国家名片"。鲁班工坊重点面向东盟、上合组织、非洲国家，采取学历教育和职业培训相结合的方式，分享中国职业教育教学模式、教育技术、教育标准，建设培训中心，提供先进教学设备，组织中国教师和技术人员为合作国培养技术技能人才。自2016年在泰国共建第一个鲁班工坊以来，中国院校已在亚非欧三大洲的20多个共建国家合作建设一批鲁班工坊，开设了工业机器人、新能

> 源、物联网等70多个专业,为相关国家培养了数以万计的技术技能人才,帮助更多年轻人实现就业。小小工坊,承载着各国人民对美好生活的憧憬向往,为共同发展之梦插上了翅膀。

青春力量广泛凝聚。共建"一带一路"的未来属于青年。10年来,共建国家青年以实际行动广泛开展人文交流和民生合作,为促进民心相通、实现共同发展汇聚了磅礴的青春力量。"中国青年全球伙伴行动"得到全球广泛响应,100多个国家青年组织和国际组织同中国建立交流合作关系。"一带一路"青年故事会活动连续举办16场,1 500多名各国青年代表踊跃参加,围绕脱贫减贫、气候变化、抗疫合作等主题,分享各自在促进社会发展和自身成长进步方面的故事和经历,生动诠释了如何以欣赏、互鉴、共享的视角看待世界。"丝路孵化器"青年创业计划、中国—中东欧国家青年创客国际论坛等活动顺利开展,成为共建国家青年深化友好交流合作的重要平台。

五、推进高质量共建"一带一路"行稳致远

10年来的实践充分证明,共建"一带一路"顺潮流、得民心、惠民生、利天下,是各国共同走向现代化之路,也是人类通向美好未来的希望之路,具有强劲的韧性、旺盛的生命力和广阔的发展前景。

当前,世界进入新的动荡变革期,大国博弈竞争加速升级,地缘政治局势持续紧张,全球经济复苏道阻且长,冷战思维、零和思维沉渣泛起,单边主义、保护主义、霸权主义甚嚣尘上,民粹主义抬头趋势明显,新一轮科技革命和产业变革带来的竞争空前激烈,和平赤字、发展赤字、安全赤字、治理赤字持续加重,全球可以预见和难以预见的风险显著增加,人类面临前所未有的挑战。个别国家泛化"国家安全"概念,以"去风险"为名行"脱钩断链"之实,破坏国际经贸秩序和市场规则,危害国际产业链供应链安全稳定,阻塞国际人文、科技交流合作,给人类长远发展制造障碍。在不确定、不稳定的世界中,各国迫切需要以对话弥合分歧、以团结反对分裂、以合作促进发展,共建"一带一路"的意义愈发彰显、前景更加值得期待。

从长远来看,世界多极化的趋势没有变,经济全球化的大方向没有变,和平、

发展、合作、共赢的时代潮流没有变,各国人民追求美好生活的愿望没有变,广大发展中国家整体崛起的势头没有变,中国作为最大发展中国家的地位和责任没有变。尽管共建"一带一路"面临一些困难和挑战,但只要各国都能从自身长远利益出发、从人类整体利益出发,共同管控风险、应对挑战、推进合作,共建"一带一路"的未来就充满希望。

作为负责任的发展中大国,中国将继续把共建"一带一路"作为对外开放和对外合作的管总规划,作为中国与世界实现开放共赢路径的顶层设计,实施更大范围、更宽领域、更深层次的对外开放,稳步扩大规则、规制、管理、标准等制度型开放,建设更高水平开放型经济新体制,在开放中实现高质量发展,以中国新发展为世界提供新机遇。中国愿加大对全球发展合作的资源投入,尽已所能支持和帮助发展中国家加快发展,提升新兴市场国家和发展中国家在全球治理中的话语权,为促进世界各国共同发展作出积极贡献。中国真诚欢迎更多国家和国际组织加入共建"一带一路"大家庭,乐见一切真正帮助发展中国家建设基础设施、促进共同发展的倡议,共同促进世界互联互通和全球可持续发展。

在高质量共建"一带一路"的道路上,每一个共建国家都是平等的参与者、贡献者、受益者。中国愿与各方一道,坚定信心、保持定力,继续本着共商、共建、共享的原则,推进共建"一带一路"国际合作,巩固合作基础,拓展合作领域,做优合作项目,共创发展新机遇、共谋发展新动能、共拓发展新空间、共享发展新成果,建设更加紧密的卫生合作伙伴关系、互联互通伙伴关系、绿色发展伙伴关系、开放包容伙伴关系、创新合作伙伴关系、廉洁共建伙伴关系,推动共建"一带一路"高质量发展,为构建人类命运共同体注入新的强大动力。

结 束 语

一个理念,激活了 2 000 多年的文明记忆;一个倡议,激发了 150 多个国家实现梦想的热情。

共建"一带一路"走过 10 年,给世界带来引人注目的深刻变化,成为人类社会发展史上具有里程碑意义的重大事件。

作为长周期、跨国界、系统性的世界工程、世纪工程,共建"一带一路"的第一个 10 年只是序章。从新的历史起点再出发,共建"一带一路"将会更具创新与活力,更加开放和包容,为中国和世界打开新的机遇之窗。

面向未来,共建"一带一路"仍会面临一些困难,但只要各方携手同心、行而不辍,就能不断战胜各种风险和挑战,实现更高质量的共商、共建、共享,让共建"一带一路"越来越繁荣、越走越宽广。

中国愿与各国一道,坚定不移推动高质量共建"一带一路",落实全球发展倡议、全球安全倡议、全球文明倡议,建设一个持久和平、普遍安全、共同繁荣、开放包容、清洁美丽的世界,让和平的薪火代代相传,让发展的动力源源不断,让文明的光芒熠熠生辉,共同绘制人类命运共同体的美好画卷!

参考文献

[1] 柏拉图:《理想国》,郭斌和等译,商务印书馆1996年版。
[2] 陈志敏:《伙伴战略:世纪之交中国的现实理想主义外交战略》,《太平洋学报》1999年第3期。
[3] 蔡亮:《共生性国际体系与中国外交的道、术、势》,《国际观察》2014年第1期。
[4] 当代中国与世界研究院:《中国国家形象全球调查报告2018》。
[5] 当代中国与世界研究院:《中国国家形象全球调查报告2019》。
[6] 当代中国与世界研究院:《2020年度中国企业海外形象调查分析报告——以"一带一路"沿线12国为调查对象》。
[7] 《恩来外长与印度大使潘尼迎就西藏问题的谈话记录》(1952年6月14日),中华人民共和国外交部档案馆馆藏档案,档案号:105-00025-02。
[8] 冯一束:《水墨丝路》,新世界出版社2018年版。
[9] 高程:《从中国经济外交转型的视角看"一带一路"的战略性》,《国际观察》2015年第4期。
[10] 高志平等:《中国对不结盟运动的态度及其变化(1961—1991)——以〈人民日报〉为中心的考察》,《决策与信息》2018年第9期。
[11] 顾炜:《网状伙伴外交、同盟体系与"一带一路"的机制建设》,《国际关系研究》2016年第6期。
[12] 国务院新闻办公室:《新时代的中国与世界》白皮书,2019年9月27日。
[13] 国务院新闻办公室:《新时代的中国国际发展合作》白皮书,2021年1月10日。
[14] 郭树勇:《新型国际关系:世界秩序重构的中国方案》,《红旗文稿》2018

年第 4 期。

[15] 郭树勇：《论"百年未有之大变局"的时代内涵与治理逻辑》，《社会科学》2019 年第 9 期。

[16] 郭树勇：《人类命运共同体面向的新型国际合作理论》，《世界经济与政治》2020 年第 5 期。

[17] 郭业洲、金鑫、王文编：《"一带一路"民心相通报告》，人民出版社 2018 年版。

[18] 胡开宝：《中国特色大国外交话语的构建研究：内涵与意义》，《山东外语教学》2019 年第 4 期。

[19] 胡宗山，聂锐：《"一带一路"倡议：成就、挑战与未来创新》，《社会主义研究》2019 年第 6 期。

[20] 金宜久：《伊斯兰与国际政治》，中国社会科学出版社 2013 年版。

[21] 《建国以来毛泽东文稿》第五册，中央文献出版社 1991 年版。

[22] 江时学：《人类命运共同体研究》，世界知识出版社 2018 年版。

[23] 李瑞哲：《古代丝绸之路商队的主要交易品特点》，《丝绸之路研究集刊》第 3 辑。

[24] 梁昊光、张耀军主编：《2019 中国"一带一路"人文与外交发展报告》，世界知识出版社 2019 年版。

[25] 林民旺：《印度对"一带一路"的认知及中国的政策选择》，《世界经济与政治》2015 年第 5 期。

[26] 林毅夫：《"一带一路"与自贸区：中国新的改革开放倡议与举措》，《北京大学学报（哲学社会科学版）》2017 年第 1 期。

[27] 刘昌明、孙通：《习近平外交思想的创新发展与学术话语体系建构》，《当代世界社会主义问题》2019 年第 1 期。

[28] 刘中民：《中国对发展中国家外交战略六十年》，《国际展望》2019 年第 2 期。

[29] 龙静：《中国与发展中地区整体外交》，《国际展望》2017 年第 2 期。

[30] 卢沙野：《中国特色大国外交：要素、原则和思路》，《公共外交季刊》2016 年第 1 期。

[31] 罗素，秦悦译：《中国问题》，学林出版社 1996 年版。

[32] 马程：《交往行为理论视域下的中国伙伴关系研究》，吉林大学博士学位论文，2020年。

[33] 马丽蓉：《丝路学研究：基于中国人文外交的阐释框架》，时事出版社2014年版。

[34] 马丽蓉：《丝路学研究：形成、发展及其转型》，时事出版社2022年版。

[35] 马丽蓉：《丝路学研究：基于全球"一带一路"学术动态的分析》，中西书局2023年版。

[36] 马丽蓉：《中国西部周边地区"丝路天然伙伴关系"研究报告》，社会科学文献出版社2020年版。

[37] 马丽蓉：《中国西部周边国家"丝路合作伙伴关系"研究报告》，中西书局2023年版。

[38] 《毛泽东外文文选》，中共中央文献出版社、世界知识出版社1994年版。

[39] 门洪华、刘笑阳：《中国伙伴关系战略评估与展望》，《世界经济与政治》2015年第2期。

[40] 门洪华：《"一带一路"与中国—世界互动关系》，《世界经济与政治》2019年第5期。

[41] ［美］路易丝·戴蒙德、约翰·麦克唐纳：《多轨外交——通向和平的多体系途径》，李永辉等译，北京大学出版社2006年版。

[42] ［美］罗伯特·吉尔：《国际关系政治经济学》，上海人民出版社2006年版。

[43] 齐鹏飞、李葆珍：《新中国外交简史》，人民出版社2014年版。

[44] 漆海霞：《当前国际关系理论创新的途径》，《国际关系研究》2019年第4期。

[45] 曲青山：《"一带一路"倡议的中国担当》，《人民论坛》2017年第23期。

[46] 秦亚青：《国际政治的关系理论》，《世界经济与政治》2015年第2期。

[47] 秦亚青：《关系与过程：中国国际关系理论的文化建构》，上海人民出版社2012年版。

[48] 阮宗泽：《习近平外交思想的理论和实践新内涵》，《红旗文稿》2020年第20期。

[49] 苏格：《中国特色大国外交理论与实践》，世界知识出版社2017年版。

[50] 苏长和：《习近平外交理念"四观"》，《人民论坛》2014年第6期。

[51] 苏浩：《中国外交的"伙伴关系"框架》，《世界知识》2000年第5期。

[52] 孙吉胜：《中国国际话语权的塑造与提升路径——以党的十八大以来的中国外交实践为例》，《世界经济与政治》2019年第3期。

[53] 孙德刚：《合而治之：论新时代中国的整体外交》，《世界经济与政治》2020年第4期。

[54] 孙德刚：《国际安全合作中联盟概念的理论辨析》，《国际论坛》2010年第5期。

[55] 唐世平：《联盟政治和中国的安全战略》，《领导者》2010年10月。

[56] 王灵桂：《中国特色大国外交：内涵与路径》，中国社会科学出版社2018年版。

[57] 王畅：《丝路伙伴关系研究：理论与实践》，《新丝路学刊》总第9期。

[58] 王畅：《"内"与"外"：中西政治文化比较分析》，《常州大学学报（社会科学版）》2019年第4期。

[59] 王晨光：《中国的伙伴关系外交与"一带一路"建设》，《当代世界》2020年第1期。

[60] 王毅：《迎难而上　为国担当　奋力开启中国特色大国外交新征程》，《求是》2021年第2期。

[61] 王义桅：《国之交如何民相亲》，中国人民大学出版社2020年版。

[62] 王义桅：《"一带一路"战略的道德风险与应对措施》，《东北亚论坛》2015年第4期。

[63] 外交部外交史研究室编：《周恩来外交活动大事记》，世界知识出版社1993年版。

[64] 《习近平谈"一带一路"》，中央文献出版社2018、2023年版。

[65] 《习近平谈治国理政》（第一至四卷），外文出版社2014、2017、2020、2022年版。

[66] 《习近平外交演讲集》（第一、第二卷），中央文献出版社2022年版。

[67] 杨洁篪：《携手同心，共担责任，努力推动构建人类命运共同体》，《国际问题研究》2019年第6期。

[68] 杨洁勉：《中国特色大国外交的理论探索和实践创新》，世界知识出版社

2019 年版。

[69] 杨建新：《从古代丝绸之路的产生到当代丝绸之路经济带的构建——亚欧大陆共同发展繁荣和复兴之路》，《烟台大学学报（哲学社会科学版）》2016 年第 5 期。

[70] 叶自成：《新中国外交思想：从毛泽东到邓小平——毛泽东、周恩来、邓小平外交思想比较研究》，北京大学出版社 2001 年版。

[71] ［英］阿诺德·汤因比：《历史研究》，郭小凌等译，上海人民出版社 2005 年版。

[72] 张春：《中国对发展中地区整体外交研究》，《国际展望》2018 年第 5 期。

[73] 张骥、邢丽菊主编：《人文化成：中国与周边国家人文交流》，世界知识出版社 2018 年版。

[74] 张幼文：《"一带一路"建设：国际发展协同与全球治理创新》，《毛泽东邓小平理论研究》2017 年第 5 期。

[75] 《周恩来选集》，人民出版社 1984 年版。

[76] 章百家：《周恩来与中国步入国际政治舞台》，《中共党史研究》1998 年第 1 期。

[77] 中华人民共和国国务院新闻办公室：《新时代的中国与世界》白皮书，人民出版社 2019 年版。

[78] 中共中央马克思恩格斯列宁斯大林著作编译局：《马克思恩格斯文集》（第 8 卷），人民出版社 2009 年版。

[79] Antonina Habova, "Silk Road Economic Belt: China's Marshall Plan, Pivot to Eurasia or China's Way of Foreign Policy?", *KSI Transactions on Knowledge Society*, 2015.

[80] Baldwin R., A Domino Theory of Regionalism, in Baldwin R., and Kiander, *Expanding Membership of the European Union*, Cambridge: UK Cambridge University Press, 1995.

[81] Charles W. Kegley, Jr. and Gregory A. Raymond, *When Trust Breaks Down: Alliance Norms and World Politics*, South Carolina: University of South Carolina Press, 1990.

[82] Colleen Chidley, "Towards a Framework of Alignment in International

Relations", *Politikon*, Vol. 41, No. 1, 2014.

[83] Dann Reiter, *Crucible of Beliefs: Learning, Alliances, and World Wars*, Ithaca and Londons: Cornell University Press, 1996.

[84] David Shambaugh, *China Goes Global: The partial power*, Oxford: Oxford University Press, 2013.

[85] Fels E., Kremer JF., Kronenberg K. (eds), *Power in the 21st Century Global Power Shift*, New York: Columbia University Press, 2012.

[86] Georg Strüver, "China's Partnership Diplomacy: International Alignment Based on Interests or Ideology", *Chinese Journal of International Politics*, Vol. 10, No. 1, 2017.

[87] Glenn H. Snyder, *Alliance Politics*, New York: Cornell University Press, 2007.

[88] Henry A. Kissinger, *the Troubles Partnership*, New York: Greenwood Press, 1982.

[89] Howard W. French, *Everything Under the Heavens: How the Past Helps Shape China's Push for Global Power*, London: Knopf, 2017.

[90] James Reardon Anderson, ed., *The Red Star & The Crescent: China and the Middle East*, London: Hurst & Company, 2018.

[91] Jonathan Fulton, "Friends with Benefits: China's Partnership Diplomacy in the Gulf", *Project on Middle East Political Science Studies*, No. 32, 2019.

[92] Joseph Pilotta, "Confucius and Contemporary Guanxi", *International Journal of Area Studies*, Vol. 8, 2013.

[93] Kaplinsky, R., "Globalization and Equalization What can be Learned from Value Chain Analysis?", *Journal of Development Economies*, Vol. 37, No. 2, 2000.

[94] Kaplan Y, "China's OBOR as a Geo-Functional Institutionalist Project", *Baltic Journal of European Studies*, Vol. 7, No. 1, 2017.

[95] Olivier Schmitt, *Allies that Count: Junior Partners in Coalition*

Warfare, Washington DC: Georgetown University Press, 2018.

[96] Overholt W. H., "One Belt, One Road, One Pivot", *Global Asia*, Vol. 10, No. 3, 2015.

[97] Sean Kay, "What is a Strategic Partnership?", *Problems of Post-Communism*, Vol. 47, 2000.

[98] Stephen M. Walt, *The Origins of Alliance*, Ithaca and London: Cornell University Press, 1990.

[99] Tim Winter, "Silk Road Diplomacy: Geopolitics and Histories of Connectivity", *International Journal of Cultural Policy*, Vol. 26, No. 7, 2020.

[100] Valerie Hansen, *The Silk Road: A New Documentary History to 1400*, Oxford: Oxford University Press, 2016.

[101] Valerie Hansen, *The Silk Road: A New History with Documents*, Oxford: Oxford University Press, 2017.

[102] Yang Jiemian, "Constructing Discourse Power in Major-Country Diplomacy with Chinese Characteristics: Mission and Challenges", *China International Studies*, Vol. 6, 2016.

[103] **РИСИ**: Политика Китая в Азии и интересы России? *Проблемы национальной стратегии*, No. 5, 44, 2017.

[104] Давыдов З. Вл. Экономическая политика Китая в Центрально-Азиатском регионе и её последствия для России, Известия Восточного Института, 2 (26), 2015.

后 记

丝绸之路使中华文明在时空双维上对外接触,见证了中华文明的兴衰,中华文明也将复兴于丝路。丝路命运与中华文明命运互为因果,有深刻的互构性。今天,曾遭遇国家蒙辱、人民蒙难、文明蒙尘的中华民族,以中国式现代化创造了人类文明新形态,通过主动的改革开放,弘扬丝路精神推动"一带一路"构建人类命运共同体,正逐渐成为世界和平的建设者、全球发展的贡献者、国际秩序的维护者、公共产品的提供者。"一带一路"建设十年来,正在重塑"中国与世界古今丝路关系",这也契合了丝路学所蕴含的历史规律。

中国特色大国外交之路越走越宽广,"一带一路"朋友圈越来越扩大。经过新冠疫情的考验,中国特色大国外交的丝路伙伴关系彰显出团结信任、真诚相守的宝贵品质,这也是丝路精神的现实写照。我们更加感悟在未知和无常面前人类命运共同体的可贵,更加坚信人类的光辉定会超越共同面临的病痛难关、利益矛盾、政治纠纷。本书仅是抛砖引玉,中国特色丝路伙伴关系的研究,将会有更加丰硕的研究与发现。

本书系笔者多年的研究创作成果,是笔者学术生涯中出版的首部专著,亦是国家社科基金青年课题"'互联网加人文交流'助推'一带一路'民心相通研究"(20CGJ004)的阶段性成果,更是凝聚了众人智慧与汗水的结晶。深深感谢我的导师上海外国语大学丝路战略研究所马丽蓉教授、上海市委党校王公龙教授对我的悉心栽培;感谢"上外丝路学团队"的师门伙伴,上海市浦东新区党校的领导、同事对我的热情帮助。

本书得以付梓面世,还要感谢上海市委党校科研处朱俊英老师与上海社会科学院出版社熊艳老师的鼎力支持,以及各位匿名评审专家对后辈的提携与抬爱。

后　记

最后，谨以此书敬献给我的家人和朋友，是你们始终温暖着我的学术之旅！泰戈尔《生如夏花》中有言："不断地重复决绝，又重复幸福，终有绿洲摇曳在沙漠。"亦是我的心路历程；在丝路研究上勤学笃行，是我的学术志业。道阻且长、行则将至，行而不辍、未来可期，与诸君共勉。

2023 年 10 月 30 日

图书在版编目(CIP)数据

"一带一路"朋友圈：中国特色丝路伙伴关系研究 /
王畅著. -- 上海：上海社会科学院出版社，2024.
ISBN 978 - 7 - 5520 - 4556 - 7

Ⅰ. F125

中国国家版本馆 CIP 数据核字第 2024844XY7 号

"一带一路"朋友圈：中国特色丝路伙伴关系研究

著　　者：王　畅
责任编辑：熊　艳
封面设计：周清华
出版发行：上海社会科学院出版社
　　　　　上海顺昌路 622 号　邮编 200025
　　　　　电话总机 021 - 63315947　销售热线 021 - 53063735
　　　　　https://cbs.sass.org.cn　E-mail：sassp@sassp.cn
照　　排：南京展望文化发展有限公司
印　　刷：上海颛辉印刷厂有限公司
开　　本：710 毫米×1010 毫米　1/16
印　　张：16.75
字　　数：280 千
版　　次：2024 年 11 月第 1 版　2024 年 11 月第 1 次印刷

ISBN 978 - 7 - 5520 - 4556 - 7/F・790　　　　　定价：98.00 元

版权所有　翻印必究